KB236864

이무영 소설의 서술시학

이종호 著

국학자료원

국립중앙도서관 출판시도서목록(CIP)

이무영 소설의 서술시학 / 이종호 著. -- 서울 : 국학자료원, 2003
    p. ;   cm

ISBN 89-541-0095-3 93810 : ₩16000

813.6-KDC4
895.733-DDC21   CIP2003000864

머리말

언어의 올을 하나하나 풀어냈다가 다시 한 땀 한 땀 기워가며 그 언어들이 들려주는 인간적·사회적 삶의 맥박을 되짚어 나가다 보면 결국 내 실존의 순간 순간과 통한다. 이래서 소설연구는 늘 긴장되고 두려워진다. 실존을 성찰하는 시간만큼이나 엄격하고도 가혹한 시간이 있을까. 마치 장쯔(莊子)의 호접몽(胡蝶夢)처럼 모든 가치의 대립을 넘어서는 치열한 구경(究竟)의 세계가 한 올 한 올, 한 땀 한 땀의 실존적 언어에 맺혀 있음을 이제야 어렴풋이 알 것 같다.

현대소설 작품의 내포를 밝혀내고 외연을 가르는 소설 연구는 실존적 성찰과 다를 바가 없다. 삶의 호흡과 맥박이 작품 속에서 똑같이 느껴지기 때문이다. 무엇이 나를 존재하게 하고 삶을 이끌어 가는가를 숙명적인 과제상황으로 인식하고 사는 것과 같이 무엇이 이 작품을 작품답게 하고 살아있게 해서 나와 만나고 있는가에 초점이 맞추어지는 나의 소설 연구는 지난(至難)한 과정일 수밖에 없다. 형식주의든 역사주의든 문학은 문학으로서의 당위와 사실을 함축한다. 그러기에 형식주의냐, 역사주의냐의 논쟁은 그 논쟁만큼이나 지루한 결과를 낳았고. 선택된 방법론으로서의 시각은 결국 한 작품의 일면만을 도드라지게 볼 수 있었다.

어떻게 하면 이 ‘당위’와 ‘사실’을 통합해서 작품다움의 정체성에 논리적으로 접근할 수 있을까가 나를 끊임없이 괴롭혔고 회의에 빠뜨렸다. 국문학의 길을 선택한 데 대한 원죄(原罪)인 것처럼 중압감이 나를 압박하고 몰아세울 때가 한두 번이 아니었다. 자신의 능력을 헤아리지 못한 어리석음이 빚어낸 결과였다. 그럴 때마다 읽고 또 읽고 밑줄을 그어가며 실존적 상황으로서의 의미를, 소설언어의 미적 결을 발견하고 재구(再構)하는 과정을 통해 아집과 주관에서 벗어날 수 있었다. '평생을 두고 터벅터벅 걸어야 하는 길인데 꾸준히 하나하나 알아가자'는 자각과 다짐으로 위안을 삼을 수도 있게 되었다.

국문학도로서 십수 년, 나름의 아름다운 고통이 담겨 있는 이 연구서에 황소의 걸음으로 더욱 열심히 하리라는 마음을 보탠다. 사실 이번 연구서는 선행 연구자들에게 빚진 부분이 거의 대부분을 차지한다. 선행 연구가 없었더라면 이 연구서는 그 탄생이 더 미루어졌거나 불가능했을지도 모른다.

항상 자상한 모습으로 노둔한 제자를 지켜봐 주시며 올곧게 세워 주시는 신춘호 교수님, 그리고 국문학도로서의 기틀을 다져주신 학과의 박용식 교수님, 조세용 교수님, 조평환 교수님, 박혜숙 교수님, 허원욱 교수님께 감사드린다. 특히 언제나 불안한 듯이 자식의 앞날을 걱정하고 계시는 어머님께 죄스럽게 머리 숙여 감사의 말씀을 올리며 이 책을 드린다.

끝으로 편집을 하며 세세한 부분까지 신경을 써 주신 이인순 과장께, 그리고 이 책을 흔쾌히 발간해 주신 국학자료원 정찬용 사장께도 감사드린다.

2003년 8월

養原齊에서 이 종 호

목 차

Ⅰ. 서 론

(1) 문제 제기 및 연구 목적

지금까지 이무영소설은 제재면이나 주제면을 중심으로 연구되었거나, 또는 제재와 주제를 작가의 전기적인 측면과 관련지어 소설사회학적 관점에서 연구된 것들이 주류를 형성하고 있다. 방법론의 편협성을 극복하지 못하고 있다. 백철이 처음으로 이무영을, 박영준이나 최인준보다도 먼저 농촌을 제재로 소설을 쓴 대표적인 '농촌작가'로 언급1)한 이래, 많은 연구자들이 대부분 그의 농민소설, 특히 30년대의 작품에 관심을 가졌으며, 그러한 관심은 바로 연구 대상의 편향성으로 이어졌다.

이러한 연구의 편협성과 편향성을 극복하기 위해서 본 논문에서는 이무영 소설의 텍스트를 표면구조와 심층구조로 이루어진 하나의 담론으로 보고, 그러한 체계를 형성하는 서술기법을 검토해 보고자 한다. 이러한 서술기법에 관한 검토는 자연히 이무영 소설의 구성적 특성과 의미의 탐색을 동시에 수행하는 작업이 될 수 있을 것으로 생각된다.

소설텍스트가 지향하는 언어는 언어학의 관점이 아닌, "문학적인 관습과 문학적 의미들의 산출에 의해 일상적인 언어학의 구조들이 결합"2)하는

---

1) 白鐵, 『朝鮮新文學思潮史』, 首善社, 1948, pp.298-300.

문학적 언어이다. 그렇기 때문에 소설의 언어에 대한 연구는 언어의 단위나 그것들이 의미있는 문장을 형성하기 위해 결합하는 방식을 연구하는 정태적 언어 연구의 범위를 초월한다. 즉, 소설 언어에 대한 연구는 소설 양식의 특질, 이를테면, 서술자나 작중인물, 플롯, 또는 작가의 관념적 태도 등을 통한 서술기법에 의해 형성되는 담론의 연구가 될 수 있다.

사실 담론으로서의 소설 텍스트는 작가와 독자와의 상호성을 통해 끊임없이 의미를 생성해 내고, 재조직함으로써 언어적 실천의 과정과 실천 양상의 장(場)이 된다. 여기에서 작품은 작가와 독자가 언어적 소통을 수행하는 데 필요한 매개요소로 작용한다. 허구적 서사물로서의 소설 텍스트는 '소설가의 언어 조작이라는 통제를 받으며, 동시에 독자의 재창조적 감수성, 즉 작가에게 맡겨진 언어적 실마리로부터 그 기법을 현실화시키고, 해방시키려는 독자의 욕망과 능력이라는 통제를 받는다.'[3] 이러한 동적(動的) 작용태(作用態)로서의 소설 언어가 곧 소설의 담론구조를 형성하는 것이다. 이때 중요한 것은 그 담론구조가 어떻게 형성되는가, 즉 '누가 담론을 조정하는가'에 대한 해명이 먼저 이루어져야 한다는 사실이다. 여기서 서술기법에 대한 분석의 필요성이 절실해진다.

소설은 역동적인 삶의 현장이자 관념과 관념들이 동화되고 때로는 상충하는 말들의 이미지다. 소설의 근본적인 조건은 말하는 사람과 그의 담론이다. 즉 소설은 서술자에 의해 이야기가 중개되는 문학 양식으로서, 사건을 담은 이야기와 그 이야기를 전달하는 과정을 내포하는 서사적 구

---

2) Tzvetan Todorov, 『산문의 시학』, 신동욱 역, 문예출판사, p.10, ('조나단 컬러'의 서문 중에서)
3) Roger Fowler, 『言語學과 小說』, 金貞信 역, 文學과知性社, 1985, p.17.

조를 갖는다. 살아있는 말들의 총합으로서의 소설은 따라서 '이야기' 차원
과 그 '이야기'를 전달하는 담화 차원이 분리된다. 이러한 양자의 관계를
구조적으로 이해해야 하는 소이가 여기에 있다. 또한 소설의 서술체계와
서술자에 대한 논의가 학문적 관심의 대상으로 부각되고 있는 것도 이
때문인 것이다.

　이러한 양식상의 특성에 주목한 많은 소설 이론가들이 인물, 사건, 배
경, 또는 주제와 같은 내용적 측면과 서사적 전달 과정으로서의 형식적
측면에 관심을 갖고 소설의 시학을 세워 보려는 시도를 해왔으며, 나름대
로의 성과를 이끌어 내기도 했다.

　먼저, 러시아 형식주의자들 중 토마체프스키는 문학과 비문학을 구분
하는 데에 관심을 갖고, 문학화 되기 이전의 일상적, 경험적 재료를 파불
라(fabula)로, 이러한 원재료의 예술적인 가공을 수제(syuzhet)로 분류하였
다.4) 이에 대하여 영미 학자들은 파블라를 스토리와 수제를 플롯에 대응시
켜 보고 있다. 그런데 수제를 원재료의 예술적인 가공으로 보고 있는 반면,
영미 학자들은 플롯을 단순히 사건의 계기성으로 보고 있다는 데에 그
차이점이 있다. 하지만 이들 모두 소통의 체계까지 염두에 둔 것은 아닌
듯하다.

　반면, 채트먼(S. Chatman)은 서사적 텍스트를 크게 스토리와 담화로
나누고 있다.5) 스토리는 이야기 구성 요소들인 사건들과 존재하는 것들
(인물과 배경), 그리고 그러한 구성 요소들 간의 연관성을 포함하는 포괄적

---

4) Boris Tomaschevsky, 「Thematics」, 『*In Russian Formalist Criticism, Four Essays*』, ed. Lemon,
　 Lee T. & Reis, Marion J., Lincoln, Unive. of Nebraska Press, 1965, pp.61-95.
5) Seymour Chatman, 『영화와 소설의 서사구조』, 김경수 역, 민음사, 1994, p.21.

인 내용을 의미하고, 담화는 내용을 소통하는 전달 수단을 의미한다.

또한, 서사 담론 분석을 '본질적으로 서사와 스토리와의 관계, 서사와 서술하기의 관계, 그리고 서사 담론 속에 새겨진 스토리와 서술하기의 관계를 연구하는 학문6)'(주네뜨,18)으로 보고 있는 주네뜨는 서사 텍스트를 이스투아르(histoire), 레시(récit), 나라시옹(narration)으로 분류한 바 있다. 이스투아르는 아직 이야기 되기 전의 시간적 질서 속에 있는 사건의 집합으로서, 스토리와 비슷한 개념이며, 레시는 서술자에 의해 이야기된 이야기(읽을거리), 다시 말하면 '담화(discours)와 상황(situation)에 있어서 기호가 취하는 의미로 단어나 문장의 수준을 넘어선 서술적 담화(discours narrative)'7)로서의 작품을 나타낸다. 그리고 나라시옹은 화자와 피화자와의 관계, 즉 발화 과정에 초점을 두는, 어떤 이야기의 소통 과정을 의미한다. 담화의 시간적 연속을 통해 순수한 절차로 간주된 행동과 사건을 겨냥하는 것이다. 그런데 경험 세계에 있어서의 소통 과정보다는, 텍스트내에서의 소통 과정을 더 중요시한다. 이는 스토리의 재배치나 짜임새를 말하는 플롯의 개념과는 근본적인 차이를 보인다.

리먼-케넌(Shlomith Rimmon-Kenan)은 주네뜨가 구분한 방식을 따라 스토리(story), 텍스트(text), 서술(narration)로 구분하였다.8) 스토리는 사건들의 참여자와 함께 텍스트내에서의 재배치 과정에서 요약되고 시간적 순서에 따라 재구성되어 서술된 사건들을 가리킨다. 텍스트는 우리가 읽는 대상물로서 사건들을 이야기하는 행위, 즉 기술되거나 구술된 담화체이다. 여

---

6) Gérard Genette, 『*Narrative Discourse : An Essay in Method*』, trans. Jane E. Lewin, Ithaca : Cornell U.P, p.29.

7) Josette Rey-Debove, 『*Lexique: Sémiotique*』, Paris: P.U.F., 1974, p.301.

8) Shlomith Rimmon-Kenan, 『小說의 詩學』, 崔翔圭 역, 文學과知性社, 1985, p.14.

기에선 기술자나 구술자를 내포하기 마련이다. 서술은 제작의 행위 또는 과정을 뜻한다. 이러한 서술 과정의 경험적 세계에 있어서 작가는 서사물의 제작이나 그 소통에 책임을 지게 된다. 그런데 케넌은 허구적 서사물에서는 경험 세계에 있어서의 소통 과정보다는, 텍스트내에서의 소통 과정이 더 중요하다는 견해를 제시한다. 그러나 텍스트내의 소통 과정 역시 작가의 의도나 관념적 태도에 의해 조종된다는 점을 고려한다면, 좀더 구체적인 서사 분석을 위해서는 경험적 세계와 텍스트내의 소통 과정이 동등한 위치에서 논의되어야 할 것이다.

미케 발(Mieke Bal)은 서사 텍스트에 관한 이론을 제시하기 위해 먼저, 텍스트를 언어로 표현된 텍스트로 국한하면서 '언어 기호로 구성된 한정적이고 구조화된 전체'로, 서사 텍스트를 '행위 주체가 있는 서사물과 관련된 텍스트'로 규정하면서 서사 텍스트를 텍스트, 스토리, 파불라의 세 단계로 구분하고 있다.[9] 사사 텍스트는 행위 주체가 특별한 매체, 즉 언어, 이미저리, 소리(음향), 가장 적합한 말, 또는 그것들과의 결합을 통해 스토리를 전개하는(이야기하는) 텍스트이다. 스토리는 특정한 방법으로 제시된 파불라이며, 파불라는 논리적으로, 그리고 연대기적으로 연관된, 행위자에 의해 야기되거나 경험되는 사건의 연속이다.

본 논문에서는 허구적 서사물로서의 소설 담론을 단순한 이야기의 서술로 보지 않고 소설의 구조를 체계화시키는 서술기법과 텍스트 구조와의 관계, 그리고 텍스트의 생산 주체로서의 작가의 관념적 태도라는, 보다 포괄적인 개념으로 사용하고자 한다. 소설이 사회적 역사적 맥락의 반영

---

9) Mieke Bal, 『*Narratology: Introduction to the Theory of Narrative*』, Second Edition; Unive of Toronto Press, 1997, p.5.

임과 동시에 자율적 기호라는 텍스트의 이중적인 측면을 간과할 수 없다는 판단 때문이다. 이러한 관점에서 이무영 소설텍스트의 구조와 관련된 서술기법과 작가의 관념적 태도를 탐색하고자 하는 것이다.

소설 텍스트는 하나의 담론 구조를 형성한다. 그 담론 구조는 언어를 매개로 하는 의사소통의 과정이다. 이러한 관점에서 이무영 소설텍스트의 구조와 관련된 서술기법과 작가의 관념적 태도를 탐색하고자 하는 것이다.

소설 텍스트는 하나의 담론 구조를 형성한다. 그 담론 구조는 언어를 매개로 하는 의사소통의 과정이다. 이때 의사소통의 과정에서 담론의 구조는 발신자와 수신자 사이의 의사소통을 위한 매개체가 된다는 것을 의미한다. 따라서 문학 작품은 로만 야콥슨[10]과 바흐찐[11]이 도식화해서 보여주고 있는 의사소통 모델의 언어 전달 행위의 구성 요소에 의해서 그 의미가 파악될 수 있으며, 해석적 평가 또한 가능하다고 할 수 있다. 물론 메시지의 구성 자체는 야콥슨이 제시하고 있는 모델보다 더 복잡하고 미묘하다고 할 수 있다. 그것은 발화자와 수신자의 이미지와 함께 발화에 대한 태도도 전하기 때문이다.

---

10) Roman Jakobson,『문학 속의 언어학』, 신문수 편역, 文學과知性社, 1989, pp.54-55.
11) Tzvetan Todorov,『바흐찐 : 문학사회학과 대화이론』, 최현무 역, 까치, 1988, p.85.

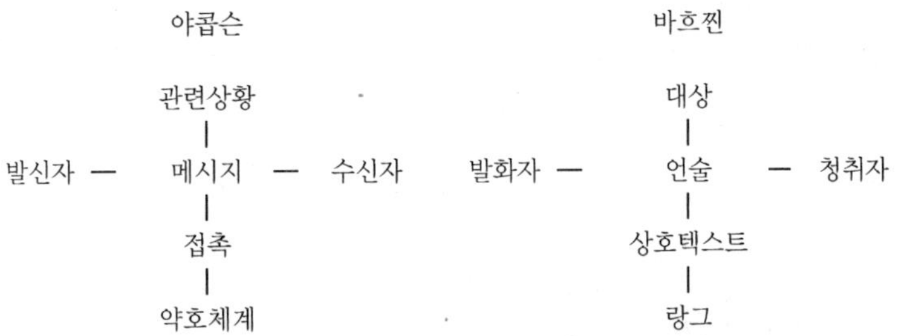

야콥슨			바흐찐		
	관련상황			대상	
	│			│	
발신자 ─	메시지	─ 수신자	발화자 ─	언술	─ 청취자
	│			│	
	접촉			상호텍스트	
	│			│	
	약호체계			랑그	

소설을 하나의 담론 구조로 인식하고, 그 서술기법을 탐색해야 할 경우, 텍스트를 형성하는 인물이나 사건, 구성, 배경, 시점 등 모든 요소들은 물론 발화자의 의도와 수신자의 언향적 행위, 작가의 관념적 태도까지의 전과정에 주목할 필요가 있다. 이럴 경우 메시지나 텍스트 자체에만 국한되는 것이 아니라 그것들이 자리잡고 있는 관련 상황이나 접촉, 특히 약호 체계까지를 포함하게 된다. 구체적인 사용맥락 안에서 특정한 주체와 상황을 매개하는 언어로써 분석되어야 하는 것이다. 텍스트의 기호가 발신자와 수신자들 간의 의사소통의 수단이 되고 수신자의 피드백이 작가의 창작에 영향을 미친다는 점에서는 화행론(話行論, speech acts)적 관점이 부각되는 것이다.

이는 텍스트 자체를 하나의 완결되고 정태적인 자족적 의미구조로 보는 것이 아니라 발화자의 의도가 전달되고 수신자의 평가적 능력에 따라 재해석되는 의미론적이고 화행론적인 대상으로 인식해야 함은 물론 기호론적 방법으로의 확대를 의미하는 것이기도 하다. 언어의 역동성에 주목하는 것이다.

물론 언어는 발화를 매개로 해서만 의사소통적 관계를 맺을 수 있고, 의사소통에 관계하는 살아 있는 세력들에 스며들어 현실적인 존재가 된다. 언어적 의사소통의 조건들과 그 형태들 및 그 분화방법은 주어진 시대의 사회·경제적 전제조건들에 의해 규정된다.[12] 이렇듯 언어는 인간존재의 본질과 인간이 세계에 대해 견지하는 인식과 깊은 관련을 맺고 있으며, 소설의 언어 역시 소설의 텍스트가 세계에 대한 인식이자 가치평가[13]를

---

12) M. 바흐찐, V.N. 볼로쉬노프, 『마르크스주의와 언어철학』, 송기한 역, 흔겨레, 1988. p.171.

능동적으로 수행하고 소설과, 사회가 사회 자체에 대하여 하는 담화, 그 담화가 가정하는 그리고 참조하는 <텍스트 밖의 세계(L'Univers hors-texte)> 상호간의 관계를 밝혀 보려는 목적과 깊은 연관이 있는 것이다.

그런데도 불구하고 지금까지의 소설 연구는 바로 이러한 소설의 언어를 등한시해 왔을 뿐 아니라, 언어가 주어진 시대의 사회·경제적 전제조건들에 의해 규정됨으로써 사회적 의미를 함축하고 있음에도 그것들을 만족스럽게 밝혀내지 못했다. 소설담론을 형성하는 서술기법과 작가의 관념적 태도와의 관련성이 소홀히 다루어져 왔던 것이다.

이무영의 소설을 서술기법의 차원에서 검토하고자 하는 것은, 기왕의 연구 들이 너무 한정된 소재중심에서만 연구되어 왔고 그와 관련하여 인물 분석에 치중되어 왔기 때문이다. 또한 소설 사회학적인 방법을 통해 그의 작품을 너무 특정 시대와 관련지어 살펴봄으로써 그의 문학이 갖는 문학적 가치가 제대로 검증, 평가되지 못했기 때문이기도 하다. 형식적 측면에 관한 연구가 너무 소홀히 다루어진 점 또한 기존 연구의 한계라고 하겠다.

그는 소설의 기법을 다음과 같이 강조 하였다.

> 作家란 理論보다도 技術이고 完成된 人格과 洗鍊된 技術은 곧 文學이 되고 藝術로서 香氣도 나며 作家에게는 좋고 그른 것이 問題가 아니라 잘 쓰이었나 못 쓰이었나가 問題이며 이데오르기가 다른 한 作家의 作品에서도 그 作品이 잘 쓰이기만 하면 그 作品은 벌써 文學의 領域에 들어갈 것이다.14)

---

13) Moissej S. Kagan, 『미학강의1』, 진중권 역, 샛길, 1992. p.296.
14) 이무영, 「나의 文學에 대한 態度」, 東亞日報, 1933. 10. 25

이무영이 작품의 선결 요건으로 제시하고 있는 것은 '완성된 인격'과 '세련된 기술'이다. 그런데 이무영은 전자보다는 후자에 더욱 무게를 두고 있다. 이는 작가가 '세련된 기술' 즉, 문학적 기법에 큰 관심을 갖고 있었음을 알게 해 주는 대목이라고 할 수 있다.

그럼에도 불구하고 그의 작품은 앞에서 언급한 바와 같이 주로 소설사회학적이거나 소재중심적 차원에서의 연구만이 이루어져 왔을 뿐이고, 형식적이면서도 독자와의 관계를 고려한 연구는 전무한 상태에 있다. 다양한 연구 방법에 의해 문학작품은 그 의미가 새롭게 창조되고 향수(享受)된다는 사실을, 훌륭한 문학이 갖는 특성 중의 하나인 보편성과 관련지어 볼 때, 이무영 연구의 편협성이 반드시 극복해야 될 문제로 제기되는 것이다.

소설텍스트의 담론 구조를 형성하는 서술 기법을 문제 삼으려는 본 연구의 목적이 바로 여기에 있다. 즉, 의사 소통 과정에서 메시지의 내용은 발화자와 수신자의 의도나 태도, 기대 그리고 참여자들 간의 관계 더 나아가 문화적·언어학적 코드와 같은 요인들의 상호작용에 의존하는 것이다. 그런데도 불구하고 이무영의 소설 연구는 각각의 상호관계는 배제되고 주로 인물의 행동이나 발화내용을 그 과정은 생략한 채 작가와 동일시하는 연구의 한계를 보여왔던 것이다.

따라서 본 논문에서는 이무영의 서사 텍스트를 형성하는 서술 기법의 특징을 작가의 관념적 태도와 관련지어 해명해 보고자 하는 것이 바로 본 연구의 목적이다. 이 관점은 내용과 형식을 통합하는 관점으로서, 지금까지 수행된 기존연구가 지향한 소재나 주제중심의 한계를 어느 정도 극복할 수 있을 것으로 생각한다.

(2) 연구사 검토

　이무영 소설에 대한 연구는 주로 작품론에 기울어져 있다. 소재주의적 관점에서의 작품 분석이 이무영의 문학적 성과를 규정하고 있는 것이다. 작가의 전반적이 전기에 입각한 그의 문학에 대한 평가가 시급한 것은 바로 이 때문이라 하겠다. 이무영의 작품을 공간적 배경으로 나누면 도시와 농촌으로 가를 수 있다. 그리고 등장인물 또한 농민과 지식인으로 양분할 수 있다. 이는 작가의 전기적 삶이 반영된 결과라고 할 수 있겠다. 먼저, 농촌을 배경으로 하고 농민이 인물로 등장하는 농민소설을 중심으로 한 평가 작업은 대부분 농촌과 농민의 현실을 사실적으로 그려낸 '농민작가'로 규정하고 있다. 백철, 김병걸, 김병욱, 정한숙, 이재선, 신춘호, 임영환, 김준, 등이 이에 해당된다. 그런가 하면 무영의 농민소설 중 일제 강점기에 창작, 발표된 일부의 작품들15)에 대하여 일제의 체제에 부합하는 체제지향적 성격이 강하다는 평가와 함께 그의 작품이 내재적·외재적 평가의 기준에 따라 문학적 가치가 달라질 수 있음을 거론하고 있는 예로는 조남철16), 이재선17) 등이 있다. 또한 작품의 형식적 접근을 통해 무영소설의 문학적 특질을 규명한 예는 드문 경우로써 유신호18)의 연구가 여기에 해

---

15) 「제일과 제일장」(인문평론 1호, 39.10), 「흙의 노예」(인문평론 7호, 40.4)
16) 조남철, 「일제하 한국농민소설 연구」, 연세대 박사, 1985, p.145.
17) 이재선, 「自然과 흙에의 磁性」, 『한국현대소설사』, 홍성사, 1982, p.360.
18) 이 논문에서는 이무영 소설을 주제, 인물, 구성, 시점, 배경 등 서사구조로 나누어 분석한 후 주제에 있어서는 그가 처한 사회현실을 비판, 고발하는데 그치지 않고 현실을 개선, 극복하고 나아가 아름다운 도덕률 또는 가치관을 탐구, 창조하였다고 평가하고 있다. 기교면에서는 초기보다는 후기작품에와서, 특히 「農民」이나 「老農」에 와서 원숙, 탁월한 것으로 결론짓고 있다. (유신호, 「이무영 소설 연구」, 고려대 석사, 1976.)

당된다.

한편, 이무영 소설에서 도시를 배경으로 한 것과 농촌을 소재로 한 것으로 나누어 정신사적 방법으로 고찰하고 있는 김홍신[19]은 그간 이무영의 평가에 상당한 오류가 있었음을 지적하고 있다. 특히, 농촌소재를 다룬 작품의 편수나 전기적 사실[20]에서 확인되고 있듯, 농촌에서의 생활은 체험뿐, 진정한 귀농이 아니라, 계속해서 지적활동(知的活動)을 한 그의 편력을 들어 농민작가라는 평가에 의문을 제기하고 있다.

백철[21]은 이무영이 '본래도 도시물과 함께 농촌작품을 써 온 작가지만 그는 1939년엔 반도시적 현실관을 갖고 몸소 농촌으로 귀향을 하고 이때부터 의식적으로 농촌문학을 쓰기 시작했'다고 전제하고, 그의 문학적 성숙기를 바로 그가 귀향을 한 뒤로 잡고 있으며, 특히「第一課 第一章」과「흙의 奴隷」를 그의 본격적인 흙의 문학으로 제시하면서, 특히「흙의 奴隷」를 무영의 역작으로 꼽으면서 '주인공의 성격과 격투하여 성공을 한 것도 이 작품'이라고 하였다. 그러면서 백철은 유약한 지식인에 대한 야성적인 힘의 문학을 쓰게 된 것도 이 농촌문학의 연장으로 보고 있다. 그러니까

---

19) 김홍신,「이무영연구」, 건국대 석사, 1985.
20) 17세에 일본으로 건너가 문학수업을 하고 1926년에 첫 장편소설「依支없는 靈魂」(원명 : 依支없는 靑春)을 출간함으로써 창작활동을 시작했다. 그후 1931년에 귀국하여 동아일보 현상모집에 희곡「한 낮에 꿈꾸는 사람들」이 당선되었다. 이후 李無影은 왕성한 창작의욕을 보여 초기에 도시지식인을 소재로 한「두 訓示」,「루바슈카」,「蒼白한 얼골」등을 발표했고 농촌소재 작품인「吳道令」,「牛心」,「萬甫老人」등을 쓰기도 했다. 1939년엔 동아일보를 사직하고 宮村으로 들어간 후에 李無影은 그의 가작이자 그를 농민작가로 규정짓게 된「第一課第一章」,「흙의 奴隷」등을 연이어 발표했다. 그후 10여 년의 농촌 생활을 청산하고 다시 도시로 나와 도시소재의 작품과 해방 이후 해군정훈장교 시절에는 군대를 소재로 한 작품을 남겼다. 또한 대학강단에 서면서「역류」,「계절의 풍속도」와 같은 윤리적 색채가 강한 작품을 남기기도 했다.
21) 백철,『조선신문학사조사』, 수선사, 1948. pp.298-300.

백철은 '현대 위기의 책임이 도시에 있는 것처럼 해석하는 경향'이 있었는데, 이무영의 귀농도 바로 그런 경향에서 이루어졌다고 보는 것이다. 그와 함께 농촌문학이 바로 그의 문학적 성숙기에 해당되며 그 후의 지식인이 등장하는 작품들도 바로 이 농촌문학의 연장이라고 보는 것이다.

김병걸[22]은 우선 농촌문학을 천착할 경우, 당대의 시대상이나 역사적 배경을 중요시해야 함을 주장하고, 1930년대 농촌의 궁핍상을 사료를 통해 제시하고 그러한 배경 속에서 30년대에 농촌문제를 제재로한 농민문학이 그 어느 때보다도 많이 발표되었다고 보고 있다. 그 가운데 이무영의 농촌소설은 춘원의 「흙」이나 심훈의 「상록수」보다는 '한층 짙게 농촌현실에 밀착해 있고, 또한 도시적 인텔리 냄새가 상당히 극복되어 있어 농민문학의 패턴이 될 만하다'고 일단 긍정적 평가를 내리고 있다. 그러나 이어서 그는 「흙의 奴隷」나 「제일과 제일장」의 경우, 농촌의 소작농이 일제 강점기의 수탈과 지주의 가혹한 이중착취 속에서 굶주림에 허덕이는 생활상을 취급하고 있으면서도 귀농한 인텔리의 땅에 대한 애착과 고통에 초점이 맞추어져 있음을 결함으로 지적하면서, 이러한 결함으로 인해 김유정의 「만무방」, 김정한의 「사하촌」 만큼의 진경에까지는 이르지 못하고 있다는 평을 내놓고 있다. 김병걸은 일단 무영의 작품이 농촌현실과 밀착되어 있고, 인텔리 냄새가 극복되었다는 점을 긍정적으로 평가하고 있다. 그리고 그는 이무영의 소설이 농민문학다운 풍모를 갖춘 것은 작품 「농민」에 와서라고 보고 있다.

한편, 김병욱[23]은 「제일과 제일장」과 「흙의 奴隷」가 이무영의 전체

---

22) 김병걸, 「농촌문학론과 이무영 소설」(문학사상, 1975.7), pp.256-263.
23) 김병욱, 「흙의 인간상과 작가의 고뇌」(문학사상, 1975.7), pp.264-271.

작품을 이해하는 데 주춧돌이 되는 작품으로 평하면서 그런 작품은 결국 문학사적 가치를 가질 수밖에 없다는 의견을 제시하고 있다. 우선 그는 '생활과 문학의 조화'라는 측면에서 그의 전기적 사실과 문학 행위를 연결지어 이무영 문학의 평가적 잣대로 삼고 있는 듯하다. 김병욱은 무영의 농촌소설에는 '휴머니티'가 짙게 깔려 있는데, 그 '휴머니티'를 바로 무영이 갖고 있는 인간성의 일면으로 보고 있다. 그리고 「흙의 奴隷」를 하나의 아이러니로 규정하고 있는데, 바로 '김영감'의 자살을 그 근거로 제시하고 있다. 김영감의 몰락과 죽음의 아이러니를 통하여 한 농민의 삶에 배어있는 비극성을 절감한다는 것이다.

정한숙[24]은 특수한 사회적·경제적 상황 하에서 농민의 보편적 인간상이 문학적으로 형상화되는 과정에서 어떻게 제시되고 변용되는가를 고찰하고 있다. 먼저 '계급타파'라는 공통된 주제를 지니고 있는 조명희의 「낙동강」과 이무영의 「농민」을 저항에 초점을 맞추어 그 발단, 전개양상, 성과를 비교, 검토하면서, '두 작품이 놓여진 각기 다른 시대적인 특수한 상황을 염두에 두면서 계급사회에 대한 농민들의 저항과 그들의 개인적인 자각과정'을 추적하고 있다. 즉, 「농민」에서의 저항은 개인적인 분노에서 출발하여 동학란이란 역사적 사건을 배경으로 하여 실질적인 행동을 통해 체제 내에서의 새로운 질서를 추구하는 거인적인 농민상을 부각시켰다고 작품의 성과를 인정하면서도 저항정신을 내세운 중압감에 밀려있음을 그 결함으로 지적하고 있다. 또한 「농민」은 엄격한 의미에서 농민소설이 아니라는 결론을 내리고 있기도 하다. 그리고 농민소설은 '보편적인 농민

---

24) 정한숙, 「농민소설의 변용과정」(아세아연구 통권 제48호), 고대출판부, 1972.
　　pp.81-108.

의 실상'을 표출해야 되는데, 이러한 전제를 충족시켜 주는 최초 징후로 만나는 작품이 바로 박영준의「모범경작생」과 이무영의「제1과 제1장」라는 점에서 이 두 작품을 비교 검토하고 있다. 이 자리에서「제1과 제1장」이 '흙을 긍정하고 농촌과 친화하여 그 안에서 자기 생활을 창조해 나가는 작은 농민의 모습을 다루었다는 점'에 의의를 부여하고 있다. '작은 농민'이라는 인물 창조의 성공에 긍정적 평가를 내리고 있는 것이다.

이재선[25]은 먼저 '농민의 농민다운 노동의 생활상이나 곤경 또는 집념과 같은 감정영역이 구체적으로 반영'되어야 하는 '농민소설'과 '다분히 풍속 세태의 소재적이고 배경적인 관점에서 명명되기 일쑤인 '농촌소설'은 어느 정도 구별이 필요하다는 문제를 전제하고 있다. 그러한 전제 위에서 30년대 그 활발성을 갖게 된 우리 농민소설은 농민문학으로서의 순수성보다는 사회교화적인 요소, 이념 선동적인 요소 및 정책적인 선전 요소 등의 복합적인 성격을 가지고 있다고 분석하였다. 그러면서 그는「흙」이나「상록수」와 같은 작품은 농민의 생활을 제시하는 것보다는 농민 교화와 민중계몽이란 민족적인 교화 운동과 밀접하게 관련된 것이기 때문에 엄격한 의미에서의 농민소설이라고는 할 수 없다고 하고, 이무영을 '우리의 농민소설을 비로소 본 궤도에 올려 놓은 작가'로 평가하고 있다. 이무영 문학의 핵심적인 세계를 '흙 자체에 대한 신앙적인 예찬과 동화의 문학'으로 파악하고, 무영의「제일과제일장」,「흙의 奴隷」를 분석하면서 '흙에서 일생을 바친 한 老農의 인간사을 부각시킴'에 주목하였다. 또한 '흙에 대한 농민의 보편적인 집념을 그린 무영의 문학'이 '정책 수응적인

---

25) 이재선,『한국 현대 소설사』, 홍성사, 1982, pp.344-363.

요소와 결합되어질 많은 가능성을 갖고 있다'면서 '「農民」이 순수의 본령을 지킨 가작'이라고 이원적 평가를 제시하고 있다.

신춘호[26]는 단편적으로 논의되었던 기존의 연구 성과들을 종합하여 일제 강점기 시대 한국 농민 소설의 전체적인 모습과 특징을 보여 주고 있다. 그는 이 연구를 통해 그 동안 농민 소설 연구에서 제외되었던 이익상의 「흙의 세례」, 김동리의 「산화」, 이근영의 「농우」, 현덕의 「경칩」 등의 작품들을 농민 소설의 다양한 모습들로 제시함으로써 농민 소설의 범위를 확대시키고 있다. 그리고 당대 농촌이나 농민의 실상과 현실만을 논의의 대상으로 삼았던 기존의 연구 방법에서 벗어나 작품의 형식적 측면에 대해 동시에 논의했을 뿐만 아니라 사적인 체계화 작업도 시도하고 있음을 발견하게 된다. 이러한 연구 과정을 통해 그는 '무영은 도시소설도 썼으나, 그가 거둔 가장 큰 업적은 역시 농민문학의 확립'에 있음을 전제하고, 그의 문학적 계보를 3기로 나누면서 2기에 속하는 '무영의 대표적인 농민소설' 「흙의 奴隷」를 플롯과 인물창조, 배경, 문체 등으로 나누어 분석한 후, '귀농한 한 지식인의 농민화 과정을 더듬으면서 성실한 농민이 흙의 종으로 전락해 버리는 역사의 아이러니를 투박한 문체로 표현해 냄으로써, 새로운 역사 도래의 불가피성을 암시한 수준 높은 실천적 농민소설'이라는 결론에 이르고 있다.

그밖에 문학은 본질적으로 '삶의 문제'를 주제로 정하고, 그 중에서도 특히 '삶의 고통'에 가장 심각한 관심을 보인다는 전제 하에 임영환[27]은 이무영, 김유정, 이광수, 심훈의 작품을 집중적으로 분석하고 있다. 그는

---

26) 신춘호, 「한국 농민 소설 연구」, 고려대 박사, 1980.
27) 임영환, 「1930년대 한국 농촌사회 소설 연구」, 서울대 박사, 1986, pp.38-61.

문학작품의 해석은 작품의 형식으로 표명된 작가의 의도를 밝힘으로써 가능해진다고 하는데, 이것은 결국 작가의 현실인식과 작가가 지향하는 이상에 의해 이루어진다는 것이다. 이런 관점에서 작품의 현실인식이라는 리얼리즘적인 측면에서 보면, 무영의 작품은 「흙」이나 「상록수」보다는 앞서지만, 「유정」보다는 뒤지는 것으로 판단한다. 그 근거로서 무영이 농촌현실에 대한 사회학적 차원의 인식에 있어서는 누구보다도 투철했지만, 이를 효과적으로 소설화하는 예술적 차원의 인식에서는 소박한 수준에 머물고 있음을 들고 있다. 이상성에서도 소박한 수준을 면치 못하고 있는데, 일제의 국책문학에 동조한 인상이 짙다는 지적을 염두에 두면 그의 작가적 이상은 더욱 평가절하될 수밖에 없음을 아울러 지적하고 있다.

「한국 농민 소설 연구」에서 김준28)은 사회적 배경과 작품의 주제의식이 갖는 상호 관계를 구명함으로써 한국의 농민 소설이 어떠한 전개 양상을 거쳐왔는지를 개관하고 있다. 이를 위해 '작품의 내용과 그것을 통해서 표출되는 작가의 주제 의식을 중심으로 작품을 분석하고 있다. 이무영의 작품 중에는 「흙의 奴隷」와 「제일과 제일장」을 그 대상으로 삼았는데, 그 결과 '김영감으로 전형화된 평범한 한 농부의 의식구조와 행동양식을 통해서 한국의 전형적인 농민상을 성공적으로 부각시키고' 있음을 확인시키고 있다. 정한숙의 연구 결과와 그리 다르지 않다.

이러한 연구사를 통해 볼 때 지금까지의 이무영 작품 연구는 주로 소설 사회학적 방식에 의해 이루어져 왔음을 알 수 있다. 이무영 소설의 서술기법에 대한 문제, 즉 소설텍스트를 이루는 담론 형성 과정의 근본적인 특성

---

28) 김준, 「한국 농민 소설 연구」, 경희대 박사. pp.98-118.

이 간과되어 왔던 것이다. 이 점이 바로 이무영 소설의 서술기법을 연구해야 하는 당위성이라고 할 수 있다.

소설텍스트의 담론은 묘사된 시공간성과 함께 작품이나 작가, 또는 독자의 존재조건이다. 즉 텍스트의 주체인 작가의 의식의 지향성은 물론 텍스트상에서의 작중인물의 의식이나 심리까지를 드러내 준다. 더욱이 시공간성의 가장 복잡한 의미를 지닌 소설 담론은 '그것이 형성되는 제도와 사회적 실천의 종류에 의해, 그리고 말하는 사람들과 그들이 말을 하는 상대의 위치에 따라 모습을 달리'[29]하기 때문에 사람·행위·역사 그리고 사회의 가장 깊이 있는 이미지를 제공한다. 이러한 담론상황을 서술기법의 차원에서 살펴보는 연구는 이무영 소설시학의 한 가능태를 여는 것이라고 할 수 있다.

(3) 연구 방법과 범위

지금까지 소설의 연구 방법론은 주제론과 형식론으로 나뉘어 진행되어 왔다. 문제는 이 두 가지 방법론이 통합되어 상호보완적인 관계를 형성하지 못한 채, 각각의 방법론으로 진행되어 왔다는 것이다. '문학의 역사성은 문학의 소통적 특성과 마찬가지로 작품·독자 그리고 작품의 대화적인 그리고 동시에 과정적인 관계를 전제하는 것이다.'[30] 따라서 본 논문은 소설텍스트를 의사소통 속에 놓이는 하나의 담론[31]체계로 규정하고 그

---

29) Diane Macdonell, 『담론이란 무엇인가』, 임상훈 역, 한울, 1995, p.11.
30) H.R. 야우스, 『挑戰으로서의 文學史』, 장영태 역, 文學과知性社, 1998, p.178.
31) 담론은 대화자를 향해 있으며, 이 대화자의 존재를 향해 있다. 담론은 언어적으

담론을 형성하는 서술기법에 주목할 때, 비로소 주제론과 형식론을 통합할 수 있는 가능성의 길이 열린다고 보는 입장을 취한다.이다.

그리하여 본고에서는 이무영 소설텍스트에서 담론을 형성하는 주체를 서술자와 인물, 인물과 인물, 서술자와 인물의 외적 상황, 서술 국면의 조종 주체인 작가의 주제의식 등으로 나누어, 그들이 각각 상호작용을 하면서 맺고 있는 관계망과 의미망을 살펴보고자 한다. 즉 이무영 소설의 담론체계를 형성시키는 서술기법을 서술층위와 구성층위, 작가의 관념층위로 나누어 살펴보려는 것이다. 서술기법은 '결국 그 자체로 목적이 아니라 어떤 효과를 기록하는 수단'[32]이기 때문에 곧 이무영 소설의 담론을 형성하는 과정의 제원리를 해명해 줄 수 있는 것이다. 이는 표면구조와 심층구조를 포함함으로써 소설텍스트의 총체성을 파악하는 데 가장 유리한 방법 중의 하나라고 할 수 있다.

이무영은 독자에 대한 작가의 의무를 누누이 강조한 작가다. 늘 독자를 염두에 두면서 작품을 써 왔음을 다음의 글에서 확인할 수 있다. 그의 소설적 담론을 서술기법의 측면에서 분석하고자 하는 본 논문의 의도를 지탱해 주는 근거이기도 하다.

로 실현된 부분과 암시된 부분으로 나누어진다. 암시된 부분은 시공간적, 의미적, 가치평가적, 의미적 요소로 구성된다. 대화적인 성향은 모든 담론의 특징적인 현상이다. 이는 생생한 모든 담론의 자연스런 목표이다. 담론은 담론의 대상과 관계된 모든 면에서 타자의 담론을 만난다. 그리고 이 타자의 담론과 생생하고 강력한 상호작용을 피할 수 없다(Tzvetan Todorov, 『바흐찐: 문학사회학과 대화이론』, 최현무 역, 까치, 1988, pp.69-110.참조). 또한, 역어 '담화'와 '담론'의 차이는 텍스트와 콘텍스트의 두가지 요소 중 어느 것이 선행되는가에 의한 것이다. 텍스트로부터 콘텍스트로 방향이 잡히면 '담화'라는 용어를, 그 역이면 '담론'이라는 용어를 사용하는 것으로 보인다(金顯, 『현대소설의 담화론적 연구』, 계명문화사, 1995, p.10)

32) Wallace Martin, 『*Recent Theory of Narrative*』, Cornell University Press, 1986, p.152.

作者는 讀者에게 어떤 이야기를 하기로 한 以上 그 무슨 일이 있든지 最後까지 讀者를 끌고 가야만할 義務가 지워지는 것이다. 讀者가 中途에 떨어져 나갔다는 事實을 勿論 讀者의 不可抗力으로 되는 境遇도 있겠지마는 그 讀者가 죽기까지에는 全責任이 作者에게 있음을 알아야 한다.……

讀者에게 있어서의 作者의 地位는 결코 優位의 것이 아니라 嗜好, 趣味, 道德, 思想, 性格 모든 點에 있어서 自由奔放하고 無秩序하고 無責任, 無誠意한 各界 各層의 讀者를 最後까지 끌고 나가야만 할 무거운 義務를 진 따분한 身勢인 것이다.33)

그런데 소설의 담론은 정태적인 구조를 지향하는 것이 아니라 의사소통의 과정과 실천을 지향하는 언어의 수행이다. 즉 발화자와 수신자 사이에서의 언어적 의사소통을 전제로, 작품을 사이에 두고 작가와 독자가 대화의 관계에 있음을 뜻하는 것이다. 이때 텍스트를 형성하는 언어는 심리적 산물(주관적 언어학)도, 고정된 체계(객관주의 언어학)도 아닌, '초언어학(metalinguistics)'34)으로서의 의미를 지닌다. 즉 초언어학은 추상적 언어 연구가 아닌, 살아있는 대화적 관계를 유지하는 '담론'에 관한 연구이다.35) 소설 작품 자체를 발화자인 작가와 수신자인 독자 사이의 의사소통을 위한 매개체로 본다는 것을 의미한다. 즉 발화자인 작가는 자신의 사상이나 감정을 수신자인 독자에게 전달하게 되는데, 이때 그 전달매체가 바로 작품이 되는 것이다.

---

33) 이무영, 『小說作法』, 啓進文化社, 1954, pp.190-191.
34) 토도로프와 크리스테바는 'translinguistics'로 해석한다. 김욱동은 '초언어학', 이어령은 '종단언어학', 이득재는 '반언어학', 최현무는 '초월적 언어학'으로 각각 번역한다.
35) M.M.Bakhtine, 『*Problems of Dostoevsky´s Poetics*』, ed. and trans. Caryl Emerson, University of Minesota Press, 1984, p.181.

따라서 작품을 통하여 어떤 의미를 추출해 내거나, 정서적 반응을 보인다는 것은 서술기법을 통해 형성된 소설담론이 독자에게 요구하는 능동적인 이해의 결과인 셈이다. 대화는 의사전달을 전제로 이루어지며, 특히, 모든 대화는 의도적 행위를 포함하는 발화자의 메시지 그 자체뿐 아니라, 수신자의 적극적 수용 자세와 해석에 이르러서야 비로소 완결되는 일련의 전체적 과정이다. 소설담론 역시 이러한 대화의 과정을 통해 의미를 지향하고 의사소통 자체의 역동성을 함의하기 때문에 사회기호론적 실천의 일환36)으로서의 성격을 띤다고 할 수 있다. 즉 작가와 독자는 문학적 제도 속에서 텍스트를 생산하고, 수용함으로써 소통의 전제가 형성된다. 그렇기 때문에 소설작품은 역사사회학적 의미라는 상황맥락에서 창조되고 수용됨으로써 반영론적 의미를 충족하면서 자율성을 지닌 문학텍스트가 되는 것이다. 작가와 독자의 대화라는 지평에서 소설텍스트는 작용하는 것이다.

그러므로 누가, 누구에게, 어떤 목적으로, 어떤 언어 사용의 체계내에서 말하는가에 대한 지식은 주어진 언어적 행위의 이해에 필수적이다. 더욱이 주어진 역사적 환경에서의 언어사용은 사회적 이데올로기로서 기능하게 된다.

따라서 소설담론이 지향하는 대화적 성향은 텍스트 내의 발화자와 수신자, 즉 서술자와 인물, 인물과 인물 사이에서 일어날 수 있으며, 외적으로는 텍스트를 매개로 작가와 독자 사이에 형성되는 것이다. 특히 지금까지 내용론과 형식론에서는 독자가 배제되어 왔는데, 여기서는 '심미적

---

36) Robert Hodge, 『*Literature as Discourse*』, Basil Blackwell Ltd, 1990, p.8.

인식과 역사적 인식을 위해 똑같이 감가(減價) 될 수 없는 역할 속에 들어 있는, 문학 작품이 근원적으로 지향하고 있는 수신자로서의 독자'[37)]까지를 포함하는 것이다. 수신자, 즉 독자의 능동적인 참여가 이루어질 수 있을 때만이 작품은 비판적 이해나 능동적인 수용, 새로운 미학적 규범의 생산과 같은 '경험 지평'에로 들어설 수 있기 때문이다.

한편, 소설의 주제는 한 마디로 문제해결보다는 문제제기의 형식에 가깝다. '문제적 추구, 다른 말로 표현하면 가치추구의 문학 형식'[38)]인 것이다. 즉 작가는 이 주제를 가지고 독자들과 대화를 시도하는 것이고, 독자는 나름대로의 해결책을 숙고하는 대화적 상호작용을 지향해 나가는 것이다. 그런데 일상적 대화에서 발화자가 수신자와 효율적인 의사전달행위를 수행하기 위해 각자의 특정한 의도를 가지고 언어를 선택하여 사용하듯이, 작가는 작품의 미적 가치와 감동적 가치를 독자에게 효율적으로 전달하기 위해 특유의 계획된 의도를 가지고 언어를 선택·변형시키는, 나름대로의 서술기법을 활용하게 된다. 이때 '특유의 계획된 의도'란 '작가의 작품에 대한 태도, 느낌, 창작동기, 마음 속의 계획'[39)]과 긴밀한 관계를 맺고 있다. 이러한 작가의 의도는 작중 인물의 발화에 반영될 수도 있고, 서술자의 태도에 반영되어 나타날 수 있는 것이다.

이러한 의도성에 대한 관심은 작가의 의도와 작품의 의미간의 타당성을 규명해 보려는 문학해석학적 입장에서 비롯되었다. 그러나 본 논문에서는 그 의도성을 소설텍스트의 의사전달 행위적 목적을 지시하는 개념으

---

37) H.R. 야우스, 앞의 책, p.177.
38) 브루노 힐레브란트, 『소설의 이론』, 박병화·원당희 역, 현대소설사, 1993, p.427.
39) W.K. Wimsatt and M.C. Beardsley, 「The Intentional Fallacy」, ed. D. Lodge, 『20th Century Literary Criticism』, Longman, p.334.

로 사용하고자 한다. 이는 서술기법을 산출하는 작가의 의도로 파악하는 관점이다. 원래 의도에 초점을 맞추어 발화자의 발화를 이해하려는 시도는 발화를 행위의 관점에서 이해한 Austin이나 Searl의 화행론[40]에서 비롯되었다. 이들의 화행론은 문장상호간의 의도를 설명하고 기술하는 데 중점을 두고 있다.

반면에 기호론적 방법에서의 의사전달 행위나 화행이론은 '문장의 범위를 초월하는' 발화맥락의 의도를 설명하고 기술함으로써 언어의 역동성을 강조한다. 바흐찐(Mikhail Bakhtin)의 용어를 빌자면 '초언어학(metalinguistics)'에 해당되는 것으로서, 이론상의 개념으로서의 '문장'이라기보다는 대화에 실제로 사용되는 '발화'와 '발화맥락'에 중점을 두는 이론이다. 즉 물리적인 실체로서의 작품을 초월하는 관점인 것이다. 이는 기호론적인 실천의 관점으로서 작가와 독자가 작품을 매개로 언어적 소통의 과정으로 인식함을 의미한다.

바흐찐은 인간의 모든 의사전달행위는 '본질적으로 사회적이며 대화적'[41]으로 본다. 여기서 '사회적'이라는 말은 내적인 분화[42]에 의한 다양

---

40) Austin은 화행을 '언표 행위, 언표내적 행위, 언향적 행위'의 세 가지 유형으로 나누었다. 첫째 언표 행위는 문장을 발화하는 것이고, 둘째로 언향적 행위는 발화된 문장이 하나 이상의 결과를 일으키는 것을 말한다. 셋째 언표 내적 행위는 앞의 두 행위 사이에서 이루어지는 어떤 일 곧 발화 속에 내재되어 있는 발화자의 의도와 발화 행위를 동시에 수행하는 것이다. 여기서 어떤 결과와의 본질적인 관계로 인해서 문장의 발화란 현상의 영역을 벗어나는 언향적 행위와는 달리 언표 내적 행위는 문장을 발화하는 현상과 분리해서 생각할 수 없는 행위를 말한다. Searl의 화행론은 Austin의 이론을 통합하여 발전시킨 것으로 본다.(R. Chapman, 「Beyond the Sentence」, 『Linguistics and literature : An Introduction to Literary Stylistics』, Edward Arnold, p.100.)

41) D. Lodge, 「Joyce and Bakhtin : Ulysses and the Typology of Literary Discourse」, 『The Journal of English Language and Literature』, Spring, 1983, p.123.

42) 바흐찐은 소설언어의 전제조건인 언어의 내적 분화를 다음과 같이 열거하고 있

한 사회적 발언유형과 개인적 발언을 의미하는 것이며, '대화적'이라는 말은 그렇게 분화된 언어들이 결합, 상호작용을 함으로써 언어들간의 사회적 대화를 이루어 나감을 의미하는 것이다. 그런데 소설이야말로 '사회적 발언 유형의 다양성(때로는 언어들 자체의 다양성)이며, 예술적으로 조직된 개인적 음성의 다양성'이라는 것이다. 이러한 논리가 바로 바흐찐의 '초언어학' 이론의 출발점이 된다.

또한 그는 언어의 기호적 실천을 이데올로기의 형식으로 규정하고 있다.[43] 바흐찐에게 있어서 이데올로기는 특정한 이데올로기, 즉 지배 이데올로기, 정치 이데올로기 등을 뜻한다기보다는 미적, 인식적, 윤리적, 과학적, 종교적일 뿐만 아니라 일상 생활에서 개인의 태도나 의향, 취향 등을 통해 드러나는 일상적인 이데올로기다. 따라서 소설텍스트는 일어난 사건의 투명한 서술이 아니라 이데올로기의 날줄과 씨줄로 짜여진 이데올로기적 구조물이라고 할 수 있다. 창작과정에서 작가의 이데올로기가 서술방향이나 서술기법에 영향을 미치듯, 독자 또한 역사나 이데올로기를 통해 텍스트의 의미를 재생산하게 되는 것이다.

소설의 담론화 과정에서 '누가 담론을 조정하는가', 또는 '어떻게 서술

다.
"어떤 단일한 민족언어도 다양한 사회적 방언들, 특정 집단의 특징적 행태를 표현하는 전문적 용어들, 장르적 언어들, 세대들 및 연령집단들의 언어들, 특정 유파들의 언어들, 다양한 세력집단의 써클의 언어들, 일시적인 유행어들, 그날 그날의 언어들, 심지어는 순간 순간의 특수한 사회·정치적 목적에 봉사하는 언어들 등으로 내적인 분화를 겪는 것인 바, 어떤 언어사의 어떤 특정 시점에도 존재하는 이러한 내적 분화야말로 장르로서의 소설을 가능케 하는 필수 요건이다."(M.M. Bakhtin, 『*The Dialogic Imagenation : Four Essays*』, Texas U.P, 1981, pp.262-263.)
43) M. 바흐찐, V.N. 볼로쉬노프, 위의 책, 1988, p.96.

하느냐'에 대한 일차적인 주체는 작가라고 할 수 있다. 다시 말하면 서술층위에서 서술기법의 선택과 조종 주체로서의 작가는 '의미작용의 공간에 뛰어들어 유의미한 전체구조 속에 자신을 자리잡게 한다.'[44] 이러한 담론화의 과정에서 반드시 검토되어야 할 사항이 바로 작가의 실천적 욕구로부터 비롯되는 서술기법의 문제인 것이다. 소재의 적절한 재생과 융합을 위한 서술기법의 문제는 '동시대적 사실성의 정황뿐만 아니라 전승된 기법의 사용가능성에 대한 숙고로부터 탐색의 출발점'[45]을 이룬다.

그런데 담론을 체계화시키는 서술기법이나 작품이 실제로 생산해 내는 의미는 작가의 이데올로기와 깊은 관련이 있다. 작품 자체는 작가 '자신의 독특한 삶에 대한 체험방식의 반영'[46]이기 때문이다. 즉, 작가는 그가 처해 있는 특정한 역사적 상황에 의해 서술자나 인물에게 초점화나 시점을 할당하는 서술기법을 고려할 때만이 작품 창조의 실제적 과정을 분석하고 의미를 부여하는 생산적인 담론 분석이 될 것이다.

소설은 어디까지나 서술자에 의해 중개되는 양식이므로 서술자 역시 담론주체로서 이야기를 통제하거나 자신이 직접 담론에 참여할 수도 있다. 그렇기 때문에 독자에게 직접 말을 건네는 존재가 바로 서술자인 것이다. 독자는 서술자가 전달하는 메시지를 통해 대화적 관계에 참여하는 것이며, 텍스트를 이해, 나름대로의 의미를 재생산함으로써 언어수행에 참여하는 것이다. 그런가 하면 서술자는 배경상황을 설정하며, 인물과 인물의 행위나 상태를 담론 속으로 끌어들이는 역할을 수행한다. 뿐만 아니

---

44) 우한용, 「채만식소설의 담론 특성에 관한 연구」, 서울대 박사, 1991, p.13.
45) J. Schramke, 『현대소설의 이론』, 원당희·박병화 역, 문예출판사, 1995, p.24.
46) Leon Edel, 『作家論의 方法』, 金允植 역, 三英社, 1994, p.104.

라 서술의 대상과 상태, 행위 등을 선택하고 배열함으로써 특정한 이데올로기적 정향을 드러내며, 직접적으로 서술의 대상에 대해 자신의 평가 내용을 제시함으로써 자신의 이데올로기적 정향을 공공연하게 표현하기도 한다.

이무영 소설에서는 서술자가 특정한 인물, 즉 농민이나 지식인, 순박한 여인 등을 내세워 그 인물의 시점으로 외부 세계를 바라보는 시점을 선호하여 대개 외부의 현실 세계가 인물의 내면을 통해 투영되는 양상을 띠고 있다. 서술자의 존재가 작중상황이나 인물, 배경과 맺는 관계가 이무영소설 담론의 성격을 결정하는 것이다. 텍스트의 의미란 記標의 층위에서 발현되는 것으로, 이 같은 기표들의 구성은 사회적 구조들에 의해 매개 *Vermittelt*되어 있기 때문이다.[47] 따라서 서술기법에서 나타나는 서술자 존재 양상에 따른 서술양상의 변화와 사회적 의미와의 관련하에서 소설 전체 담론의 성격이 검토될 것이다.

그런데 서술자는 그 소설을 산출하는 사회적 역사적 맥락 속에서 작가의 관념적 태도를 효과적으로 드러내기 위한 장치이다. 따라서 구체적인 서술 국면에서 서술자의 존재양상은 서사 텍스트의 모든 내적 발화 주체들에게 발화를 배당하는 조종 주체로서의 작가의 관념적 태도와 작중 상황 속에서 제시된다. 작가와 서술자의 말, 인물의 말로 구성된 텍스트 내적 상황은 텍스트 외적 상황과 일정하게 조응함으로써 텍스트의 현실 효과를 구체적으로 드러내 준다. 또한 서술자는 인물의 행위를 가능케 하는 준거를 제시하는 역할도 수행한다. 그 상황의 자질은 '작중인물들이 존재하고

---

47) Pierre Zima, 『文學텍스트의 社會學을 위하여』, 이건우 역, 文學과知性社, 1987, p.49.

행동하는 방식의 원인 아니면 결과일 것이다.'48) 이 상황의 맥락과 관계를 맺는 특정한 인물 또한 담론의 구성요소이다. 인물은 자신의 특정한 상황과 존재의 조건으로 말미암아 텍스트 내적 상황과 결합되며, 그 결합과 마주침을 통해 일정한 사건을 추동해 낸다.

이러한 과정에서 작중인물은 서술자가 인물을 묘사함으로써 형성되는 서술태도와 작중인물의 직접화법과 간접화법에 의해 제시되는 내면 지향성 등으로 담론을 형성해 나간다. 그런데 작중인물의 지향성은 대화의 상대방 성격에 따라 그 역할이 달라진다. 대화의 상대방은 발화자와 함께 담론주체의 역할교환으로 인해 담론의 주체 역할을 하기도 한다. 그리고 이들 인물과 인물의 행위나 경험, 즉 사건은 상황 속에서 더욱 구체화된다. 따라서 구성 층위에서는 인물과 배경을, 인물의 어법적 측면과 시공간적 좌표로 나누어 볼 수 있다. 이때 사건은 인물의 행위와 시공간적 좌표에 수렴된다.

또한 서술기법의 연구 과정에서 텍스트 생산 주체로서의 작가가 위치하는 사회적 맥락을 고려해야 하며, 실제 작가의 주제의식 역시 감안해야 한다. '궁극적으로 서술을 통해 표현된 서술시점은 작가가 그를 둘러싼 현실 내부로부터 침투하고자 마련한 동일한 위치로 환원되어야'49) 하기 때문이다. 작중상황을 왜 그렇게 바라보는지는 작가의 관념적 태도와 밀접한 관련이 있는 것이다. 서술자가 발언하게 하든, 인물이 발언하게 하든, 또는 외부적으로 관찰된 서술을 발언하든 내적 심리를 발언하든 간에 각각의 구체적인 국면에서 누군가로 하여금 발언하게 만드는 것은 바로 작

---

48) Michael J. Toolan, 『서사론』, 김병욱 · 오연희 공역, 형설출판사, 1995, p.151.
49) J. Schramke, 앞의 책, p.26.

가이며, 이러한 초점화 또는 시점의 조종 주체를 고려하지 않는다면 소설 텍스트 분석은 처음부터 그 입구가 봉쇄되어 있는 것과 같다.

특히 이무영의 작품 세계, 즉 배경의 근접성이나 당대성, 인물, 주제의식 등은 다음과 같은 그의 전기적 사실과 매우 밀접한 관계를 이루고 있다.

첫째, 1908년 충북 음성군 음성면 읍내리에서 태어나 5세까지 거주하다, 당시 충주군 신니면 용원리(충주가 시로 승격됨에 따라 신니면이 중원군으로 들어갔음)로 이주하여 이곳에서 소학교를 다니며 소년기를 보냄으로써 자연스럽게 농촌생활을 체험하였다.

둘째, 1925년에 일본으로 건너가 일본의 농민문학 작가인 加藤武雄의 書生이 되어 일본 문학작품과 프랑스 작가, 러시아 작가들의 소설들을 주로 탐독하였다.

셋째, 1929년 일본에서 귀국하여 이무영이라는 필명으로 작품을 썼으나 작가로서 대우는 받지 못했다. 그래서 그는 소학교 교원, 출판사, 잡지사 등에 종사하며 곤궁한 생활에 시달렸다.

넷째, 1934년에 梁元模와 崔承萬의 도움으로 동아일보사의 학예부 기자로 입사하였다. 이 무렵에는 「萬甫老人」이나 「山家」 등과 같은 다소 경향적인 작품을 썼다.

다섯째, 1939년 7월에 동아일보사를 사직하고 경기도 시흥군 의왕면 어엽 2리 궁촌으로 내려가 직접 농사를 지으며, 그에게 있어 농민소설의 시초라고 할 수 있는 「第一課 第一章」을 그해 10월에 발표했다. 1952년까지 그곳에서 거주하며 본격적인 농민 문학 작품으로 평가되는 다수의 작품들을 발표했다.

여섯째, 1946년 서울대 문리대에서 소설론 강의를 맡으며 대학강단과 인연을 맺었으며, 1950년 한국전쟁이 발발하자 종군작가로 해군에 입대, 1953년 해군 정훈감에 취임하였다. 그리고 숙명여대 문리대 교수를 거쳐 1957년 단국대 국문과 교수로 취임하기에 이르렀다.

이 중에서 동아일보사를 사직하고 궁촌으로 낙향하기 전과 후, 궁촌을 떠나 대학강단에 서게 된 전기적 사실들에 특히 주목할 필요가 있다. 이러한 사실들이 작품세계에 그대로 투영되고 있기 때문이다.

지금까지 이무영 소설의 연구는 이러한 작업이 도외시되어 왔다. 의사소통 과정에서 메시지의 내용은 발화자와 수신자의 의도나 태도, 기대 그리고 참여자들간의 관계 더 나아가 문화적·언어학적 약호와 같은 요인들의 상호작용에 의존하는 것이다. 그런데도 불구하고 이무영의 소설 연구는 각각의 상호관계는 배제되고 주로 인물의 행동이나 발화내용, 그것들과 작가와의 관계만을 독립적으로 다루어 왔던 것이다.

이무영의 작품은 이미 두 종류의 전집으로 발간된 바 있다. 본 논문의 연구 범위는 1932년부터 1959년까지이며, 대상 작품으로는『李無影代表作全集』(신구문화사, 1985판)과『이무영문학전집』(국학자료원, 2000판)에 수록된 단편「萬甫老人」외 31편, 중편「麥嶺」외 1편, 그리고 장편「季節의 風俗圖」외 5편을 대상으로 하였다. 특히 단편이 많은 것은 그의 문학적 형상력이 장편보다는 단편이 우수했기 때문이다. 연구 대상 작품은 기존의 연구에서 그 가치가 입증된 작품은 물론, 본 연구자가 새로이 가치를 발견한 작품들을 주로 선택했다.

II. 서술태도와 담론 조직

소설은 말로 하는 이야기가 글로 쓰는 이야기로 변화하면서 자리잡게 된 장르이다.[50] 다시 말해 서술자의 이야기를 글로 기호화한 것이 소설인 것이다. 결국 허구적 서사물로서의 소설은 '일정한 이야기가 내포된 서술 구조'[51]로서 사건을 담은 이야기과 그 이야기를 전하는 소통의 과정을 전제할 수밖에 없다. 그래서 소설은 이야기가 서술되는 방식으로서의 시점이라는 시학적 구조의 틀을 갖게 되며, 이러한 구조의 틀 속에서 우리는 서술자의 이야기를 감각적으로 재구성하는 것이다. 서사 구조에는 감각적으로나 의미적으로 세밀한 특수화를 유발하는 서술자 목소리의 질적 요소가 개입되어 있다. 특히 서술자는 좀더 정확하고 실감나게 이야기를 재현하기 위해 다양한 목소리를 구사하게 된다. 이러한 다양한 목소리가 어느 정도 이야기 전개, 혹은 주제 구현에 영향을 미치기 때문에 목소리의 다양화에 귀 기울여야 하는 것이다. 우리가 글로 된 소설을 읽으면서도 언제나 서술자의 목소리를 추상적으로 의식하지 않을 수 없는 이유가 바로 여기에 있다. 서술적 논의의 과정에서 문법보다는 '화법'에 더 큰 관심을 갖는

---

50) 조동일, 『한국문학의 갈래 이론』, 집문당, 1992, pp.313-351.
　　이 책에서 저자는 구비문학에서 소설로의 전이과정이 세계적인 보편 현상임을 증명해 보이고 있다.
51) 조남현, 『소설원론』, 고려원, 1988, p.205.

것 또한 이 때문인 것이다.

따라서 이야기와 이야기를 중개하는 서술자의 존재는 소설의 양식적 특징 중 가장 기본적 요소라고 할 수 있다. 서술의 차원에서 서술자는 서술의 일차적 과정, 즉 인물의 태도와 사건의 추이, 인물과 환경의 관계 등의 이야기 서술을 이끌어 간다. 이는 소설이 작가와 독자를 매개하면서 서술을 이끌어나가는 서술자의 성격이나 태도에 따라 많은 부분이 결정됨을 의미한다. 이 때문에 서술자의 존재양상과 서술태도는 소설의 시점과 거리와 관련되는 문제로서 서술이론의 핵심을 차지한다. 소설담론의 구성에 있어 서술 대상에 대한 서술자의 서술태도는 먼저 서술대상과의 거리에 따라 달라진다. 서술자는 이야기되는 사건들이나 제시되는 작중 인물들이나 수화자로부터 거리가 멀 수도 있고 가까울 수도 있다. 이 거리는 시간적일 수도 있고, 육체적인 것일 수도 있고, 지적인 것일 수도 있고, 도덕적인 것일 수도 있고, 정서적인 것일 수도 있다. 물론 주어진 거리는 주어진 서사물의 진행과 더불어 변화를 할 수 있다.

'서술자(역자:화자)의 침입의 정도, 자의식의 정도, 그리고 서사 대상이나 수화자로부터의 거리는, 그 서술자의 인물 구성에 기여할 뿐만 아니라, 그 서사물에 대한 우리의 해석이나 반응에 영향을 미친다.'[52] 이는'미적 거리(美的 距離)'와 소설의 리얼리티 획득 문제와 깊은 관련을 맺는 문제이기도 하다. 서사문학으로서의 소설담론의 성격은 작가, 독자 및 다른 작중 인물들과 맺는 서술자의 거리의 정도와 종류[53]에 따라 결정된다고 할 수

---

52) Gerald Princce, 『서사학』, 최상규 역, 文學과知性社, 1995, p.27.
53) 웨인 부스는 거리(distance)의 종류를 서술자와 내포작가 사이의 거리, 서술자와 작
    중인물들과의 거리, 서술자와 독자 사이의 거리, 내포작가와 독자 사이의 거리,
    내포작가와 작중인물들과의 거리 등으로 분류하고, 또 서술자가 작품의 규범(즉

있다. 서술자와 서술대상과의 거리가 밀접할 경우 객관적임을 지향하는 일반적인 소설 특징이 약화될 수밖에 없을 뿐 아니라, 특히 서술자와 작가와의 거리가 소멸, 서술자와 작가가 마치 동일한 것처럼 인식될 경우 서술자의 주장이 마치 작가가 자신의 주장을 펼치는 것과 같은 양식이 되어 허구적 담론의 특성을 상실함으로써 소설이 주제적인 양식의 특성을 나타내게 된다. 다시 말하면 거리의 종류에 따라 서사성이 약화되거나 반대로 강화될 수도 있는 것이다.

서술자와 거리를 고려할 때 우리는 서술자와 작중 인물, 서술자와 작중 상황과 관계를 상정할 수 있을 것이다. 이때 서술자와 서술 대상과의 거리는 도덕적, 지적, 미적 가치 등과 관련된 관념적 거리와 서술대상과의 원근(遠近)에 따른 '미적 거리'로 나누어 볼 수 있다. 즉 서술자가 서술 대상과 제반 가치 등을 공유하는가 하는 문제와 서술자가 서술대상에 대하여 적절한 거리를 유지함으로써 객관성을 지향하는가 아니면 서술적 목소리가 서술 대상 속으로 틈입하는가, 또는 서술자의 우월감이 서술 대상을 통제하는가, 대등한 위치에 있는가 등을 말하는 것이다. 이는 전적으로 서술자의 태도를 담론차원의 보고 기능으로 위치시킴으로써 서술 대상과의 역동적인 관계를 검토할 수 있도록 하는 단서를 제공하는 것이다.

한편, 시점은 그 용어가 안고 있는 모호성 때문에 시점과 서술을 분리해서 사용하는 추세에 있다. 즉 시점 주체와 서술 주체로 분리할 수 있게 되는데, '여기서 서술의 주체란 인물들과 구분되는 말하는 목소리를 일컫

내포작자의 규범)을 대변하고 그에 따라 행동하는 신빙성 있는 서술자와 그렇지 않은 신빙성 없는 서술자로 구분하고 있다. (Wayne C. Booth, 『소설의 수사학』, 최상규 역, 새문사, 1985, pp.198-203.)

는 것으로 반드시 인물이라고 상정할 필요가 없지만 어떤 식으로든 그 목소리의 현존을 느낄 수 있는 존재이다.'[54] S. 채트먼(Seymour Chatman)은 허구물의 시점과 목소리를 다음과 같이 구분한 바 있다.

> 시점이란 그와 관련지어서 서사적 사건들이 입각하는 물리적인 장소나 이데올로기적인 상황, 또는 실제적인 삶의 지향이다. 이와는 반대로 목소리는 그것을 통해 사건과 존재들이 청중들에게 전달되는 드러난 수단이나 화법을 지칭한다. 시점은 표현을 의미하는 것이 아니다. 그것은 단지 표현이 만들어지는 차원에서의 전망을 의미한다. 전망과 표현이 동일한 사람에게 속해야 할 필요는 없다.[55]

그런데 우리가 소설 작품의 의미를 해명해야 할 경우, 먼저 서술자와 인물의 관계를 살펴볼 필요가 있다. 이때 소설의 인물 시점과 서술자 시점이 다양한 방식으로 조합될 수 있는 만큼, 소설 담론의 영역을 책임진 서술자 시점과 인물 시점이 조합되는 방식을 분석해야 함은 물론이다. 이때, '시점'이라는 용어가 다양한 서술 주체들의 정신적 행위를 모두 포괄하지 못한다는 점[56]에서 서술자의 서술 태도와 인물의 태도(지각)로 구분하여 사용해야 할 필요가 있다. 여기서 서술 태도는 원(原)이야기를 전달하는, 의사 소통의 축에서 기능하는 '서술자의 제반 정신적 태도'를 일컫는 말이며, '인물의 태도'는 독자에게 제시되는 이야기 세계가 인물에게 인지되고 지각되고 보여지는 모든 경험을 총칭하는 것이다. 이는 서술태도와

---

54) 김경수, 「소설의 인물지각과 서술태도」, 『현대소설 視點의 시학』. 한국소설학회 편, 새문社, 1996, p.489.
55) Seymour Chatman, 『영화와 소설의 서사구조』, 김경수 역, 민음사, 1990. pp.185-186.
56) Seymour. Chatman, 『*Coming to Terms : The Rhetoric of Narrative in Fiction and Film*』, Cornell U. P., 1990, p.141.

인물지각이 서로 대등한 존재로서 상호작용을 통해 한 편의 소설을 구축하고 있음을 의미한다.

따라서 서술자의 서술 태도를 검토할 때, 서술자와 작중 인물 내지는 작중상황과의 관계를 고려하면서, 인물 지각과의 상관성을 문제삼는 것은 서로 별개인 두 주체들의 정신적 행위들간의 상호연관의 양상이 드러나는 한편, 그것이 작품 구성의 한 법칙으로 작용하고 있음을 밝혀낼 수 있기 때문이다.

(1) 서술자와 인물의 근접성

먼저 이무영 소설에서 서술자는 주동인물과 매우 밀착되어 있다. 따라서 작품 속의 진술 내용이 서술자의 목소리인지, 주동인물의 목소리인지 구별이 되지 않을 때가 많다는 특징을 가지고 있다. 또한 인물의 감정과 서술자의 감정이 수시로 용해하는 '投射的 敍述'[57]의 특징을 보이기도 한다. 이러한 서술 방식은 주동인물의 관념을 직접적으로 표출하는 데 유리한 방법이며, 이때 소설 담론의 주된 내용은 사건이나 상황의 객관적 제시보다는 주동인물의 주관적 관념이 중심이 된다.

> 1) 「지금은 너희들과 이렇게 살지마는 그래도 너희와는 구별이 되어야 한다. 너희들은 이렇게밖에 살 수 없는 운명을 타고 났지마는 나의 노동은 그것이 아니다. 같은 노동을 한다더라도 내가 하는 노동에는 더 값이 있다……」

---

57) 김상태,『文體의 理論과 解析』, 집문당, 1993, pp.273-274.

물론 이런 말을 한 적도 없고 자기가 이런 우월감- 허영에 들떠 있다
고도 생각지는 않았다. 생각지는 않으면서도 역시 수택은 무의식중에
그런 허영에 지배되었다. 서투른 지게질을 할 때나 소를 몰고 갈 때나
동리 여편네들과 노인들이 자기를 비웃기보다도 대견하게-장하게 보아
주리라는 막연한 의식에 그는 자기도 모르게 지배가 되었고 열 칠팔세
의 아이들이 수월하게 지고 일어나는 볏섬을 땅짐도 못시키었다는 사
실은 분명히 부끄러워했어야 할 사실임에도 불구하고 그것이 마치 교
육받은 사람의 특징이기나 한 것처럼 수치는커녕 오히려 자랑처럼 생
각한다는 것도 그 자신은 의식치 못하나마 사실임에는 틀림이 없었다.

<흙의 奴隷」, 114쪽, 권2>

2) ①민주주의란 것이 어떤 것인지를 물론 무식한 춘보는 모르고 있다.
②그러나 백성을 위한 정치라든가 밝은 정치라는 의미일 것이라고는
들은 법도 했다. ③그 백성을 위한 정치라는 것이 어찌도 이렇게 백성을
들볶는지도 모르겠고 어둠침침한지 알 길이 없던 것이다. ④언제나 말
뿐이었었다. 영농 자금이란 것도 그랬고 입도니 입맥이니의 선매 방지
자금이란 것도 나온다. ⑤나왔다는 말뿐이지 누가 어디로 돌렸는지 입
때껏 한번 차지해 본 적도 없다. ⑥나중에 알고 보면 정작 목이 마르게
써야 할 사람한테는 하나 차지가 안 가고 돈에 누룩머리를 알아서 돈놀
이를 하는 엉뚱한 사람들끼리 나누어 썼다는 것이다.

「밝혀야지! 그런 놈을 그냥 두어!」

그럴 때마다 뒷공론은 많았다. 팔을 걷고 나서는 패도 있었다. 그러
나 어느 것 한 가지 밝혀진 적이 없었던 것이다.

세도 있고 이래저래 연줄 닿는 사람을 건드렸다가는 되레 큰코 다칠
까 보아 쉬쉬하게 되는 것이다.

농민이란 호미처럼 성명이 없었다.

<「麥嶺」, 21쪽, 권2>

3) 문서방에게는 생에 대한 굳은 신념이 있었다. 그것은 악하지 않은 사람
은 반드시 끝장이 좋다는 것이다. 그는 그것을 믿었다. ①세상에는 착하
고도 끝장이 좋지 못했던 사람도 많았다. 그러나 그것은 하느님이 그른
것이 아니라 하느님이 돌보시도록 그가 착하지 못했기 때문이라 했다.

이 「선자는 반드시 흥한다」는 진리에 문서방은 또 다른 지론을 갖고
있었다. 즉 ②착한 사람은 반드시 흥하기는 하되 그것은 당대에보다도
자손대에 가서야 그 혜택을 받게 된다는 것이다. 그가 언제부터 그런
지론을 갖게 되었는지는 물론 알 길이 없으되 동리 사람들은 두 번째
처를 죽인 후부터라고들 한다. ③어디로 따져 보아도 자기는 악인은
아니다. 일찍이 남을 속인 일이 없고, 남을 해친 일이 없고, 자기의
이익을 위해서 남에게 손을 보인 일이 없다. ④그러고 보니 내게는
반드시 복이 오리라. 초년 고생은 돈주고도 못 산다지 않는가. 말년에는
나도 남처럼 살 수가 있으리라! 이렇게 생각하고 믿고 했던 것이 두
번이나 상처를 당하고 어미 없는 자식을 다섯이나 떠안고 보니 악하지
않다고 반드시 흥하지만은 않는가보다. ⑤이렇게 생각케 되었으리라!
이렇게들 생각했다. 그리고 또 그것은 사실이기도 했다.

<「文書房」, 338쪽, 권2>

1)에서 서술자는 작중인물인 수택의 내면을 초월적 시각에서 조망하고
있다. 작중인물의 심층심리까지 꿰뚫어 논평하고 있는 것이다. 여기서 서
술자의 의식은 자기에게 사건을 전달해 준 사람의 언술행위에 영향을 받
기 마련인데, 여기서는 오히려 서술자가 인물의 심리를 압도하고 있다.
즉, 도시생활인이었던 수택이 서투른 농촌생활을 오히려 농촌사람들에게
자랑으로 여기는 허영심리 내지는 우월감을 읽어내고 있다. 이는 이무영
소설에서 자주 발견되는 서술방법으로서 특히 서술자의 관념과 주동인물
과의 관념이 일치되지 않을 때 이러한 기법이 사용되고 있음에 주목할
필요가 있다. 이는 서술자의 통제하에 담론이 조직되고 있음을 의미하는
것이다.

일반적으로 서술자의 통제는 두 가지 방식으로 드러나는 바, 하나는
서술내용의 객관성을 확보하기 위해 서술자가 자신을 엄격하게 통제하여
작중현실에 개입하지 않음으로써, 있는 그대로의 사실을 재현하는 미메시

스 방식이다. 그리고 또 하나는 서술자 자신의 관점이 인물을 통제, 서술자가 서술내용에 대하여 전적으로 책임을 지면서 이야기하는 디에게시스 방식이다. 1)에서는 앞으로의 작중인물이 어떠한 삶을 살아야 하며, 그러한 삶이 가능하도록 서술자가 인물을 통제해 나갈 것이라는 추측을 가능케 하고 있다. 이는 1)에서 언급된 서술자의 어조는 객관적이고 가치중립적인 어조가 아니라 성격을 가진 어조로써 분명 작중인물에 대하여 비판적 입장을 견지하고 있음에서 드러난다. 서술자가 인물과 객관적 거리를 유지하고 이들보다 우월한 위치에서 상황을 설명하거나 논평하는 담론 조직의 방법은 특히 서술자와 작가가 거의 동일한 존재로 느껴지는 작품에서 두드러지게 나타난다. 이른바 '농민소설'류와 '현실비판적 소설'류에서 이러한 경향의 서술기법이 사용되고 있는데, 이는 '文學의 임무가 寫眞師的인 생활의 複寫일 수만은 없다. ……우리 民族의 현실적인 生의 生態가 문학자라는 容器속에서 분해되고 용해되어서 얻어진 眞理가 문학적으로 다시 形象化'[58]되어야 한다는 작가의 신념에 따른 결과로 볼 수 있을 것이다.

2)에서도 서술자는 인물인 춘보보다는 우월한 입장에서, 가난에 찌들어 어둠침침한 삶에서 헤어날 길이 없는 농투성이 춘보의 내면과 작중 상황을 춘보의 시점과 교차하면서 서술하고 있다. '스토리 외적 서술자'의 전지적 존재가 드러나고 있는 것이다. 인물의 무식함으로 인해 현실인식이 그렇게 날카롭게 서술되고 있지는 못하다. 이무영 소설에서 서술자의 말은 어디까지나 인물의 지적 수준이나 규범에 의해 조정되고 발화된다.

---

58) 이무영, 「우리문학의 가는 길·가야할 길」(사상계, 1955.10), p.61.

사실 소설의 담론에서 서술자의 말과 인물의 말은 지극히 역동적인 관계에 있다. 이 관계를 바흐찐은 '선형적' 문체형식과 '회화적' 문체형식으로 구분하고 있다[59]. 여기서 선형적' 문체 형식은 작가의 언어가, 전달되는 언어의 권위와 독립성을 그대로 유지시키고자 하여 작가의 억양이 침투되지 않도록 방어하며 그것의 개별적인 언어적 특성을 높이고자 한다. 따라서 작가의 언어와 전달되는 언어 사이에는 명확한 경계선이 그어진다. 이에 비해 '회화적' 문체 형식은 작가의 언어가 전달되는 언어에 작가의 반응과 논평을 침투시키고자 하여 전달되는 언어의 독립적인 완결성을 파괴하고 그것을 흡수하며 그 경계선을 무너뜨린다. 그것은 전달되는 언어의 명확하고 외형적인 윤곽을 없애버리려는 경향이 있다. 이무영의 소설담론에서는 주로 회화적 문체형식이 사용되고 있다. 이는 그만큼 서술자가 작중인물과 근접되어 있음을 말해 주는 것으로서 서술자의 시점과 인물의 시점이 교차되는 현상을 수반하게 된다.

2)의 ①은 인물에 대한 서술자의 평가적 발화이다. 그리고 ②와 ③은 인물의 내면심리를 서술자가 보고하는 발화형태로서 3인칭 이종서술자의 존재를 짐작할 수 있다. ④, ⑤, ⑥이하에서는 서술자와 인물의 목소리를 동시에 느낄 수 있다. 서술자가 인물의 내면을 직접적으로 표현한 것인지, 인물의 내적 독백, 혹은 인물의 직접적 발화인지 구별이 쉽지 않다. 스토리 외적 서술자가 전지적 입장에서 서술하고 있지만, 여기에서 서술자는 어디까지나 작중 상황과 인물의 삶에 밀접하게 연관되어 있다고 생각할 정

---

59) V.N. Voloshinov(Milkhail Bakhtin), 『*Marxim and Philosophy of Language*』 trans. Ladislav Matejka and I.R. Titunik, Cambridge, Mass.: Harvard University Press, 1986, pp.119-121.

도로, 그 신빙성을 확보하고 있다. 서술 행위[60]가 인물과 '<함께 본> 시야'[61]에서 이루어짐으로써 구체성을 획득하고 있기 때문이다. 서술 주체가 서술 주체 또는 초점 주체가 이미 알고 있는 사실이나 인물과 관련된 상황에 대해 서술 주체 자신이 느낀 바를 서술하게 되는 일인칭 서술 상황의 특징을 보이고 있다. 예문 2)에서 서술자는 춘보의 행동이나 대화를 재현하기보다는 그에 의해 환기되는 서술 주체의 내면을 드러내는 데 더욱 치중했다고 볼 수도 있는 것이다. 4장에서 자세히 살펴보겠지만, 이는 결국 작가의 경험과 관념적 태도가 서술자에게 어떤 영향력을 가지고 있느냐는 문제로 귀납된다. 구체적인 어떤 국면에서 초점화 대상이나 인물이 발언하도록 직접적으로 할당하는 권리는 바로 발화 주체인 작가에게 있기 때문이다. 그 신빙성 여부를 떠나서 서술자는 작가가 작품을 효과적으로 쓰기 위하여 고안해 낸 장치인 것이며, 보다 근본적으로는 작가의 관점과 세계관 또는 이데올로기를 직접적으로든 우회적으로든 드러내기 위한 장치인 것이다.

한편, 3)에서도 서술자가 초점 대상의 <신념>을 요약적으로 제시해 주고 있는 가운데, 서술자의 요약적 발화와 함께 간접 인용된 인물들의 발화가 혼용됨으로써 서술자와 인물의 거리가 지극히 근접되어 있음을 알 수 있다. 특히 3)의 경우 서술자의 요약적 발화, 간접 인용된 인물들의 발화, 그리고 주동인물 문서방의 서술된 독백의 간접 인용으로 서술이 구성되어 있다. 그러면서도 서술자의 가치평가적 발화는 지극히 제한되어 있다. 대신 인물의 내면 심리에 대한 묘사는 서술자의 전지성에 입각한

---

60) 롤랑 부르뇌프 · 레알 월레, 『현대소설론』, 김화영 편역, 현대문학, 1997, p.154.
61) 롤랑 부르뇌프 · 레알 월레, 위의책, p.155.

것이 아니라 <동리 사람들>의 생각으로 일반화시켜 그에 대한 객관성을 획득하고 있다. 그럼으로써 내면상태까지도 객관적으로 묘사하는 일이 가능해지는데, 이러한 내면 서술의 기법이 이무영 소설담론에서는 자주 발견된다. 그가 내면 심리를 서술함에 있어서 전지성에만 의지하지 않았음을 의미하는 단서가 된다.

그런데 서술자와 인물들과의 근접된 거리는 단순히 서술자의 전지성 또는 일반화의 방법만으로 간단히 설명될 문제가 아니다. 먼저 밑줄의 ①과 ②는 인물의 발화를 간접적으로 인용한 부분이다. 이때의 서술자는 중립적 위치에서 인물의 발화를 요약적으로 재창조하여 인용, 전달해 주고 있다. '인용하는 발화'와 '인용되는 발화'가 정확히 구분됨으로써 서술자의 존재가 명확히 드러나고 있다. 이는 서술자가 '<뒤쪽에서 본 시야>'62)를 채택함으로써 문서방이 선자(善者)로 살아가려는 심리적 삶을 객관적이고 직접적인 방식으로 드러내 보려는 목적에서 말미암는 것이다. ③은 분명 인물인 문서방의 내면 심리를 보고하는 서술자의 발화이다.

이어지는 ④의 발화는 인물인 '문서방'의 내적 독백을 서술자가 직접 전달한 '서술된 독백'으로서 '직접내적독백'63)에 해당된다. 그런데 ③과 ④의 서술은 서술자의 말과 인물의 말을 서로 구분시키지 않아 서술이 중단되지 않는다. 따라서 독자들은 인물의 내면 심리를 서술자의 보고로 듣는다기보다는 인물의 독백으로 듣는 효과를 이끌어 내고 있다. 물론

---

62) 롤랑 부르뇌프 · 레알 월레, 위의 책, p.156.
63) Stanzel에 의하면 '간접내적독백'은 '자유간접화법(free indirect style)'과 '이중목소리(dual voice)가 창출해내는 효과와 동일한 문체효과를 보여준다.
F.K. Stanzel(1979), trans. Charlotte Goedsche, 『*A Theory of Narrative*』, Cambridge Univ. Press, 1984, pp.219-221.

'이렇게도 생각케 되었으리라!'는 서술자의 전지적 서술을 고려하면 인물의 목소리와 서술자의 목소리를 동시에 들을 수 있음도 사실이다. 주로 이무영의 소설담론에서는 이와 같이 서술자의 존재가 숨겨지는 경우는 거의 없다. 이것은 그만큼 서술자가 서술내용을 강력히 통제하면서 단일 시각적으로 소설담론을 구성하고 있음을 드러내 주는 것이다. 다음에 이어지는 '이렇게들 생각했다. 그리고 또 그것은 사실이기도 했다.'는 서술자의 서술은 '인물의 심리에 대한 객관적 정보'[64]의 서술로서 인물의 내면 묘사에 대한 객관성을 부여하기 위한 서술 기법으로 보는 편이 타당하다. 동네 사람들의 생각에 대하여 서술자는 전지적 입장에서 그 생각들을 확인시켜 주고 있기 때문이다.

특히 두 번째 문장 '······사실이기도 했다.'는 '드러난 서술자의 우월한 지식을 공고히 하는 것'[65]이면서 서술자가 전지적 입장에서 인물의 내면을 표현한 것이라기보다는 서술자의 '내적 조망'에 의한 '발화간섭(speech interference)'을 드러내지 않고 인물의 생각과 내면 심리를 그 자신의 말과 경험으로써 전달했다고 보는 편이 더 타당할 것 같다. 서술자는 전지적이며 자유자재하면서도 인물의 감정과 내면의식을 '감정이입'된 상태로 동일화하여 나타내 주고 있는 것이다.

서술자와 인물의 근접성은 시각의 교차에서도 확인된다.

1) 오후였다. 오래간만에 걸어보는 거리는 불덩이처럼 달았다. 모든 사람이 바쁘다. 자기의 남편 같으면 이야기만 듣고도 땀을 뻘뻘 흘릴 그렇게

---

64) S.S. Lanser, 『*The Narrative Act ; Point of View Prose Fiction*』, Princeton U.P, 1981, pp.204-205.
65) Seymour Chatman, 앞의 책, p.276.

무거운 짐을 한 소년이 끌고 가고 있다. 자전거 바퀴는 살이 안 보이고 자동차는 살같이 달아나면서도 성급하게 빵빵댄다. 그것은 마치 바로 눈앞에 만져질 듯 만져질 듯한 행복을 움키려고 마지막 기를 쓰는 것 같다. 아직도 몇 십 년씩은 더 살 사람들이 광화문에서 종로까지 가는 데도 저렇게 달음질을 쳐야 하는가? 오늘 해만 한 대도 해질 때까지는 일곱 시간이나 있잖은가? 일곱 시간이면 몇 백 번 몇 천 번이라도 왕복할 수 있는 거리가 아닌가. <「어떤 아내」, 212쪽, 권5>

2) 서울서도 그래도 오네 안 오네 해도 사람이 그치지 않았고, 동택이와 혜란 아버지 상설이가 안팎으로 드나들며 일을 돌보아주기도 해서 아쉬운대로 그렁저렁 꾸려갔으나 장지인 광주 가서는 정말 따분했다. 마름에다 작인에다다 묘지기까지 있건만 설렁탕 배달처럼 대답만 네네 했지 일은 하나도 축이 안 간다. 하관 시간이 열두 시라고 떡 떼어 먹듯이 일러보냈는데 가서 보니 그제서야 산역을 시작하고 있었다. 큰 길에서 오리 턱이나 들어가니 상여를 마련했어야 하련만 그것조차도 아무 마련이 없었다. <「三年」, 161쪽, 권3>

3) 무엇보다도 새벽 참새 소리가 그리웠다. 시골에 살 때는 그런 줄도 몰랐고, 몸이라도 괴로워서 좀 늦잠을 자려고 할 때는 귀찮게까지 여겼던 그 참새 소리가 살갑게도 그리워지는 것이었다. <u>농가에 무엇 하나 보태어 주는 것이 없는 새였다. 채 물기가 걷기도 전부터 눈이 발개서 알곡을 까먹겠노라 염치없이 달려들 때면 그놈의 주둥이를 응켜도 시원치 않았다.</u> 꼭 추녀 끝에 매달려서는 마당에 곡식 널기만 엿보고 있는 참새를 볼 때마다 회초리에 손이 가던 참새 소리가 이렇게도 다정히하니 가슴을 차고 들 줄을 몰랐다. <「두더쥐」, 486쪽, 권2>

인용된 1), 2), 3)은 모두 인물의 지각과 서술자의 태도가 교차하고 있는 서술 양상을 보이고 있다. 즉 인물에 의해 지각된 내용과 그 인물의 내면이 마치 서술 주체와 초점 주체가 일치하는 자기 서술의 위치에 있는 일인칭 서술자에 의한 서술처럼 객관적인 장면 묘사와 함께 전지적인 속성을 동시에 드러내고 있는 것이다. 표면상으로는 스토리 외적 서술자가 이야기를 서술하고 있으면서도 서술 주체가 서술 주체 또는 초점 주체가 이미 알고 있는 사실이나 인물과 관련된 상황에 대하여 서술 주체 자신의 경험에 의존한 자신의 느낌으로 주관적인 한 등장인물의 시점을 빌어 그의 의식 내면으로 침투해 들어가기도 하면서 인물의 '의식을 반영하는 서술자'로서의 '스토리 내적 서술자'의 역할을 동시에 수행하고 있는 것이다. 이때, 인물의 내면은 서술자가 자기 자신의 감정과 내면의식을 '감정이입'하여 동일시한 것으로 볼 수 있다.

먼저, 1)의 서술은 2), 3)과 마찬가지로 전지적 서술과 제한적[66] 삼인칭 서술(third-person-limited)이라는 두 개의 상이한 서술태도에 의해 교차적으로 진행되고 있다. 서술의 전반부는 작중 인물인 '인애'가 독립적으로 지각한 내용을 그 인물이 직접 서술하고 있는 것과 같은 느낌을 주고 있다.

---

66) Norman Friedman은 이를 '선택적 全知((Selective Omniscience)'의 시점으로 부르고 있다. 그는 선택적 전지의 시점과 정상적인 전지의 시점과의 차이를 다음과 같이 설명하고 있다. '정상적인 전지의 시점은 모든 것이 작자-화자의 감각을 통해서 보아지고, 그가 작중인물의 정신 속으로 들어가기로 선택했을 경우에는 그가 거기에서 발견한 것을 자신의 의식이나 말씨를 통해서 보고한다는 사실에 있다. 그러나 선택적 전지의 시점은 모든 것이 작중인물의 감각을 통해서 보아지고, 따라서 모든 것이-물론 정신 상태에까지 포함해서- 작중인물들의 의식과 말씨를 통해서 제시된다. 그러므로 선택적 전지에서는 보통의 전지적 시점과 때로는 공통적인 삼인칭, 과거 시제의 구조를 가지고 있음에도 불구하고, 이야기보다 한 단계 위인 초월적 視角이라는 것이 없다.'(Norman Friedman, 「Point of view in fiction」, 『The Theory of the Novel』, ed. by Philip Stevick, The Free Press, 1967, p.128.) 한편, '문법적으로는 삼인칭 과거 시제로 서술될지라도, 마치 작중인물이 일인칭, 현재 시제로 이야기하고있는 것처럼 되는 것이다.'는 선택적 전지의 시점이 갖는 특징에 대한 설명은 초점화 주체가 어법적 차원에서 바뀌는가 바뀌지 않는가와 관련, 초점화는 인물이 수행하되, 서술은 3인칭의 서술자가 하는 초점화의 양상에서 '외적 초점화냐 내적 초점화냐 하는 것을 분간할 수 있는 한 가지 텍스트는 주어진 분절을 1인칭으로 고쳐쓸 수 있느냐 없느냐 하는 것이다. 만약 이것이 가능하다면 그 분절은 내적으로 초점화되어 있는 것이고, 그렇지 못하다면 외적으로 초점화되어 있는 것이다.'는 Shlomith Rimmon-Kenan의 초점화 유형과 밀접한 관련을 맺는다.(Shlomith Rimmon-Kenan, 『小說의 詩學』, 최상규 역, 文學과知性社, 1985, pp.113-116.)

물론 '자기의 남편 같으면'이라는 간접화법적 발화맥락을 지시하는 삼인칭 지시어를 통해 서술태도에 의해 중개된 것이고, '……바쁘다', '……끌고 가고 있다', '……빵빵댄다', '……기를 쓰는 것 같다'는 서술어의 시제를 보면 이야기-현재라는 지표가 드러나므로 이는 인물이 그 지각의 내용을 직접 서술하고 있는 것으로 볼 수 있다. 하나의 문단 안에 적어도 두 개의 목소리가 존재하는 것이다.

이와 같이 인물의 지각과 서술태도의 混在와 교차는 일단 서술자와 인물간에 일정한 어느 정도의 거리가 개재되어 있음을 나타내지만, 뒤에 이어지는 작중 인물의 서술된 독백은 서술자와 인물간의 거리를 거의 소멸시켜 주는 역할을 하고 있다. 곧 서술자의 존재는 어디론가 숨어버리고 인물의 발화가 전경화된 것처럼 보인다. 그러나 이어지는 서술된 독백은 인용부호나 괄호 등의 문장 부호가 없고, 문단도 바뀌지 않아 적어도 서술자에 의해 인용된 간접발화 맥락 안에 위치하고 있지만, 인물의 직접화법적 발화형태로 제시되어 있다. 그렇다고 순수한 內的獨白은 아니다. 서술된 독백의 형태로 기만과 허위의식이 가득찬 남편에게서 환멸을 느끼며 나온 거리의 풍경에 대한 인물의 내면풍경을 극화한 장면이다. 여기에서 서술자의 존재는 읽히지 않는다. 서술자가 전지적 입장을 제한하고서 '인애'라는 한 인물의 시각에 스스로의 초점을 동일화시켰기 때문이다.

2)는 친일파였던 '한흥수'가 해방 후 양심의 가책을 느껴 권총으로 자살한 후, 그의 장례식날의 풍경을 제시한 장면이다. 여기에서도 서술태도와 인물의 지각이 확연히 구별되지 않는다. 서술자의 표현이라기보다는 인물지각의 표현으로까지 읽힌다. 특히 '오네 안 오네 해도', '아쉬운 대로 그렁저렁', '정말 따분했다', '설렁탕 배달처럼', '떡 떼어 먹듯이 일

러보냈는데'와 같은 표현들이 인물의 어휘인지, 서술자의 어휘인지 분명
치 않은 것이다.

　단지 이야기-시간으로 보면 이야기-현재에서의 인물의 의식과 일치하
므로 가청도(可聽度)에서 인물의 목소리가 더 크게 들리고 있다. 목소리가
크게 들린다고 해서 전적으로 인물의 지각과 그에 대한 인물의 서술로
보아야 한다는 것은 아니다. 또한 누가 지각하고 있는가와 누가 서술하고
있는가라는 문제로 나누어 생각해 볼 수도 있다. 인물과 서술자가 동시에
지각하고 서술자가 서술한 것으로 볼 수 있고, 인물이 인식한 것을 인물이
발화한 것으로도 볼 수 있다. 일종의 '자유간접화법'[67]이 사용되고 있는
것이다. 시점이 교차하면서 서술자의 말과 인물의 말이 맞물려 있음으로
해서 삼인칭 서술의 미적 원리가 생겨나는데, 서술자와 작중인물 간의
거리가 변하면서 사실성과 객관성을 동시 확보할 수 있다는 점이다. 물론
이러한 시점의 교차가 내면서술에서는 과도한 내면 표출로 이어질 수 있
겠지만, 이무영의 소설담론에서는 적어도 객관적 거리 유지라는 측면에서
근·원이 조절되고 있음에 주목할 필요가 있겠다.

　이러한 양상은 3)에서도 확인된다. 장엣말 '권서방'이 서울에서 제법
살게 된 아들 '삼성'이의 뜻에 따라 서울로 올라 온 후, 기회주의적이면서
속물근성으로 생활하는 아들과 허위의식과 허영으로 들떠있는 며느리의
일상을 못마땅해 하며, 특히 노인으로서 무위도식할 수밖에 없는 도시적

---

67) 자유간접 화법은 작중인물의 언설을 서술자가 대신한 것, 다시 말하면 작중 인물
　　이 서술자의 목소리를 통해 말하는 것으로 두 가지 심급(審級,narrating instance)이
　　뒤섞이게 된다. (Gérard Genette, 『Figure Ⅲ』, Paris; Edition De Seuil, 1972, p.194),
　　또한 어떤 보고하는 개인보다는 오히려 直證的인 단어들에서 보고된 작중인물의
　　입장을 택하는 경향이 있다는 점에서 더 자유롭고 덜 굴절된 보고 형태이다.
　　(Michael J. Toolan, 『서사론』, 김병욱·오연희 공역, 형설출판사, 1995, p.176.)

삶에 회의를 느끼며 자신이 한평생 정직한 농부로서 살았던 장엣말에서의 농촌 생활을 그리워하는 장면이다. 인물이 갖는 '성격의 內向性'[68]을 알게 해 준다.

여기에서도 인식주체와 표현주체가 정확하게 나누어져 있지 않다. 더욱이 밑줄 친 서술부분은 인물의 직접적인 어휘로 볼 수 있다. 이 경우 인물이 직접 발화한 것인지, 인물의 어휘를 서술자가 재현하여 발화한 것인지가 명확하지 않은 것이다. 이는 서술자와 인물이 감정이입의 관계로까지 가까워졌음을 의미하는 것이고, 인물인 권서방의 삶의 이미지를 형상화한 '객관적 전지의 시점'이라고 할 수 있다.

그런데 이렇게 서술자와 인물의 발화가 겹치게 되는 이유는 무엇일까? 일상적인 삶에서 사용되는 언어의 특성을 그 어휘나 구조적인 면에서 찾지 않고 오히려 그것이 사용되는 문맥에서 찾고 있는 바흐찐은 일상어가 갖고 있는 두 가지 요소를 제시하고 있다. 첫 번째 요소는 발화 그 자체이며, 두 번째 요소는 그 발화가 이루어지는 언어 외적인 상황이다. 여기서 언어 외적인 상황은 '언어 외적 문맥'이라고 할 수 있는데, 이 언어 외적 문맥은 1) 발화에 참여하는 사람들에게 공통되는 공간적-시간적 지평, 2) 상황에 대한 그들의 공통적인 지식과 이해, 그리고 3) 그 상황에 대한 그들의 공통적인 평가의 세 가지 기준으로 구성된다.

서술자와 인물이 공통되는 공간적-시간적 지평에 속해 있으며, 삶에 대한 지식과 이해에 있어서도 서술자와 인물은 서로 공통되는 입장에 있다고 할 수 있다. 또한 인물을 에워싸고 있는 환경에 대해서도 서술자는

---

68) 구인환, 『소설론』, 삼지원, 1997, p.247.

인물의 평가와 공통된 입장에 서 있음을 알 수 있다. 따라서 서술자는 인물과 동등한 입장에서, 혹은 감정이입의 동화된 위치에서 내면을 서술하고 있지만 매우 사실성있게 느껴지는 것이다. 이무영 소설담론에서 내면서술의 경우 내적독백이나 서술된 독백으로 대체되는 경우가 많은데, 바로 이런 이유에서 비롯된 것으로 볼 수 있다.

(2) 서술자의 평가적 서술

이무영 소설의 서술자는 주로 인물들에 대하여 가치평가적이며, 긍정적 인물에 근접해 있다.

1) ① <u>밖에 나가서는 할짓 못할 짓 다하고 다니면서도 집안에 들어와서는 성인 군자로 자처할 필요가 있는 그로서</u> 한승이가 들추어낸 죄상이 가장으로서의 위신을 해친 것도 그 원인의 하나이지만 그보다도 일구가 낭패한 것은 윤과장 딸과의 혼담이었다. 일구가 윤과장과 사돈이 되려는 데는 윤과장의 세력을 빌어서 전부터 늘 꿈꾸어 오던 벼슬을 하자함이었다.
　　그러나 일구가 벼슬을 노리는 이유는 단순히 명예만을 탐내는 데 있지 않았다. <「明日의 鋪道」, 267쪽, 권3>

　　② 전가족이 모여앉아서 강화조약을 맺은 신의도 지켜야 했지마는 그 자신 한번 되들어온 이상 지금까지의 일그러진 감정을 버리려고 노력도 했고, 될 수 있는 대로 아버지의 장점만을 찾도록 노력도 했다.
　　그러나 한승이가 아버지의 장점을 찾느라고 노력을 하면 할수록 장점보다는 단점만이 앙상하게 드러났다. 그것은 한승이가 색안경을 쓰고 보아서가 아니라 일구에게 그만큼 단점이 많기 때문이었다. <「明日의 鋪道」, 274쪽>

2) ①·탁은 도시 믿어지지가 않았다. 내일이면 다 알 수 있는 일인데 전혀
근거가 없는 일이라면 이렇게 대담하니 말할 수가 있으랴 싶었던 것이
다. 더욱이 그는 <u>자기한테 잘 보여야만 과장자리는 그대로 유지할 수
있는 사람이 아닌가? 그것은 상식적으로서는 판단할 수 없는 일이었다.</u>
탁은 술을 또 청해서 마시었다. 업무과장도 사양치는 않는다. 취기가
돌더니만 지금까지의 이야기를 <u>한결 노골적으로</u> 표현하는 것이다.

<「榮轉」, 324-325쪽, 권5>

② 무려 한 시간이나 시달림을 받고 나니 열까지 오른다. 인제는
무엇이 어떻게 돌아가는 것인지, 영전의 여독이 앞으로 얼마나 계속될
것인지 알 길조차도 없다. 탁은 머리맡의 수건을 집어 이마의 땀을 씻었
다. 땀은 씻어도 씻어도 흐르는 것이다. 암담했다.
탁은 조갈까지 느끼었다. 물을 한 그릇 마시고는 모으로 돌아눕고
말았다. 마치 그쪽으로 누우면 이 세상의 모든 시끄러운 일을 보지 않아
도 되기나 하는 듯이…… <「榮轉」, 329쪽, 권5>

3) ① 이렇듯 없는 뼈다귀를 팔아야 하고 생쥐처럼 옹졸하게 개랑개랑하
는 목소리도 늠름한 체 꾸며야 했고 체신이 없이 쭉 흘러버린 턱에
노랑수염이나마 길러야 했다.
체신은 초라했지만 없는 배라도 쓰윽쓰윽 문질러가며 거드름을 피
워야 한다는 것은 그 자신으로도 적이 큰 고역이었을 것이다. <「鄕歌」,
293쪽, 권1>

② 준섭은 자기에게 쏟아진 동네 사람들의 시선의 거의 전부다 조소
인 것을 잘 안다. 그들 중에는
「뒤늦게 호된 서방 만났군. 학교 댕기기만은 못할끼라.」
일부러처럼 그가 듣게 입을 비쭉대는 사람도 있었다.
그러나 준섭이는 못 들은 체 한 귀로 듣고 한 귀로 흘려 버리었다.
성낙중이에게 대한 치가 떨리는 복수와 기울어진 내 집 암담한 팔선동
을 위해서 뼈가 응껴지도록 일을 하리라 - 이렇게 결심한 지금의 준섭이
한테는 <u>그 정도의 조소쯤은 펄펄 끓는 쇳가마에 떨어지는 눈송이와도</u>

같았다. 그는 불쾌하기는 고사하고 되레 유쾌했다. <「鄕歌」, 322쪽>

③ 명옥이는 무엇보다도 준섭이가 자기를 그런 눈으로 보아 주는 것이 억울하고, 분하고, 슬펐다. 명옥이 자신 위대한 신념으로 행한 일은 아니다. 곡창을 열던 때나 동네 부역에 걸어붙이고 나선 때나 일종의 호기심이랄까 준섭이의 말마따나 자기 향락과 버젓한 영웅심에서 그런 용기를 낸 것도 사실이기는 하다. 그러나 그것만은 아니었다. 물론 동네에 돌아오는 길로 동민들의 그런 난관과 딱 마주쳤기 때문에 자기도 모르게 동네 일 속으로 끌려들어갔던 것이나 지금의 명옥이는 벌써 그런 애매한 의지가 아니다. 한가지 두가지 이상을 실천으로 옮기는 동안 자기도 모르는 사이에 확고한 신념이 생겨져 있음을 깨닫는 것이었다. <「鄕歌」, 356쪽>

④ 지금까지에 명옥이가 아버지에게 느낀 감정은 단순한 증오였다. 그러나 오늘의 이 감정은 아버지요, 딸이기 때문에만 우러나는 진실로 극진한 애정으로서의 증오였다.
그러나 이 딸의 슬픔은 성낙중에게는 통하지를 않는다.
그렇다고 부자 사위를 본다고 반드시 자기의 물욕을 채워주는 것이라고만 믿을 수 있는 일일까.
그것은 오직 단순한 허욕에 지나지 않는다. <「鄕歌」, 367쪽>

서술자가 작중인물과 유지해야 하는 거리는 작품의 객관성과 신뢰성 문제와 직결된다고 할 수 있다. 즉 서술자와 작중인물 사이의 거리가 지나치게 떨어져 있다보면 그 작품은 진실감을 잃게되고, 작위적인 느낌을 주며, 공허해지고, 불합리해진다. 이에 반해 너무 지나치게 가깝다보면, 그 작품은 너무 私的인 것이 되고 말아 예술작품으로서의 자질이 그만큼 줄어들고 만다.[69] 그렇기 때문에 서술자가 작중인물과 근거리를 유지해야 하느냐, 원거리를 유지하느냐 하는 '거리조절'의 문제에 예술적 효과의

---

[69] Wayne C. Boothe, 『The Rhetoric of Fiction』, The Univ. of Chicago Press, 1966, p.155.

달성 여부가 달렸다고 할 수 있는 것이다. 그런데 '작중인물에 대해 근거리의 시점을 취했느냐 아니면 원거리의 시점을 취했느냐 하는 점은 도덕적인 차원에서 가장 두드러지게 나타날 수 있는 것으로 보인다.'[70]

특히 이무영의 작품에서 발견할 수 있는 서술자와 작중인물과의 거리는 대부분 작가의 '도덕적인 차원'과 함께 신념적 차원에 의하여 조절되고 있음이 드러난다. 제시된 예문에서 공통적으로 발견할 수 있는 서술자의 태도는 먼저 인물에 대한 서술자의 가치평가적 논평이 제시되어 있다는 점이다.

먼저 1), ①의 밑줄 부분에서는 '한승'의 아버지 '일구'의 위선적 삶의 자세가 서술자의 논평적 목소리에 담겨져 있다. 또한 후반부에서는 자신의 목적을 위해서는 수단과 방법을 가리지 않는 인물의 탐욕성이 전지적 시점, 즉 제로(zero) 초점화로 제시되어 있다. '작중인물이 벌이는 행동에 대한 동기와 신뢰의 필요·충분조건의 원인은 작가가 얼만만큼이나 그 인물의 과거 경험을 소급해 올라가느냐 하는 데에 달려 있다.'[71] 따라서 인물의 이러한 전지적 제시는 앞으로 전개되는 '일구'라는 인물의 행동의 크기에 완전성과 완결성을 제공하는 역할로서의 의미를 지닌다. 여기서 서술자는 부정적 인물에 대해서는 비판적 어조와 함께 분석적 방법을 통한 내면심리 묘사에 치중하고 있다. 물론 그러한 내면 서술은 주로 일반화의 방법으로써 직접적으로 이루어지고 있다. 이러한 서술은 '명백하면서, 이성적이고, 권위적인 靜的인 인상을 만들어 내게 된다.'[72] 이무영의 소설

---

70) 조남현, 앞의 책, p.237.
71) Norman Friedman, 「단편소설은 왜 짧은가」, 『단편소설의 이론』, Charles E. May 편, 최상규 역, 정음사, 1983, p.208.
72) 구인환, 앞의 책, p.270.

담론에서 느끼는 명백함이나 간결성, 또는 내면 서술의 치밀성은 바로 이러한 서술방법에서 기인하는 것으로 볼 수 있다. 그만큼 서술자는 인물이나 작중상황에 대하여 객관적 거리, 또는 비판적 거리를 확보하거나, 전지적 입장을 적절하게 사용하고 있기 때문에 인물이 갖는 삶의 방식을 예리하게 보여 줄뿐만 아니라 그러한 인물의 삶의 방식이 내포하는 심리와 그 변화의 의미까지도 제시할 수 있는 것이다. 이러한 서술방식이 이무영 소설담론의 특징이라고 할 수 있다.

한편, 긍정적 인물에 대해서는 상당히 따뜻한 태도를 유지한다. 1)의 ②에서 자기 아버지와 삶의 방식에서 갈등을 야기시키는 한승에 대해서는 상당히 동정적 심리를 읽어낼 수 있을 정도로 이해적이다. 이러한 서술자의 서술태도는 위에서도 언급했지만 작가의 도덕적 차원과 밀접한 관계를 맺고 있다. 즉 1)에서는 자기 아들인 한승을 윤과장의 딸과 혼인시킴으로써 지위를 얻고 그 지위를 이용하여 큰 이권(利權)을 챙기려는 '일구'의 삶의 방식에 대한 비판적 태도를 엿볼 수 있다. 반면에, 탐욕적이면서도 위선적인 삶의 방식을 지닌 아버지와 늘 갈등관계에 있으면서, 옛 아버지 친구인 '이건혁'에게 자신의 아버지가 지은 죄를 속죄하기 위해 이건혁의 딸인 영주 모녀를 보살펴야 한다는 생각을 갖고 있을 정도로 양심적인 한승에게는 어디까지나 도덕적 시선으로써 이해의 변호를 아끼지 않고 있는 것이다.

그런가 하면 전력회사에서 근무하는 과장 대리 탁이라는 인물이 C주에 있는 지점의 지점장으로 발령이나면서 벌어지는 지점 내부의 알력과 비리, 그러한 환경과 맞딱뜨리며 겪어야 하는 삶의 모순과 갈등, 그리고 고달픔을 그리고 있는 2)의 ①에서도 서술자는 새로운 지점장으로 발령을 받은 탁을 몰아내고 전(前) 지점장을 유임시키려는 업무과장에 대해서는 탁이의 간접내적독백의 형식을 빌어 비판적이며, 특히 밑줄 부분은 서술자의 논평적 발화로서 서술자는 이미 탁이의 입장에 동조해서 업무과장의 제안을 평가하고 있는 것이다.

이러한 태도 표명 역시 작가가 지향하거나 현실의 단면에서 작가가 포착해 낸 부정적 요소에 대한 작가의 태도와 결코 무관할 수 없을 것이다. 더욱이 ②에서는 자리에서 밀어내고자 하는 업무과장의 교묘한 술수와 협박을 경험한 주인공 탁이에 대해 서술자는 매우 동정적 시선으로 그의 외면과 내면을 동시에 간파하고 있다. 그만큼 탁에 대한 서술자의 태도가 가치평가적 의미를 함의하고 있음을 나타내는 것이다. 그러면서 세상사의 혼란스러움을 우회적으로 비판하는 기능을 수행하고 있기도 하다. 한편, 부정적 인물형에 대해서도 비판적 저의를 드러낸다.

3)의 ①, ④에서도 성낙중이라는 인물이 지닌 위선과 허위의식, 물욕에 대해 서술자의 논평적 발화는 가치평가적이다. 서술자의 어조가 다분히 비판적 색채를 띠고 있는 것이다. 이는 부정적 속성의 인물에 대해서 작가(서술자)의 태도가 부정적일 수밖에 없음을 드러내는 한 징표일 것이다. 인물인 성낙중이 하층민들만이 사는 팔선동에서의 토반행세, 소유한 땅을 빌미로 마을 사람들에게 대하는 그의 무례 등의 서술을 통해 인물의 성격을 객관적으로 제시하고 있다. '객관적 전지의 시점'인 것이다. 인물들의 성격 변화나 내면을 서술할 때 이러한 서술기법이 주로 사용되고 있는 바, 이와 같은 인물의 이미지는 '객관적인 작가의 세계 속에서 만들어진다.'73) 물론 이러한 인물에 대하여 바흐찐은 작가의 고정관념 속에서 이루어진다는 점, 작가의 독백적 구상이 지닐 수밖에 없는 폐쇄성을 들어 평가

절하고 있지만 소설적 토양을 감안하고, 작가마다 나름대로의 창작기법
을 통해 주제를 구현하고 문학양식을 표출시킬 수 있다면 단일논리적이고
독백적인 방식의 담론 조직 역시 그 유용성은 충분할 것이다. 결코 다성적
(多聲的) 구성을 보이는 소설만이 가장 이상적일 수만은 없는 것이다.
　　작가는 서술자를 통해 다양한 사회적인 언어를 소설텍스트 안으로 이
끌어들여 그것을 문체화한다. 그리고 소설을 소설로 만들어 주며 소설의
문체적 고유성을 보장해 주는 근본적인 조건이 바로 말하는 사람과 그의
담론이다.74) 이때 말하는 사람은 인물과 서술자로 대별할 수 있을 것이다.
그런데 소설텍스트 안으로 들어오는 언어층위는 일상의 모든 언어들을
망라한다. 바흐찐은 그 양상을 다음과 같이 정리하고 있다.

　　1) 작가에 의해 직접적으로 이루어지는 문학적 · 예술적인 서술 및 그 변
　　　 형들.
　　2) 일상 구어적인 서술의 다양한 형태를 문체화한 것(skaz)
　　3) 半문학적인 일상 서술형태(편지, 일기 등)의 문체화
　　4) 문학적이기는 하나 예술외적인 작가의 말의 다양한 형태들(도덕적이거
　　　 나 철학적인, 혹은 과학적인 언급, 연설, 민족학적 묘사, 비망록 등)
　　5) 작중인물들의 독특한 개성이 담긴 발언75)

　　여기서 우리는 소설언어가 그만큼 다양할 수 있다는 점과 그래서 소설
의 담론 역시 "예술적으로 조직된 사회적인 말씨의 다양성과 개인적 목소
리의 다양성"으로 구성될 수밖에 없다는 사실을 알 수 있다.

---

73) M. 바흐찐, 『도스또예프스끼 시학』, 김근식 역, 정음사, 1989, p.76.
74) M.M. Bakhtin, 『*The Dialogic Imagination : Four Essays*』, ed. Michal Holquist, trans. Caryl
　　 Emerson and Michal Holquist, Texas U.P, 1981, p.332.
75) M.M. Bakhtin, 위의 책, p.262.

  이러한 소설 담론의 양상을 고려해 보면, 위의 예문에서도 이무영의
소설담론은 서술기법을 통해 작가의 언어가 직접적으로 반영되고 있음이
드러난다. 인물들의 외양이나 내면, 그리고 인물됨에 대한 평가를 서술하
는 서술자는 곧 작가라는 인상을 짙게 풍긴다. 3)에서 나타나는 서술자의
태도는 대단히 냉소적인 관점을 유지하고 있다. 이러한 관점은 서술자의
주관적 판단, 즉 '체신은-것이다.'의 문단이 개입되면서 인물의 성격을 더
욱 강화시켜 놓는다. 여기에서 서술자의 인물제시 방법을 생각해 볼 수
있는데, 작품의 대부분 직접적 표현법으로써 인물의 성격을 제시하고 있
다. 이러한 사실도 서술자의 태도를 규명하는 하나의 단초를 제공할 수
있을 것이다.

  데이체는(D.Daiches)는 인물설정과 성격구현의 방법을 ①사건의 진행에
따른 인물의 행위에 의해 성격을 설정하는 방법. ②개성, 경력, 심성 등에
대한 소개를 함으로써 인물의 성격을 단번에 부각시키는 방법. ③ ①과
②의 절충적 방법. ④심리주의 소설가들의 방법 등 네 가지로 구분하고
있다.76) 대체적으로 이무영의 서술자는 인물을 제시함에 있어서 경력이
나 일화, 심성을 통한 일반화의 방법을 주로 사용한다. 이는 서술자가 인물
과 근거리를 유지하면서 이미 가치평가의 예단을 갖고 있음을 말해 줌과
동시에 그만큼 서술자의 역할이 강화됨을 의미하는 것이다. 인물들에 대
하여 객관적 거리를 유지하면서도 성격화된 서술자로서 자신의 생각을
제시하기도 하는데 그 생각이 가치평가적 발화로 제시되는 것이다. 이때
서술자의 생각이 바로 인물이나 사건의 성격을 밝혀 주는 중요한 단서가

---

76) D. Daiches, 『*The Novel and Modern World*』, University of Chicago Press, 1939, pp.8-23.

됨은 물론이다. 서술자 자신의 가치를 드러내 주기 때문이다.

3)의 ②와 ③에서 제시되어 있는 인물들, 즉 준섭과 명옥에 대하여 서술자는 매우 호의적이며 그들의 내면을 적극적으로 옹호해 주고 있음이 드러난다. 특히 3)의 ②에서 보이는 비유적 인식은 결코 인물의 지각으로 귀속시킬 수 없으며 인물에 대한 서술자의 신뢰적 표현이자 호의적 태도의 표현이라고 할 수 있다. 이어지는 ③과 ④에서도 서술자는 팔선동을 위해 헌신하겠다는 명옥의 의지와 자기의 아버지에 대한 명옥의 증오를 자신의 아버지를 물욕으로부터 구원하겠다는 애정의 표시로 서술한 것은 내면분석으로서, 분명 서술자의 가치판단이 개입된 것이라고 할 수 있다. 여기에서도 드러나듯이 긍정적 인물형에 대해서 서술자는 적극적인 해명과 함께 그 인물의 생각에 정당성을 부여하는 데 주저하지 않는 태도를 보이고 있다.

이러한 서술자의 태도는 물론 부정적 인물군들에 대해서는 위에서 살펴본 것처럼 주로 냉소적이거나 비판적인 관점을 취하는 것이 특징이다. 이러한 가운데 서술자는 주동인물과 객관적 거리를 유지하는가 하면 때에 따라서는 서술자와 인물의 거리가 소멸되는 양상을 보이기도 한다. 그리고 서술자는 인물들의 성격이나 생각, 혹은 행위에 대해서도 가치평가적 개입을 통해 그 적극성이 두드러지게 나타난다. 또한 긍정적 인물형에 대해서는 지극히 동정적 태도를 취한다든지, 옹호적인 입장을 취하는 대신 부정적 인물형에 대해서는 냉소적이면서도 비판적 어조를 통해 성격화된 서술자로서의 면모를 드러내고 있다.

(3) 서술자의 전지성

1) 이름없는 사나이는 자기의 결혼 생활을 해부해보기 시작했습니다. <u>그가 이년 동안이나 그 갖은 파란을 겪어가면서 아내를 버린 것은 적어도 이런 결혼을 하기 위해서는 아니었다고 뒤늦기는 하나마 생각해보는 것이었습니다.</u> 나는 이 결혼에서 얻은 것이 무엇인가? 그것을 생각할 때 그는 슬펐습니다. 아내한테서 나는 어떤 위안과 대우를 받고 있는가? 그것을 생각할 때 그는 분했습니다. 아내의 명성으로 해서 나는 무엇을 얻는가? 거기에는 오직 굴욕이 있을 뿐이었습니다.

<「이름없는 사나이」, 199쪽, 권5>

2) ①단장 완장을 두르고 대지가 울리게 뚜벅뚜벅 내닫던 장화의 굽소리…… 그 사각장군 시대의 사진이라도 한 장 찍어 두었으면 심지어의 마음의 위안이 될 것만 같다. ②말하자면 모든 권세도 갔고, 세력도 위엄도 비로 쓸듯 쓸어가버리고 간날의 영화의 상징이란 가죽장화가 유일한 것이다. 아니 또 하나 있다는 것이 먼지가 뽀얗게 앉은 저 책상 위 꽃병 속에 꽂힌 많은 꽃이 있을 뿐인 것이다. 벌써 삼 년이나 되어 빛도 낡았으나 그래도 조경애가 사랑의 표적으로 사다가 꽂아준 선물이다. 꽃이라야 가화요, 준 경애조차 가버렸고 보니 장군시대의 유물이라고는 장화뿐인 셈이다.

그 장화를 도로 내라는 것이니 가버린 영화에 대한 정이 애틋할수록 울분이 치밀밖에는 없다. <「長靴」, 401-402쪽, 권2>

3) 그들은 곧장 덕만이네로 갔다. 마침 밀적을 부치는 길이어서 막걸리에다 두 소당을 먹고 나니 저녁 생각이 없다. 그래서 집에 잠시 들러서 저녁을 먹었노라 이르고는 그길로 곧장 토산 부리로 올라오고 말았다. 인제는 물꼬를 돌려댈 덕만이도 아니요, 도망갈까봐 지켜야 할 자식도 없어진 터고 보니 마당에 모깃불이나 놓고 이야기나 주고받아도 좋으련만 그래도 칠보는 궁금증이 나서 견딜 수가 없었다. 그런 사람은 아니지만 옆 다랑이 윤첨지가 심통을 부릴지도 모르겠다 싶기도 했거니와 우물에 물이 좀 괴지나 않나 하는 궁금증에 조바심이 난 것이다. 요새는 또 여우도 먹을 것이 없어 미친개처럼 낮에도 산에서 내려오는지라

그 놈들이 싸다니다가 물받이 홈을 건드리지나 않나 하는 것도 걱정
중의 하나다. <「祈雨祭」, 438쪽, 권2>

4) 그러나 아무리 생각한대도 이 위기를 극복할 자신은 준에게는 없었다.
그것이 정상적이냐 아니냐는 둘째 문제다. 부부는 친구의 경우와도 달
랐었다. 친구는 안 보면 쓸쓸했지만 안 볼 수도 있다. 그러나 한 집에서
같은 솥밥을 먹는 부부로서 물심 양면으로 딴 주머니를 찰 수는 없다
했다. 역시 어느 쪽이고 주머니를 떼어버려야만 한다 했다. 주머니를
뗄 수 없다면 사람이 떼어져야만 한다 했다. 첫째, 이런 계산에 대한
관념의 차이 앞에서 아이들은 방황하지 않을 수 없는 것이다. 닷새나
지났다. 역시 같은 생각이었다. 열흘이, 또 열흘이, 한 달이 또 갔다.
그래도 준의 생각은 변해지지 않는 것이었다. 아내의 계산 기준도 그
자신 조심을 하면서도 역시 고쳐지지는 않는 모양이었다. 인제는 다른
도리가 없었다. 생리가 그것을 준한테 허락지 않았다.
<「異端者」, 343-344쪽, 권5>

5) 그날 밤, 자다 깨어 보니 아내는 앉아서 옷을 감치고 있던 것이다.
보나 안보나 수의였다. 장교수가 놀란 것은 수의를 짓는다는 그 사실에
보다는 아내의 표정이었다. 슬픈 기운이란 전혀 찾아 볼 수가 없다.
수의-그것도 저 자신이 입을 수의라기보다도 나들이에 입고 갈 옷을
꿰매는 듯싶은 그런 흥겨움이었다. 장교수는 아내의 모습에서 인간을
느낄 수가 없었다. 어떻게 보면 그것은 목석으로 만든 조각과도 같았다.
신이 아니라면 그것은 유령일지도 모른다 싶다. 그는 아내한테 일종의
공허와 경건을 동시에 느끼는 순간도 있었다. 성자에 대한 경건이었다.
<「屍身과의 對話」, 464쪽, 권5>

　　토도로프는 서술자가 작중인물에 비하여 사건에 대하여 알고 있는 정
도가 어느 정도인가에 따라 ①뒤로부터의 시점 ②동반적 시점 ③밖으로부
터의 시점으로 나누고 있다.[77] ①은 등장인물에 비해 서술자가 더 많은

---

77) Gérard. Genette, 『*Narrative Discourse: An Essay in Method*』, trans. Jane E. Lewin, Ithaca:

정보를 갖고 있는 경우(서술자>작중인물) ②는 거의 동등한 경우(서술자 =작중인물) ③은 서술자보다 작중인물이 더 많은 정보를 갖고 있는 경우 (서술자<작중인물)를 말한다. 이러한 토도로프의 견해에 따라 이무영 소 설담론의 경향을 살펴보면 ①의 경우가 대부분을 차지한다. 이는 소설의 전지성을 높이는 결과로 나타나며 외부의 현실 세계가 인물의 내면을 통 해 제시되는 양상을 띠게 하는 역할을 수행하고 있다.

여기서 드러나는 이무영 소설담론의 또 하나 특징은 서술자의 전지성 이 두드러지다는 점이다. 이러한 현상은 이무영의 소설이 주로 3인칭 제한 적 전지 시점을 사용하고 있는 데에서 기인한다. 즉 이무영이 선호한 3인 칭 제한적 전지 시점은 서술자의 선택, 그리고 서술방식과 밀접한 관련을 갖고 있다. 한 인물(주로 주동인물)에의 초점화를 통해 그를 보는 서술태 도, 그리고 서술대상으로서 3인칭 주동인물을 둘러싼 작중인물들에 대한 초점화 등은 모든 인물의 시선을 주 서술대상인 주동인물에게 집중시킨 다. 이러한 서술태도와 서술방식은 숨겨진 스토리 외적 화자이면서 이종 화자(heterodiegetic narrator)에 의한 서술로써 그만큼 신빙성의 가능성을 높 여준다. 스토리 내적 화자이면서 동종 화자(homodiegetic narrator)일 때보다 제한된 지식, 개인적인 연루 관계, 문제성 있는 가치 체계 등을 극복할 수 있기 때문이다.[78] 따라서 주동인물에 대한 내면 서술은 외부 현실을 한 인물의 내부에서 내면화시키려는 작가의 서술적 의도로 볼 수 있을 것이다. 따라서 내적 초점화에서 이종 서술로 이행되기 때문에 이무영의 3인칭 소설에서는 주관적 서술로 느껴지는 경우가 대부분이며 인물의 내

<hr>

Cornell U.P, 1980.에서 재인용.
78) Shlomith Rimmon-Kenan, 앞의 책, p.153.

부 심경으로의 초점화, 즉 내부시점으로 향하는 서술자의 모습이 지배적이다. 그러면서도 초점주체인 인물의 내면은 거의 서술자의 중개를 거쳐 간접적으로 전달된다. 서술자의 중개 역할이 중요하게 작용하고 있는 것이다.

이무영은 서술의 초점이 주인공 한 사람에게 고정되어 있는 제한적 전지 시점을 주로 사용함으로써 주인공의 의식을 통해 그들의 삶이 어떠하고, 세계 속에서 그들은 어떤 존재의의를 갖는지에 대해 보여주는 서술방식을 주로 사용하고 있다. 이는 '작자가 그의 시대의 사회적 조직과 맺고 있는 관계 속에서의 자신을 투영하여 만들어 놓은 존재[79]인 초점주체인 한 인물을 통해 작가의 이데올로기적 입장 또는 세계관적 태도를 표명하기 위한 선택의 결과라고 할 수 있다. 서술자의 기능이 효율적으로 작용할 때 작품의 형상화는 독자에게 그럴듯함의 신뢰를 주게 된다. 서술을 우리가 하나의 구조로만 보지 않고 일종의 행위, 그래서 서술도 인간의 다른 행위와 마찬가지로 그 행위가 벌어지는 주변상황을 이루고 있는 여러 가지 요소에 대한 하나의 반응이라고 볼 수 있다.

이렇게 볼 경우 서술적 담론은 한 사람이 다른 사람에게 어떤 일이 일어났는지 얘기해 주는 행위로 정의될 수 있을 것이다. 위의 예문에서 서술자는 초점화된 인물들이 갖고 있는 내면 상황을 직·간접적으로 전달하고 있다. 그런데 그 전달방법에 있어서는 약간의 차이를 보이고 있다. 이러한 차이는 서술자와 서술대상 사이의 거리나 서술자의 인물 내부에의 참여 정도가 다르게 느껴짐으로 연결된다. 이를 쥬네트(Gerard Genette)는

---

79) 롤랑 부르뇌프·레알 월레, 앞의 책, p.306.

초점화의 차이라고 한다. 쥬네트는 서술시점을 서술자의 목소리와 비전을 주의깊게 구별하고 있다. 즉 서술자의 목소리가 작중인물과의 관계에서 오는 차이에 따라 작품내의 등장인물과 서술자가 같은 위상에 있을 때 同種敍述者(homodiegetic narrator), 그렇지 않고 서술자가 등장인물의 세계 밖에 있을 때를 異種敍述者(heterodiegetic narrator) 라고 명명한다.[80] 또 서술자의 비전에 따라 비초점화, 외적 초점화, 내적 초점화로 나누어[81] 서술자의 위치에 따른 시선을 구분하고 있다.

먼저 스토리와의 관계에서 볼 때, 예문 모두가 이종 서술자에 의한 서술로서 같은 층위로 느껴진다. 서술대상으로서의 인물과는 최대한도로 밀접한 관계를 유지하되, 사건과 행위의 인과성과 사실성을 견지하기 위해서 전지적·객관적인 스토리 외적 서술자로서의 역할을 끝까지 고수하는 것이다. 그렇지만 초점화의 측면에서는 다소 차이를 드러내고 있다.

1)의 예문은 내적 초점화를 이루면서 내부 시점으로 향하고 있다. 그런데 이 내부 시점은 이른바 내적 독백과 그에 따른 서술자의 전지적 층위의

---

80) '이종서술자'는 작가와 동일화를 이루는 존재로서 서술자가 이야기 외부에 있는 경우이며, '동종서술자'는 초점화(focalization)된 서술자로서 서술자가 이야기 내부에 존재하는 경우이며, 자가 서술은 서술자가 주인공인 경우이다.(G. Genette, 앞의 책, p.245.)

81) 쥬네트는 서술자와 서사적 세계에 대한 관계를 중점적으로 살피면서, '누가 바라보는가'와 누가 이야기하는가'를 주의깊게 구별하고 있다. 전자는 초점화, 태(態: voix)의 문제이고, 후자는 서술의층위 법(法: mode)의 문제다. 그리하여 초점화(focalization)를 토도로프가 서술자가 작중인물이 아는 것과 어떤 관계로 이야기하느냐에 따라 분류한 1. Narrateur>Acteur 2. Narrateur = Acteur 3. Narrateur<Acteur 를 응용하여 서술자가 작중인물이 아는 것보다 많은 것을 이야기하고 있는 것을 제로 초점화(비초점 서술), 서술자와 작중인물이 같고 그 이야기하는 것도 내부적으로 향하고 있는 경우를 내적 초점화, 서술자가 작중인물보다 덜 이야기되어 행동재현이나 대화재현에 머무는 경우를 외적초점화라고 하고 있다.(Gérard Genette, 위의 책. V장.)

서술이 대화체의 구조를 형성하고 있다. 내적 독백은 인물의 내면심리 및 사고과정을 서술자의 주관적 간섭없이 직접 나타낼 수 있는 발화형태이다. 예문의 앞부분은 요약과 분석을 하는 서술자의 발화인데, 밑줄 부분은 서술된 독백으로서, 교원 출신인 '성재'라는 인물이 집안 부모의 반대에도 불구하고 무식하지만 선량한 조강지처를 버리고 '인텔리' 젊은 여인과 결혼함으로써 자신의 존재의의를 상실해 가고 있음에 대한 후회의 내면심리를 제시하고 있다.

이어지는 발화는 자기 성찰에 대한 인물의 내적 독백과 그에 따른 대답이 서술자의 전지적 입장에서 제시되고 있다. 그런데 예문에서 내적 독백형태는 서술과 구분짓기 위해서 행을 바꾸거나 문장부호를 사용하지 않고 있다. 즉 인물의 내적 독백이 서술자의 말과 병치되어 있는 것이다. 여기서 독자는 인물의 내면심리와 감정을 서술자의 보고행위와 함께 엿들을 수 있게 되는 것이다. 이 과정에서 인물의 내적 독백이 자연스럽게 행의 구별없이 서술자의 말과 그대로 이어져 있고, 더욱이 그 내적 독백에 이어 서술자에 의해 인물의 생각이 보고됨으로써 인물과 서술자 간에 대화적 관계가 형성되고 있다. 그러니까 1)의 예문에서는 내적 독백과 함께 서술자의 요약, 분석에 의한 서술이 전지성을 형성하고 있는 것이다.

반면 예문 2)는 예문 1)보다 전지성이 강하다. 그리고 서술 상황이 다르게 나타나고 있다. 우선 밑줄의 ①과 ②부분은 서술주체와 지각의 주체가 분명하지가 않다. 즉 인물의 지각을 서술자가 서술한 것인지, 인물의 지각이 서술된 독백으로 제시된 것인지 확인되지 않는 것이다. 서술자의 언어가 <김달영>이란 인물의 내면의식과 언어에 반응하여 일종의 '총칭문장(總稱文章)'82)의 형태로 표현된 예라고 할 수 있다. 이는 <김달영>이라는 인물의 내면의식을 감지하는 서술자의 감각이 '인물 언어의 서술화'[83]를 꾀하고 있는 것으로 볼 수 있다. 그만큼 인물적 서술 상황이 우세해진 것이다. 이러한 서술 상황에서는 '서술자의 말'과 '인물의 말'이 선형적으로 구분되고 있지 않아, 두 발화의 목소리를 동시에 느낄 수 있다. 이상신은 이를 '대화체적 구조(對話體的 構造)'[84]라고 표현하고 있는데, 이는 채만식의 「痴叔」에서처럼 서술자가 독자와 대화를 하듯이 서술해가는 서술 양상과 혼동을 일으킬 수 있어 적절한 표현으로 볼 수 없을 것 같다.

  이러한 표현은 서술자가 인물의 내면의식과 말로써 자신의 요약적 서술을 대치하기 때문에 객관성과 신뢰성을 동시에 획득할 수 있다. 이러한 기법은 인물의 내면심리에 대한 객관적 묘사와 함께 서술자의 요약적·분석적 서술을 동시에 수행할 수 있기 때문이다. 인물의 발화와 서술자의 발화를 동시에 들을 수 있는 혼합구성의 면모를 보이고 있는 것이다. 이러한 구성은 삼인칭 객관적 시점의식의 효과를 살릴 수 있어 반사자(reflector:

---

82) R. Fowler의 '총징문장'은 전형적으로 초시간적(timeless)인 현재시제로 표현된다. (R. Fowler, 『言語學과 小說』, 김정신 역, 文學과知性社, 1985, p.112.)

83) F.K. Stanzel, 『소설의 이론』, 김정신 역, 문학과 비평사, 1988, pp.281-282.

84) 이상신, 「이효석 문체의 기호론적 연구」, 이화여대 박사, 1989, p.80.
  발화 주체가 서술행위의 주체와 일치하면서 소설은 '대화적 구조'를 장면화 하여 보여준다. 그렇게 되면 소설텍스트는 多義的인 것이 된다. 이는 주체와 객체의 상호변환에 해당된다. 마치 사육제에서 한편으로는 축제의 주인공이 되면서 다른 한편으로는 타자의 관람대상이 되어주는 '主體의 兩面化 原理'와도 같다. 이를 두고 텍스트의 多聲的 특성이라고도 하고, 그러한 방식으로 서술된 소설을 '多聲的 小說(ployphonic novel)'이라고 하기도 한다. 이러한 '대상'과 '주체'의 상호변환은 텍스트 자체 내에 또 다른 존재, 즉 타자를 만들어줌으로써 텍스트가 대화적 성격을 획득하는 방식이 된다. (J. Kristeva, 「텍스트와 그 과학」, 최현무 역, 문학사상 통권147, 1985, pp.284-285. 최현무, 「열림의 체계와 닫힘의 체계」, 문학사상 통권150, 1985, pp.110-113. 우한용, 「소설구조의 기호학적 특성고」, 국어국문학 93, 1985. p.314 등.)

인물적 서술상황)에 의한 서술이 되고 보여주기 방식에 가깝게 된다.

일견 호걸풍으로서 왜정시대에는 대서관계로 경찰과 끈을 맺고, 술만 취하면 '개고기'로 이름도 났으나 매형으로부터 일본의 항복 소식을 미리 알아 처신한 결과 해방직후 혼란한 정국에 좌익의 감투를 쓰면서 일약 혜성과 같은 존재로서 온갖 권세와 위엄을 펼치던 가운데 군정이 서면서 소위 '대장시대'를 마감하고 일약 사법서사로 전락, 주위 사람들로부터 멸시와 조롱을 당하는 주동인물 '김달영'이 '대장시대의 그 땅이 울리던 가죽장화 뒷굽 소리'를 못잊어 한다는 스토리는 다분히 주동인물의 내면 의식이 초점화되어 제시되고 있다. '옛날 호화롭던 시대'로 돌아가려는 주동인물의 욕망이 내면의식을 통해 구체화되고 있는 것이다.

이런 주제를 가장 효과적으로 전달할 수 있는 서술 방식이 바로 현실상 황에 대한 자기소외와 내면의식의 반응을 객관적으로 제시할 수 있는 서 술된 독백의 형태라고 할 수 있다. 사실 이무영의 소설담론이 가지고 있는 특징 중에는 인물을 당대 사회의 이데올로기적 갈등 양상을 개인적 심리 속으로 집약하여 드러내고 있는 작품들이 많다는 점이다. 이러한 작품들 의 경우 인물의 내면의식을 천착함은 물론이다.

한편 예문 3)에서는 서술자의 전지성이 가장 두드러지게 나타나고 있 다. 즉 인물인 '칠보'의 행동 묘사와 서술자에 의한 내적 심경의 요약·분 석을 통해 인물의 내면상황을 보여 주고 있다. 여기에서 서술자는 인물의 내면에 분석적인 자신의 의견을 보태기까지 한다. 하지만 인물의 내면은 인물의 어휘로 서술자에 의해 사실감 있게 전달되고 있다.

제목을 통해서 드러나듯이 천수답의 농경 생활에서 비를 기다리며, 가뭄에 대한 나름대로의 자구책으로 우물을 파야 하는 농투성이의 근심과 걱정을 서술자는 외부시점과 내부시점의 자유로운 이동을 통해 좀더 설득력 있게 제시되고 있다. 행동과 내면 심경이 일정한 거리를 통해 전달되고 있어 인물의 사실화에 기여하고 있는 것이다. 특히 작중 상황의 제시는 내면 심경의 개관적 근거로 사실성을 높여주는 극적 효과를 달성하는 데 기여하고 있기도 하다.

서술자의 지각적 위치 및 서술상의 위치와 관련된 의미를 바탕으로 시점 체계를 제시한 슈탄젤(F.K.Stanzel)은 서사체의 특징적인 현상인 중개성의 문제에 관심을 기울이고 있다. 이때 중개성이란 서술자의 목소리를 부여하는 것을 말한다. 슈탄젤은 그러한 중개성이 부여되는 방식을 구분하는 기준으로 다음과 같은 조건들을 들고 있다. 즉 서술자가 출현하는가 서술자 없이 반성자(reflector)가 출현하는가(양식 Modus), 인물이 작중 세계와 일치하는가 하지 않는가(인칭), 작중 상황에 대한 투사가 이루어지는가 이루어지지 않는가(시점, 또는 원근법 Perspective), 이루어진다면 인물 내부에서인가 인물 외부에서인가 등을 든다.[85]

물론 작가 또는 서술자의 관념적 태도를 분리한 채 성립된 기존의 시점 개념에서 조금도 벗어나지 못하고 있다는 약점을 지니고 있음에도 불구하고 이러한 관심은 시점의 개념을 공간적 지각의 문제로 좀더 좁혀 놓았다는 의미를 지닌다. 이러한 슈탄젤의 견해를 따른다면 이무영의 소설담론에서 서술자는 거의 예외없이 출현하여 자신의 태도를 직·간접적으로 드러내며 때로는 논평적이기도 하다. 또한 인물은 모두 작중 세계와 일치하며 인물의 내부에서 주로 작중 상황에 대한 투사가 이루어지고 있다.

---

85) F.K. Stanzel, 『소설의 이론』, 김정신 역, 문학과 비평사, 1988, 1장, 3장.

이러한 현상은 이무영의 작품이 주료 3인칭 제한적 전지 시점을 사용하고 있다는 문제와 관련이 깊다 할 것이다.

　이러한 서술 기법이 단순한 기법 차원의 문제가 아니라 현실에 대응하는 작가적 태도의 문제와 어떻게 관련이 있는가가 해명될 때 비로소 그 서술 기법의 의의가 있는 것이다. 이무영은 외부 세계에 대해 인물이 갖는 개인양식(individualstil)을 주로 문제삼고 있다고 할 수 있다. 그 과정에서 작가를 둘러싸고 있는 사회적 현실에 접근하기 위해 동기화된, 따라서 텍스트의 의미를 구성하고 통제하는 데 결정적인 영향을 미치는 의미론적 이데올로기적 문제이기도 하다는 관점[86]에 주목할 필요가 있다. 각각의 인물들이 갖는 삶의 태도는 지극히 도덕적이며, 외부 세계가 비도덕적이거나 모순된 상황을 보일 때는 현실 비판적인 어조를 강하게 드러낸다.

　이때 서술자는 3인칭 이종서술자로서, 작품에서 자신의 존재를 감추고 있고 극화되어 있지도 않지만, 사건이 전개되어 감에 따라 스토리에 다양하게 개입하는 양상을 보인다. 즉 단순히 관찰자적이고 전지적인 역할만 수행하는 것이 아니라 주관적인 한 등장 인물, 특히 주동인물의 시점을 빌어 그의 의식의 내면으로 침투해 들어가기도 하면서 인물의 의식이나 이데올로기를 반영하는 서술자로서의 스토리 내적 서술자이기도 한 것이다.

　이렇게 볼 때 이 작품의 대부분의 장면에서 인식의 주체, 즉 초점화자는 칠보이며 서술자는 칠보의 지각을 전달하는 기능을 수행함과 동시에 대상에 대한 서술자의 인식, 감정, 관념적 지향 등이 개입되어 나타나고 있다.

---

86) Susan Sniader Lanser, 『*The Narrative Act: Point of View in Prose Fiction*』, Princeton U.P., 1981, pp.62-63.

자유간접화법이나 인물의 내적 독백과 같은 모방적 담화와 함께 경우에 따라서 사용하는 서술자의 서술적 담화를 통해 외부 세계를 내면화하는 것이다. 이를 '타자의 말을 전하는 현상을 사회학의 방향으로 돌려 문제화'[87]해 보면, 이는 곧 작가 이무영이 인물-초점자의 지각과 의식에 투영된 방식으로 외부 세계를 내면화하는데, 이 과정에서 초점화 대상이 주로 내부로부터 보여지게 함으로써 인물의 내적 사고와 감정이 제시되고 있는 것이다. 작중 세계와 그 상황에 대한 작중 인물들의 인식과 실천의 문제가 객관적으로 제시되고 있는 것이다.

이러한 서술 기법은 예문 4)와 5)에서도 확인된다. 먼저 4)에서는 '우정의 비중은 이해와 정비례한다'는 신조를 갖고 '계'에 손을 대면서 속물근성의 인간형으로 변하는 아내와 사회 부패와 도덕적 타락의 현실을 개탄하며 불안 심리까지 보이는 주동인물 '준'은 아내에 의해 비정상인, 즉 '이단자'로 취급받으며 결국 헤어지기로 결심하고, 아내에게 마지막 기회를 주어 깨우쳐 주기를 바라는 뜻에서 마지막 편지를 쓰고는 당분간 집을 떠나기로 한다. 이 작품 역시 주동인물 '준'이 초점화자로서 준의 내면심경이 모방적 담화로 서술자에 의해 중개되고 있다.

5) 또한 암이 간에까지 전이되어 희망이 없는 아내의 의연한 모습에서 초점화자인 그녀의 남편 '장교수'가 느끼는 내면이 서술자에 의해 제시되고 있다. 서술자를 이야기하는 사람이라고 한다면 초점화자는 이야기하는 사람과 분리되어 소설 속의 모든 상황을 인식하고 지각하는 주체라고 할 수 있다. 그렇기 때문에 서술자는 초점화자의 지각과 인식을 통해서 이야

---

87) M. 바흐찐, V.N. 볼로쉬노프, 『마르크스주의와 언어철학』, 송기한 역, 흔겨레, p.156.

기 안의 정보를 받아들이고 독자에게 전달한다.

예문 5)에서는 남편인 장교수의 심리는 알 수 있지만 아내의 심리는 알 수 없다. 전통시학의 용어를 빌린다면 3인칭 제한적 전지 시점을 이용한 서술방식이다. 3인칭소설이긴 하지만 구조시학적으로 설명한다면 서술자와 초점화자가 분리되어 있다. 즉 이 작품에서 서술자는 남편의 관점에서 아내를 바라보고 있는 것이다. 그러기에 지금의 생활로는 감당하기 힘든 수술비 문제로 가족에게 부담되지 않게 하기 위해 수술을 거부하며, 차분히 자신의 죽음을 준비하는 아내의 모습에서 '성자에 대한 경건'을 느끼는 장교수가 초점화자로서, 서술자가 외부에 위치하는 3인칭 서술임에도 불구하고 3인칭의 주동인물인 장교수는 아내의 표정에 대해 너무 몰입한 나머지 마치 1인칭 내부 시점과 같은 양상을 드러내 보이고 있다.

그래서 '장교수'를 1인칭 대명사 '나'로 대치해도 전혀 거침이 없고 오히려 자연스럽게 느껴진다. 내적 초점화의 서술 기법을 사용하고 있는 것이다. 내적 초점화의 위치는 재현되는 사건의 내부에 있다. 외적 초점화가 '화자-초점화자'의 양상을 띤다면 내적 초점화는 '작중인물-초점화자'[88] 또는 '인물에 속박된 초점화자'의 형식을 취한다. 따라서 내적 초점화의 서사물은 이야기의 서술자와는 관계없이 작중인물 중의 하나가 초점화자가 되는 것이다. 이는 초점대상에 대한 초점화자의 내면을 서술할 때 매우 효과적인 서술기법이라고 할 수 있다. 이무영은 내적 초점화의 서술 기법을 주로 사용함으로써 대상에 대한 내면의 천착에 주목해 왔음을 알 수 있다.

---

88) Rimmon Kenan, 『소설의 시학』, 최상규 역, 文學과知性社, 1986, p.114.

　　이렇듯 이무영의 소설담론이 서술자에 의해 조직되는 과정에서, 먼저 서술자는 주동인물과 매우 밀착되어 있다. 서술자와 인물이 동등한 입장에서, 또는 감정이입의 동화된 위치에서 내면을 서술하고 있는 것이다. 따라서 주동인물의 관념이 직접적으로 표출되는 경우가 많은 반면, 객관적 거리를 유지하기 위해 내적 독백이나 서술된 독백을 사용함으로써 사실성과 객관성을 동시에 확보하고 있다. 이는 3인칭 제한적 전지 시점을 자주 활용한 작가의 서술기법이 거둔 효과라고 할 수 있다.

　　또한, 소설담론의 조직 과정에서 서술자의 가치평가적 태도가 비교적 분명하게 드러나는 현상이 이무영 소설텍스트의 특징이라고 할 수 있는 바, 주로 작가의 도덕적인 차원과 함께 신념적 차원에서 조절되고 있다. 즉 탐욕적이면서도 위선적이고 기회주의적인 인물군 또는 비도덕적이거나 모순된 상황에 대해서는 비판적 태도를 견지하는 반면, 양심적이고 순종적이면서 윤리적인 인물군 또는 공동체적이거나 인간적인 삶의 양식에 대해서는 따뜻하면서도 동정적인 태도를 유지하고 있다. 이는 작가가 지향하는 가치관이나 인간성과 밀접한 관련이 있음을 시사하는 부분이라고 할 수 있다.

　　한편, 그의 소설담론에서는 인물의 전지성 또한 두드러지게 나타나는데, 3인칭 제한적 전지 시점의 활용으로 말미암아 내면의식의 천착으로 이어지는 작품들이 대부분을 차지한다. 서술자와 초점주체가 분리되어 있는 것이다. 이 경우 초점화는 인물이 수행하지만 서술은 3인칭의 서술자가 하는 것이 된다. 그러니까 표면적으로는 3인칭 이종서술자에 의한 서술이지만 실제적으로는 1인칭 동종서술자의 서술과 다름없게 되는 것이다.

III. 화법과 서술방식

앞장에서도 밝혔듯이, 소설은 이야기하기를 글로써 표현한 양식이다. 그렇기 때문에 우리는 소설읽기에서 서술자의 목소리에 귀를 기울이는 한편, 서술자가 사용하는 화법에 관심을 갖게 된다. 화법은 대화의 제시를 효과적으로 활용하기 위하여 서술자가 변화시키는 언술의 방식을 의미한다. 서술자가 인물의 대화에 개입함으로써 대화의 직접제시와 간접제시 상황이 나타나게 된다. 이 과정에서 서구의 서사이론가들이 문제 삼는 자유 간접 화법을 비롯한 화법의 문제가 부각되는 것이다.

리먼-케넌은 대화의 문제를 다시 적접적 서술(설명)과 간접적 서술(묘사)의 문제로 환원시켜 본다. 그는, 어떠한 허구적 서사물이도 언어로 기록되는 한 전달하려는 대상이나 사건을 모방할 수 없다는 전제 아래, 대화의 재현이야말로 순수한 미메시스에 가장 가까운 것이라는 주네뜨의 견해를 제시하면서, 작중 인물의 대화를 <인용>하는 화자가 존재하여 제시하는 경우 그 대화 <제시>는 직접성을 감소시킨다고 하였다.[89] 리먼-케넌의 의견은 이런한 대화의 제시가 직접성을 가짐을 암시하는 동시에, 대화의 제시를 미메시스와 관련지을 때 그 간접성의 정도도 다양하게 나타날 수 있음을 시사해 주고 있다.

일반적으로 화법은 크게 직접 화법과 간접 화법으로 나눌 수 있다.

---

89) 리먼-케넌, 앞의 책, pp.157-170.

허구적 서사물에서 나타날 수 있는 화법의 양상을 맥헤일(Brian Mchale)은 다음과 같이 다양하게 분류하고 있다.[90] ①하나의 화행(speech act)이 있었다는 사실만을 설명하는 '설명적 요약', ②하나의 화행에 대해서만 설명하는 것이 아니라 어느 정도 그 내용을 재현하는 '완전치 못한 설명적 요약', ③원래의 발화의 형식이나 양식을 무시하고 화행의 내용만을 간추린 '간접 내용 간추림', ④단순한 내용 보고를 넘어서 하나의 변화의 양식의 여러 국면을 <보유>하거나 <재생>시키는 환상을 만들어 냄으로써 현장성을 살려 전하는 '모방성 간접 화법', ⑤문법적으로나 모방의 면에서나 간접 화법과 직접화법과의 중간적인 '자유 간접 화법', ⑥독백이나 대화의 인용으로서, 어떤 식으로든지 양식화되기는 하지만 남의 말을 직접 전달하여 순수한 모방의 환상을 만들어 내는 '직접 화법' ⑦일인칭 내적 독백의 전형적인 형식으로서 말하는 사람의 내면을 드러내는 '자유 직접 화법' 등이다.

그런데 영어권에서는 여기에 '자유 간접 화법'이라는 기능적 화법을 추가해 사용하고 있다. 자유 간접 화법을 직접 화법과 간접 화법을 통해 비교해 보면, 먼저 자유 간접 화법에는 직접 화법과 간접 화법에서 사용하는 '말하다(said)'는 보고 동사가 없고, 둘째, 주어와 서술어는 간접화법을 따르고, 셋째, 시공간을 나타내는 부사어는 직접 화법을 따른다. 이러한 특성으로 인해서 자유 간접 화법은 인물의 말을 서술자가 인용한다는 표시를 제거함으로써 인물의 화행이 없어도 서술자는 권위있게 사실을 말할 수 있다. 그리고 주어와 서술어는 인물의 처지와 상황을 그대로 살림으로

---

90) Brian Mchale, "Free Indirect Discourse : a survey of recent account", 『*Poetics and Literature*』, 3, pp.258-259. 리먼-케넌, 앞의 책, pp.161-164. 재인용.

해서 사건은 간접적으로 제시된다. 따라서 서술자는 서술의 책임으로부터 자유로워진다. 또한 시공간을 직접 화법과 같은 차원에서 다루므로 현장성을 강화할 수 있다. 자유 간접 화법에서는 말하는 주체의 말 습관, 억양, 사투리, 호칭 등을 직접 화법에서 쓰이는 것처럼 그대로 사용할 수 있기 때문이다.

이와는 달리 스탄젤은 자유 간접 화법을 '서술자 언어의 인물 언어화'와 '서술자 언어의 구어화'라는 항목으로 설명하고 있다.[91] 화법의 측면이 아니라 서술 상황의 측면에서 다루고 있는 것이다. 이는 문체(style)에 대한 스탄젤의 기본 관점이 '서술자의 언어를 인물의 언어로 바꾼 것'에 있기 때문이다. 이러한 생각은 일반적으로 서술 상황의 역사적 변화가 작가적 서술에서 인물의 서술로 이동하였다는 사실을 전제한 것이다. 그러나 대화의 제시라는 측면에서 본다면, 대화를 이용하는 자체는 간접 제시의 방식에 가깝지만, 대화를 제시하는 방식의 차원에서는 인물의 대화를 직접 전달하지 않고 서술자가 변화시키는 것이므로 '인물의 언어를 서술화'하는 것으로 보는 것이 타당할 듯 하다.

우리 말의 경우 이러한 자유 간접 화법은 비문법적이다. 우리 말은 영어보다 자유롭게 변용할 수 있기 때문에 자유 간접 화법과 자유 직접 화법이 잘 구분되지 않는다. 우리 말에서는 단지 인물의 말을 서술자가 변화시키는 차원이 아니더라도 이 화법이 얼마든지 쓰일 수 있다. 특히 모든 것을 다 알고 있는 전지적 서술자의 서술 상황을 갖는 허구적 서사물에서는 유용하게 사용되고 있다. 대체로 인물이나 서술자의 의식 세계를

---

91) F.K. Stanzel, 『소설의 이론』, 김정신 역, 문학과 비평사, 1988, pp.279-284.

그릴 때 많이 사용한다. 긴장감을 더 고조시키고, 현장감을 더 생생하게 할 수 있겠기 때문이다. '며느리도 진다홍 치마를 입어보자는 눈치니 물감도 몇 가지 사자면 하물소 석 냥은 있어야 할 것 같다.'(이무영, 『老農』)에서처럼 서술자는 인물(원첨지)의 내면 의식을 가장 생생하게 전달할 방법으로 자유 화법을 쓰고 있는 것이다. 인물로 하여금 그의 고민을 자유롭게 털어놓게 하고는 서술자 자신은 모습을 최대한 감춘 채 의식을 보여주고 있다. 인물의 의식을 간접적으로 서술화하고 있는 것이다. 물론 이 문제는 대화와 관련된다기 보다는 서술자의 서술 상황에서 빚어지는 대화 투 서술과 관련된다.

이처럼 서사적 담론은 서술자의 말과 인물들의 말하기인 대화의 두 방식으로 구성된다. 즉 소설의 담론은 작가가 서술자를 통해 문체적으로 조직하는 언술과 작중 인물들의 화법을 통해 구현되는 대화로 이루어지는 것이다. 이를 통해 소설의 주제가 구현되는데, 주제나 사상, 세계관 등이 살아있는 담론을 통해 구체화되는 것이다. 특히 작중 인물들의 화법을 통해 드러나는 인물들의 인식과 실천 양상, 그리고 삶의 태도나 세계관 등은 주제 형성과 직접적인 관계를 갖고 있는 바, 깊이 천착할 필요가 있는 것이다.

(1) 권위적 담론과 대화의 수행력

소설에 나타나는 인물들의 화법은 주로 대화나 독백의 형태로 제시된다. 대화는 따옴표 안에서 인물의 말이 그대로 문장화되어 텍스트에 기술된다. 대화를 통한 발화 행위는 표면적인 수행 외에 내면화하여 청자(수신자)에게 다양한 수행력을 행사할 수 있는 이점이 있다. 사실 이러한 기능이 대화의 기능을 강화하는 것으로 볼 수 있다. 이러한 대화는 인물의 생각이나 사건의 추이를 간접적 서술보다는 좀더 직접적으로 전달한다. 또한 고유한 현장성과 생동감을 지니고 있기 때문에 직접적 서술의 직접성을 완화하기도 하며, 간접적 서술의 간접성을 축소하는 기능을 한다. 직접적 서술과 간접적 서술의 중간 단계에서 중개성을 갖게 되는데, 이러한 특성 때문에 두 서술 방식의 단점을 보완하기도 하는 것이다. 이무영의 소설담론에서는 대화의 과정에서 주동인물이 자신의 경험적 원칙에 입각한 삶의 태도나 도덕률을 훈계조로 제시하는 경향이 두드러지게 나타난다. 이러한 현상은 주인물과 부인물의 대화를 통해 주제를 구체화하고자 하는 작가의 의도 때문이라고 할 수 있을 것이다.

1) 「그야 인간의 본능이니까 그것이 B군과의 결혼에 장해가 될 것이야 없잖으냐? 그리고 B군만 하더래도 그만한 것을 깨달은 너고 보니 이해도 해줄 것이오, 그러한 심경을 툭 털어놓고 이야기한다면 되레 탐탁할 것 같은데!」
　「그것이 소위 기분이라는 게지요. 로맨티즘이라는 게지요. 우리 동무 중에도 이 기분에 속은 사람이 많아요. 단순한 로맨티즘인 것을 아주 진보적인 사상이나 되는 것처럼 과대평가해가지고 자기는 돈을 초월했다든가, 학벌을 초월했다든가 스스로 믿고는 아무 생각 없이 결혼을 했다가 얼마 후에야 그 위대한 무섭게 진보적이라던 사상이 단순한 관념이오 로맨티즘이었다는 것을 발견하고서 허덕허덕하는 것을 여러 번 보았어요. 그런 것을 본 나로서는 또 나의 그 무섭게 뛰어났다는 그 사상이 관념이라는 것을 알고도 그런 잘못을 되풀이하고 싶지를 않거든요.」
　「그만하면 나도 알겠다.」

하고 나는 누이의 머리를 쓰다듬으며 말했다. 듣고 보니 그야말로
용자 아니면 못할 말이었다. 돈이 없다고 결혼 않겠다는 말을 이처럼
드러내놓고 할 만한 여성도 그리 흔치는 않으리라고 했다. 그리고 또
이만큼이나 생각하는 여자라면 B와 결혼해도 큰 잘못은 일으키지 않으
리라고 생각되었다.<「龍子小傳」, 151-152쪽, 권5>

2) 「나와 미스 박 사이를 전혀 모르셨던가요!」
　　이렇게 물어보는 것부터가 악취미일지도 몰랐다. 그러나 지금의 젊
은 여성들의 대답도 결코 좋은 취미는 아니었다.
　　「왜 모르겠어요?」
　　「그럼?」
　　「알면 대소야요? 아니까 선생님을 잡았죠!」
　　「거 무슨 소린지 모르겠는데요?」
　　「구태여 알랴구 하실 것두 없잖아요? 남의 생활을 일일이 그렇게
파고들자면 끝이 있어요? 모르고도 모른 체, 알고도 모른 체할 수밖에
없죠.」
　　「그럼, 이 세상엔 삼각관계란 것두 없어지겠군요! 질투라든가, 시기
라든가 하는 것두?」
　　「아쉬워지면 그렇게 되겠죠?」
　　「아쉬우면?」
　　「몰라요! 뭐 일껏 즐거운 자리서 그런 케케 묵은 이야기만 자꾸 하자
실까?」
　　-이래도 나만이 비정상적이라는 것일까? 이 모든 이 여성들은 정상
적이고……
　　성준호군의 의혹은 여기서도 풀리지 않았다. 자기의 몸을 헌신짝처
럼 학대하는 젊은 여성들의 윤리가-아니 사고방식이 정상적이란다면
일개의 광물성 물질인 엔진에다 목숨을 통째로 내어줄 수 있는 인간의
사고방식도 정상적이라고 할 수는 있을 것이다. 그렇다면 오직 비정상
적인 것은 자기니라 했다.<「幻」, 365-366쪽, 권5>

3) 「선생님은 절 감상적인 청년이라구 생각하실지 모릅니다만……」
　　여기서 끊질 않고 소주잔을 반짝 들어서 쭉 소리를 내어 잔을 비우고

는 폭포처럼 쏟아놓는다.

①「전 일체를 무시합니다. 경멸하구요! 정치? 민주주의? 이 나라에
무슨 정치가 있습니까? 제 집터보다는 크다지만 손바닥만한 땅덩이에
서 서로 죽일 놈 소리만 하구 있는 게 정칩니까! 백성이야 굶어죽든
말든, 의정 십 년에 제 시간에 모여서 국사를 의론해본 날이 며칠 없는
것이 입법기관이가요? 거수기 노릇만 하는가 하면 강아지한테 고깃점
뺏긴 아이 녀석처럼 발이나 동동 구르구 악이나 쓰구? 그러구두 이
나라 입법 의원입네, 조금도 그럴 필요가 없으련만 대문짝만한 명함이
나 박아서 각 부로 돌아다니면서 내 조카다, 처남이다, 사둔의 팔촌이다
까지는 또 좋다 치구 서두 절도범 아무개, 깡패 아무개,『잘 보아주오』
그러면 또 봐주죠. 봐줘야 연명이 되니까. 연명은 시켰줬으니까 또 봐달
라고, 그게 캐치보올이지 정칩니까? 느는 건 요리집, 다방, 바아, 캬바레,
매음굴, 이농가, 실업가, 공금 횡령범, 수회죄, 강도, 절도, 소매치기,
……〈생략〉정치 없는 데 경제가 있을 수 있던가요? 문화가? 문학이?
늙은 년이 젊은앨 알몸으로 벗겨놓구서 바라다보는 문학도 문학입니
까. 더러운 년놈들! 교육? 교육이 어디 있던가요? 샤플 보우트장이나
뭐 다른 데가 있습니까? 교수도 그렇죠! 한 교수가 네다섯 강좌도를
맡는 교육도 있다던가요! 네다섯 학교를 맡구, 학생도 그렇지요. 정말
학생다운 학생이 몇이나 되리라구 생각하십니까? ……〈생략〉」

②살인, 강도, 파괴, 음모, 월북, 자살- 신경이 약해진 탓이겠지만,
이런 기사는 의식적으로 보지 않기로 하고 있던 훈이 신문이 오기가
무섭게 제삼면의 굵직한 제목을 먼저 훑어보는 버릇이 생긴 것도 이
즈음부터다. 신인들의 세계에서 무엇이 튀어나올지 모른다는 위협과
기쁨이 교차된 기대는 바로 강군에게 대한 기대인지도 몰랐다.

<「孤獨」, 441, 444쪽, 권5>

채트먼(S. Chatman)은 서사체에 존재하는 인물의 직접발화형태를 4가지
로 분류했다.[92] 즉 1)순수한 대화, 2)혼잣말, 3)내적 독백, 4)자유연상 등이

---

92) S. Chatman에 의하면 서사체 내에 존재하는 인물의 직접화법적 문체형식은 (1) 순

그것이다. 이 중 '순수한 대화'와 '혼잣말'은 슈탄젤(F.K. Stanzel)의 용어를 빌리자면, '외적 조망(external perspective)'에 의한 문체형식이고 '내적 독백'과 '의식의 흐름'은 '내적 조망(internal perspective)'에 의한 문체형식이라고 할 수 있다.[93] 일반적으로 '순수한 대화'는 인물의 말 자체를 독자에게 직접 전달시킴으로써 서술자의 존재와 간섭으로부터 자유로운 '객관성'을 획득할 수 있는 장점을 지닌다.

앞에서도 잠시 언급한 바와 같이 이무영의 소설담론에서는 주동인물과 부인물간의 대화 과정에서 각 작품의 주제가 제시되는 경우가 많다. 예문 1)은 주동인물인 '용자'와 관찰자인 '오빠'의 대화 가운데 세상과 사람에 대한 용자의 인식(자각) 내용이 소개되면서 작품의 주제가 드러나고 있다. 예문에서 보이듯 '용자'는 로맨티즘과 현실을 냉정하게 직시하려는 이지적 사고를 견지하고 있다.

집 한 칸 없는 문학 청년 B와 결혼을 생각하지만, 점점 현실적 여건에 눈떠가면서 실천적 의지가 결여된, 진보적 사상이라는 그럴듯한 허울만 내세우고 정작 생활에는 무능력한 인물들의 위선을 자각하고 있는 것이다. 예문의 내용을 표면적으로만 보면 대화 내용이 용자가 다소 속물근성적 인간으로 비쳐질 수 있겠으나 여기서 용자는 지식인들-본 작품에서는

수한 대화(pure speech records), (2) 혼잣말(soliloquy), (3) 내적 독백(direct free style), (4) 자유연상(free association) 등으로서 '직접내적독백'은 특히 세 번째 문체형식인 '자유직접화법'에 해당된다. 자유형태이기 때문에 두 이질적인 발화 간의 경계가 다소 불분명해질 여지가 있지만, '직접내적독백'은 서술독백의 경우 보다는 명백히 그경계가 구분된다.(S. Chatman, 『Story and Discourse : Narrative Structure in Fiction and Film』, Cornell U.P. 1978, pp.173-194.)

93) F.K.Stanzel, 『A Theory of Narrative』, trans, Charlotte Goedsche, Cambridge U.P., 1984, pp.111-112.

작가-이 자신의 무능력을 진보적 사상으로 포장하여 합리화시키는 것에 대해 비판하고 있는 것이다. 그리고 글(작품 속에서는 어떤 내용의 글인지는 나와 있지 않지만, 사회적 계몽의 성격을 띤 글로 추측해 볼 수 있음)을 통해서 보여 주었던 강력한 주장과는 달리 어떤 일에서든 행동으로 옮겨야 할 시점에서 꼭 한 발을 빼는 지식인의 나약함 내지는 위선이 용자의 대화를 통해 간접적으로 드러난다.

이러한 용자와 오빠의 대화가 이 작품의 주제를 형성하는 결정적 요소로 작용함은 물론이다. '언어 행위는 상호주관적인(intersubjective) 현상이기 때문에 화자가 청자에게 자신의 언표내적(言表內的) 의도들을 인식시키지 않는 한 어떠한 언어 행위도 성공적으로 수행될 수 없다'[94] 다시 말하면 발화에서는 맥락이나 대화 상황의 어떤 가정, 배경, 의도, 정보 등을 바탕으로 화자가 실제로 말하는 것, 즉 언어적 표현 이상으로 의사소통을 하게 되는 경우가 많다. 일제 강점기 하에서 하나의 유행병처럼 만연했던 이른바 '사회주의'로서의 진보적 사상이 일부 지식 계층에 의해 자기 과시적 로맨티즘에 입각한 '진보적 사상'으로 왜곡되는 현상이 종종 있었다. 발화 맥락 내의 용자는 그러한 것의 허구성과 지식인의 나약함을 자신의 오빠에게 전달하려는 언표내적 의도를 달성하고 있음이 오빠의 서술된 독백에 의해 확인되고 있다.

그런데 주동인물인 '용자'의 말은 관찰자인 '나'의 말과 태도를 압도하고 있다. 그만큼 '용자'는 어느 정도 권위적 인물의 속성을 가지고 있는 인물이라고 할 수 있다. 더욱이 이 작품의 결말 부분에서는 용자가 모종의

---

94) J.L. Austin, 『말과 행위』, 김영진 역, 서광사, 1992,

사건(작품이 발표된 시기로 보아 사회운동과 관련이 있는 듯함.-필자)에
연루되어 종로서에 연행된다. 간신히 면회를 간 오빠에게 행동하지 않고
글이나 말로만 떠들어대는 인물 B와 결별했음을 밝힌다. 그리고 그러한
인간형들을 비판하면서 스스로 행동하는 실천적 의지를 다진다. 이러한
다음의 내용을 통해 용자의 권위화를 확인할 수 있다.

> 「이따위 짓을 해가면서까지 B와 결혼을 해야 하는 거냐!」
> 고 고함을 쳤던 것이다.
> 그렇건만 용자는 매서울 만큼 침착해서 요염하게까지 보이는 웃음
> 을 띠고 이렇게 대답하는 것이었다.
> 「아녜요, 오빠. B를 떼어버린 지가 언제라구요! 난 B를 따라가려다가
> 그만에 지쳐버렸지요. 글 쓴다는 자들은 결국 고짓밖에 못하겠던군요.
> 원고지에다가는 엉뚱한 패기를 보이지만……딱 큰일을 당하면 자라
> 모가지처럼 패기가 쏙 들어가나봐……」
> 나는 하도 어이가 없어서 아무 말도 못하고 우두커니 서서만 있었다.

　예문 2)의 작품은 '현대'의 문명이 가져다 준 가치관의 혼돈 속에서
불안과 공포를 느끼며 살아가는 한 인물(성준호)이 자살을 꿈꾸는가 하면
자신을 해칠지도 모르는 그 누군가로부터 자신을 보호하기 위해 칼까지
품고 다니다 '환락의 세계로 뛰어들기'도 하면서 타락한 현대의 모습을
적나라하게 보여주며 비판하고 있다. 이러한 인물을 다른 인물, 즉 아내마
저도 비정상적인 인물로 취급하기에 이른다. 병원에서의 종합진단도 '과
대망상증'이란 판정을 받으며 정상과 비정상의 의미를 상대적 관점에서
회의한다.
　예로 제시된 대화 부분에서는 주동인물인 '성준호'와 젊은 여성의 대화

속에 은폐되어 있긴 하지만, 변질된 당대의 성윤리가 단적으로 암시되어 있다. 특히 가치전도의 상황 속에서 과연 누가 정상이고 비정상이냐에 대한 회의적 시각은 이 작품에서 이 인물의 가청도를 가늠하게 한다. 또한 자신을 '과대망상증'이라고 진단한 의사가 터무니없는 진찰비를 요구할 때 느끼는 주동인물의 회의적 심리는 배금주의나 사회의 도덕적 타락을 비판하기 위함인데, 이는 이 작품에서 사용된 대화의 함축95)이다.

함축 의미는 맥락 정보를 전제로 해서 무의식적, 순간적, 자연발생적 추론을 통해 얻어진다. 청자는 새로이 접하게 되는 새 정보와 그 맥락을 이루고 있는 구정보들을 통합해서 적합 타당한 또 하나의 새로운 정보를 복원할 수 있으며, 또는 현재 지니고 있는 신념이나 생각에 대한 더 나은 증거를 얻어 기존의 신념이나 생각을 강화할 수 있는 것이다. 위의 대화에서 작중 상황, 즉 한국전쟁 직후 일단의 인물군이 보여주고 있는 가치전도나 도덕적 타락의 행태들을 제시함으로써 주동인물이 가졌던 기존의 도덕적 신념이나 가치관 등을 강화하고 있는 것이다. 그런데 이러한 주동인물의 언표내적 행위는 다음의 예에서 볼 수 있듯이 서술자에 의해 강화된다.

> ①그러나 이 고명한 의사의 진단도 그를 만족케 하지는 못했다. 그 의사 자신부터가 지극히 비정상적이었던 것이다. 의술은 인술이라는 것이 원리요, 진리요, 정상적인 해석일 것이다. ②그러나 이 단시간의 수고를 하고는 실로 비정상적인 놀랄 만한 돈을 요구하고 있지 않은가? ③정치가 그렇고, 교육이 그렇고, 산업이 그렇다 했다. 첫째 자기 부친만 해도 그렇다 했다. 그의 부친은 월급이 삼만 환이었다. 그러나 그가

---

95) 대화함축이란 문장표현과는 무관한 것으로 그 문장이 쓰이는 상황을 근거로 얻어내는 함축을 말함. (H. Paul. Grice, 「*Logic and Conversation*」, 『*Syntax and Semantics*』, Vol. 3: Speech Acts, Peter Cole and Jerry L. Morgan, eds. Academic Press, 1975.)

주먹구구로 해도 한 달 수입은 최소한 삼십만 환이 넘었었다. 그의 숙부 하나는 오천 환짜리 관리였다. 그러나 6. 25에 없어진 집 대신 이백만 환의 집을 샀고, 피아노를 장만했고, 딸은 미국 유학을 보냈었다. ④삼만 환이 삼십만 환이 되고, 오천 환이 오십만 환이 되는 것이 정상적이란다면 어떤 것이 비정상적이라는 것일까? 그렇게 많은 원조물자가 들어왔고, 그렇게 많은 건설기재가 들어왔어도 아직 담배까지도 외국 것을 사먹어야 하도록 졸렬한 생산이란 도대체 정상적으로 발전해 왔기 때문일까?

⑤정말 모를 일이었다.

먼저 위 인용문에서의 목소리는 누구의 목소리인가? 순수한 서술자의 전지적이면서도 평가적 발화가 있는가 하면, 의사의 발화가 서술자에 의해 인용된 발화, 그리고 서술자의 발화인지 인물의 내적 발화인지가 분명하지 않은 이중목소리로 이루어져 있다. 순수한 서술자의 발화는 ①부분이며, 서술자에 의해 인용된 발화는 ③, 그리고 이중목소리, 즉 서술자의 발화인지 인물의 서술된 독백인지 구별이 되지 않는 발화는 ②, ④, ⑤부분이다. 여기서 서술자는 주동인물의 신념이나 생각에 동조함으로써 주동인물=서술자의 입장이 성립되고 있으며, 이것이 곧 권위적 인물을 중심으로한 단일 화법에 의한 담론 구성임을 나타내 준다.

랜서(S.S. Lanser)는 시점 이론에 입각하여 소설의 담론를 서술적 담론(diegetic discourse)과 모방적 담론(mimetic discourse)으로 구분하고 있다.[96] 이러한 구분에서 랜서는 서술적 담론에 가까운 것으로부터 모방적 담론으로 접근해 들어가는 스펙트럼 위에, ①서술자 자신의 담론, ②3인칭의 전통적

---

96) 랜서는 디에게시스를 권위적 목소리와 권위적 담론에 의한 주장적인 것에 대응시키며 미메시스를 흉내내기와 형상적 담론에 대응시킨다. (S.S. Lanser, 앞의 책, pp.19-20.)

인 인물 심리 서술, ③간접화법에 의한 서술, ④자유 간접 화법, ⑤직접적 사고에 의한 내적 독백, ⑥직접화법(독백 또는 대화), ⑦쓰여진 기록(편지, 잡지, 문서) 등 7개의 하위 유형을 들고 있다.

위의 인용문은 자유 간접 화법, 즉 서술된 독백에 의한 인물의 심경이 핵심을 이룬다고 볼 수 있다. 화법 문제로서 서술자가 직접 말하는가 아니면 인물이 말하는가의 어법적 차원에서 본다면 초점화 주체는 인물이지만, 서술자가 말하는 방식이라고 할 수 있다. 즉 초점화의 양상으로 볼 경우, 의사나 그의 집안 식구들에 대한 초점화는 인물인 '성준호'에 의해 수행되지만, 서술은 3인칭의 서술자가 하는 것이다. 물론 이때의 3인칭 서술은 실제로는 1인칭 서술과 다름없는 표면적인 3인칭의 서술이라 할 것이다. 이렇듯 이무영의 소설담론에서는 권위적 인물의 단일 화법이 주로 초점화의 주체와 서술 주체가 바뀌면서 인물의 언표내적 행위가 강조된다.

예문 3)도 초점화의 주체는 인물인 '훈'이다. 같은 인물인 '강군'을 초점화하는 '훈'의 시점에서 서술자는 서술하고 있다. 이때 권위적 인물은 '강군'이다. 주로 '강군'의 발화가 직접 인용되면서 전경화되어 나타나고 있다. 강군은 훈이 교수로 재직하고 있는 대학의 학생으로서 가끔 훈의 연구실에 나타나 정치계, 교육계, 종교계 등 사회 전반에 걸쳐 만연하고 있는 부정부패와 도덕적 타락, 가치전도 현상에 대해 젊은 세대답게 '항거'하듯 그것들을 개탄한다.

이러한 태도에 대해서 '훈'은 처음에는 난감해 하지만 차차 강군의 강변(强辯)을 '탁한 공기' 대신 '신선한 공기'로 받아들이면서 젊은 세대에게 희망을 걸어 본다. 그러면서 행방을 알 수 없는 강군을 '마치 방대한 위력

의 폭발성 물체에 불을 던져놓고 기다리는 심정'으로 고대한다. 이는 강군
의 웅변조 발화 ①과 서술자에 의해 중개된 '훈'의 내면이 서술된 ②에
확연히 드러나 있다. ②의 서술에서 '훈'을 1인칭의 '나'로 바꾸어도 서술
상 부자연스럽지는 않다. 마치 '훈'에 의해 초점화된 '강군'의 말과 외양이
'훈'이 1인칭의 동종 서술자가 되어 서술하는 것같은 느낌을 갖게 한다.

그러면 작가와 서술자, 인물인 '훈'의 관계는 어떤가. 먼저 서술자는
철저히 '훈'이 초점화하는 대상에 국한하여 서술하고 있다. 초점 주체와
서술 주체가 다르지만 초점 주체의 시각에 따라 초점 대상, 즉 강군의
행위가 서술되며, 서술자는 단지 훈이 지각한 내용과 그의 내면을 보고하
는 기능만을 하고 있다. 이로 볼 때, 작가는 서술자보다는 인물인 '훈'에
훨씬 가깝다. 이는 이무영의 다른 작품들과의 상호텍스트성[97]을 고려할
때 작가가 동시대인으로서 사회에 대하여 가졌던 반성적 사고가 제시된
작품들과 전기적 사실들을 보면 확인된다.

다음으로 서술자와 인물의 관계는 어떠한가. 서술자는 다른 인물, 특히
'강군'에 대해 그 내면에 침투하는 게 아니라 단지 '훈'에게만 침투한다는
데서 종래의 전지적 시점과는 다른 것이다. 다시 말하면 인물 시점과 서술
자 자신의 시점이 병행하되, 인물 시점에 의한 서술은 인물 자신이 직접
수행하지 않고 서술자에 의한 3인칭으로 변형되어 수행되는 것이다. 이처
럼 인물 자신이 직접 수행하지 않는다는 점이 결과적으로 서술자가 인물

---

97) Kristeva는 '발화가 그 이전, 혹은 동시적인 다른 발화와 같은 관계'에 주목하여
   상호텍스트성 이론을 전개한다. 또한 Bakhtin은, '모든 텍스트는 그 자체로 완결
   되고 닫혀있는 단일성의 세계가 아니라 다른 무수한 텍스트성의 흡수이고 그에
   의한 변형'이라는 점에 주목하여 그 이론을 전개해 나간다.(최현무, 「기호학자 쥘
   리아 크리스테바」, 김화영 편역, 『프랑스 현대 비평의 이해』, 민음사, 1984,
   p.274.)

(훈)=작가에 대해 어느 정도의 객관적 거리를 확보하고 있다는 근거가 된다. 서술자는 그저 인물인 '훈'의 내면과 훈의 위치에서 강군의 발화와 그의 외양을 드러내는 서술만을 행할 뿐, 훈이나 강군에 대해 그 어떤 찬동이나 비판의 서술은 수행하지 않는다는 점이 또한 그 근거가 될 수 있을 것이다.

이러한 서술 양상은 작가가 '훈'을 제외한 다른 인물에 대해서는 초점화하지 않는다는 것을 알려준다. 강군은 같은 작중 인물인 '훈'에 의해 초점화된 것이다. 종래의 전지적 시점과는 다른 양상을 보여주고 있는 것이다. 권위적 인물이 서술자에 의해 직접 초점화되지 않고 같은 인물인 '훈'에 의해 이루어진다는 점, 그래서 강군의 발화는 '훈'에 의해 직접인용과 간접인용으로 제시됨으로써 인용어법적 재현 양상은 선형적 문체(線型的 文體)라고 할 수 있다. 인용되는 강군의 발화와 강군의 발화을 인용하는 훈의 발화 간의 경계가 뚜렷이 구별되기 때문에 두 발화는 당연히 상호의존적인 구성이 되고 있는 것이다.

이에 비해 서술자와 작중 인물 '훈'의 관계에서는 전지적 시점의 입장에서 서술자가 '훈'의 내면을 분석적으로 제시하고 있는 것이다. 이를 인물의 제시방법적 측면에서 정리해 보면 인물인 '훈'이 같은 인물인 '강군'을 묘사함에 있어서는 강군의 대화나 외모, 행동에 보여지는 간접적 제시 방법이, 서술자가 '훈'을 묘사하는 데는 해설적·분석적인 직접적 제시 방법이 사용되었다. 이러한 과정에서 특이한 점은 '훈'의 내면의식과 '강군'의 권위적 목소리와의 관계이다. 젊은 학생인 강군의 동시대와 동시대인들에 대한 비분강개조의 비판적 발화는 교수 신분인 '훈'의 내적 의식으로 수용되면서 '훈'을 고무시키는데, 이를 효과적으로 포착할 수 있는 장치

가 바로 서술자의 요약과 설명, 코멘트는 물론 등장인물의 심리분석과
다른 인물의 보고, 내면의식, 감정, 미래설계 등을 제공함으로써 결국 내면
묘사에 효과적인 직접 묘사였을 것이다. 이러한 간접 묘사와 직접 묘사의
의도적 사용은 인물 구성 강화의 한 방식으로 설정된 것이다. 그 결과
담론 구성이 주제의 단일성을 초래하며, 이는 다시 작품을 주제양식으로
전환하는 결과로 이어지고 있는 것이다.

　따라서 주동인물인 '훈'은 '강군'의 비판적 발화를 전달하며, 그의 발화
가 갖는 언표내적 행위를 강화시키는 구실에 기여하고 있다고 할 수 있다.
그만큼 이데올로기적으로 '강군'이 서술자나 '훈'보다는 상위의 입장에
위치한다는 것이 입증된다.

　한편, 무영의 농민소설에 오면 권위적 인물에 의한 단일 논리적 담론이
주동인물에 의해 教條的으로 주도된다.

　1) 「자녠 이 세상에서 모르는 것이 없게 다 잘 알지만 우리 농사 이치만은
　　잘 모르구 하는 소리니. 우리네 농군들이 농살 짓는다는 건 이해타산만
　　가지구는 못 짓거든. 그야 이해 타산이 없으면 곰처럼 발바닥만 핥구
　　살겠느냐 이렇게 말을 하겠지만서두 농사란 하느님이 시키는 노릇이란
　　말야. 하느님이 비를 주실 때 어떤 낭구만이 비를 먹구 자라라던가,
　　미륵동 아무개만이 비를 받아서 농살 짓는 것두 이 농살 지어서 나만
　　잘 먹으리라 하는 건 아니거든. 내가 먹든 누가 먹든 농사가 잘 돼야
　　우리네 인간들이 먹구 살 수가 있다-이런 생각에서 짓는 게지.」
　　「그럼 자네 말따나 사람들이 다 고루고루 잘 먹구 살아야 할 꺼
　　아닌가.」
　　「허 그건 또 다르니.」
　　「다르긴 뭐가 그렇게 다르기만 한구.」
　　「다른 것이, 우리 농군넨 그런 맘으로 농살 짓지만 세상 인심이 각박
　　해지구 점점 나빠져서 어떤 사람은 저만 잘 먹구 살려구 욕심을 부리어

그렇게 된 게지. 그렇다구 우리 농군네꺼정 그런 맘씨를 갖는다면 이
세상은 아주 망해버리구 말 걸세. 나중에야 누가 먹든 간에 봄에 씰
뿌리구 여름에 길러서 갈에 걷어들이는 것이 하느님의 뜻을 받는 사람
의 도리거든.」 <「農民」, 65쪽, 권1>

2) 「사람이란 흙내를 맡아야 하느니라. 대처(도회) 사람들이 암만 고량진
미로 음식을 만든대도 시골 음식처럼 구수한 맛이 없느니라. 마찬가지
야. 사람이란 흙내도 맡고 된장맛도 나고 해야 구수우한 맛이 나는 게
지. 음식이나 사람이나 대처 사람이 밝구 정오(경우)야 밝지! 허지만
사람이란 정오만 가지고 산다더냐! 일테면 말이다. 내가 네 발등을 잘못
해서 밟았다고 치자꾸나. 그러면 넌 발끈할 게다. 허지만 우리 시골
사람들은 잘못해서 밟았나보다 하군 그만이거든. 정오로 친다면야 남
의 발을 밟은 사람이 긇지. 그래 이 많은 인총에 정오만 가지고 살려구
들어?」 <「第一課 第一章」, 565쪽, 권1>

3) 김영감은 다시,
    「너 정택수란 어른 알잖니?」
    하면서 그가 흙을 배반한 좋은 표본이라고 한다.
    「너 오기 바루 전에두 다녀갔다마는 땅마지기 톡톡 팔아서 장살 했
느니라. 다 털어올렸지. 그러다가 몇푼 남은 것으루 돈놀이를 했느니라.
돈냥이나 잡았지. 허지만 사람이 돈만 가지면 사는 줄 아냐? 의리도
있어야 하구 인정두 쓸 땐 써야 하구 어수룩한 땐 또 어수룩해야지.
사람이 돈에 녹아나면 못 쓰느니라. 돈을 만지면 사람이 이악해져서
어떻게 생각을 했는지 다시 돈을 땅에 묻더라. 지금 모두 치면 벼 백이
되지. 그러더니만 제년부터 또 돈이 탐이 나서 요샌 금광을 하지. 그래
서 남의 산수 밑을 모두 파 제키구 야단이구나. 법이야 어떻건 법만
가지구 사람이 산다든? 그래 낮잠 자는 것을 깨워두 열가지 악(惡)의
하나라는데 돈 벌자구 흙 속에 묻혀 곤히 잠든 남의 조상에다 남포질을
하구 야단이야! 우리 농군네겐 그런 법이 없거든!」
                              <「흙의 奴隷」, 124쪽, 권2>
4) 「이 사람 그런 소릴랑 아예 나 듣는데 말게. 간 놈이면 갔지 통호순
알어 뭣하나, 아니꼬운 놈. 부모가 그리워? 돈을 벌어야 와? 아 그래

내가 말른 북어처럼 누워서 굶어죽기로서니 아비 싫다구 나간 놈한테
얻어먹어? 없네, 없지! 어디 보자지, 제놈이 지금 애비가 땅 파서 알켜
준 쥐꼬리만한 공부 믿구서 희짤빼는 게지. 흥, 그래 제놈 공부가 내
농사 공부만 하다든가 어림없지, 대학교 단긴 놈 공부두 내가 무섭잖거
든 그래 제깐놈 보통학교 공불 가지구 날 업신여겨!」

　「참으셔유, 사람의 천륜이야 할 수 있대유. 암만 죽을 죄 졌어두 자식
이쥬, 요번 편지 오면 통호순 떼두세유.」「 글쎄 그러지 말라두 그러네
나, 난 저허군 남 됐으니께. 농군의 밥 먹구 크구, 농군이 땅 파서 공부
시켜 노니께시리 제 아빌 업신여겨! 그놈 나허군 딴 남 됐네. 안 보네.
지금 당장 저기 걸어와두 안 보네. 안 봐!」<「歸巢」, 348쪽, 권2>

5)　소가 저만큼 갔다. 첨지는 말뚝처럼 서서 눈에 익은 소방둥이가 저쪽
밭머리를 돌아갈 때까지 바라보고 섰더니, 갑자기 두 주먹을 움켜쥐고
살처럼 내달았다. 첨지는 관지기의 앞을 탁 가로막으며 한 손으로는
쇠고삐를 잡고 한 손으로는 쥐었던 지전 뭉치를 관지기에게 되쥐어주
었다.

　「왜 이라쇼?」

　「나 안 팔겠소!」

　「안 팔다게! 그래 눈 번히 뜨고 일백 오십 원 돈을 공뗄 작정이오.」

　「그까짓 일백 오십 원 있으나 없으나…… 젖 떨어진 때부터 내 손으
로 키운 게니 죽여두 내 손에서 죽게 하겠소!」

　그러고는 소를 쳐다보고

　「너두 그게 소원이지? 그렇지!」

　소가 덤덤하니 눈만 껌벅깜벅하니까

　「아! 이 자식아 왜 그렇단 말을 못해!」

　하면서 뺨을 철석 후려갈긴다.

　순간 첨지의 눈에서는 눈물이 빚어 떨어졌다.

　첨지는 소를 몰고 오면서도 눈물이 나게 좋았다.

　「내가 너를 어려서부터 길러 가지고 돈 일백 오십 원에 네 면중에다
도끼질을 시키랴. 가죽을 벳기고 갈비를 짜르고 살을 첨첨이 도리게
하랴. 인젠 네 쥔네 손에 돌아왔으니 마음놓고 조금이라도 더 살다 죽어
라.」<「慕牛之圖」, 367쪽, 권2>

이상의 예문들은 이무영의 이른바 '농민 소설'계에 속하는 작품들이다. 인물들의 담론을 권위적 담론과 내적 설득의 담론으로 나누어 볼 수 있다.[98] 제시된 예문에서 공통적으로 발견되는 요소가 개개 인물들의 발화 내용이 대단히 권위주의적이며 교조주의적 내용을 담고 있다는 점이다. 그렇기 때문에 '인용되는 발화'와 '인용하는 발화'가 엄격하게 구분되고 있음을 알 수 있다.

바흐찐은 인간의 이데올로기적인 과정 속에서 '이질적인 말'은 '권위적인 말'과 '내적으로 설득하는 말'로서 존재한다고 한다. 특히 '소설 속의 말'에서 '권위적인 말'은 '아버지의 말'에 해당되는 것으로서 인용어법상 선형적 문체형식으로 재현된다.[99] 그런데 이러한 문체형식은 화법의 특성은 물론, 그 작품이 쓰여진 당대의 사회·경제적 조건들까지도 인지할 수 있게 하는 시대적 문체형식이 될 수 있다. 즉 이무영 소설담론의 구성 양상에서 빼놓을 수 없는 것이 대화 형태를 띠는 등장인물들의 담화이다. 이때의 담화는 단일한 주관성으로 상대방의 담화를 해체해 나간다.

등장인물의 담화는 곧 자신의 주관성이 강하게 드러나는 권위적인 말이 되는 것이다. 그런데 이렇게 주관성을 드러내는 과정에서 담화의 다양

---

98) M.M. Bakhtin, 앞의 책, p.342.

99) 소설 속의 말은 '권위적인 말'과 '내적으로 설득하는 말'의 결합으로 인해 소설의 문체는 특수한 방식으로 선출된다. '권위적인 말'은 분명히 한계를 긋고 아무런 활동도 하지 않은 채로 남아있기 때문이다. 다른 언어로 된 '낯선 말', '인용부호', '뚜렷한 강조', '특수한 필체' 등이 이에 해당되는 예가 된다. 이처럼 '권위적인 말'의 의미구조는 이미 완성되어 있고 명백하며, 다른 말과의 '수용', '이해', '논쟁'이 불가능하다. 따라서 소설 속에서 '권위적인 말'이 하는 역할은 일종의 '죽은 인용'에 불과할 수도 있다. 반면 '내적으로 설득하는 말'은 '소설 속의 말'과 동화하는 과정 속에서 '인용하는 발화자의 말'이며, 전혀 새로운 의미의 가능성들을 해명할 수도 있다. (미하일 바흐찐, 「소설 속의 말」, 『바흐찐의 소설미학』, 열린책들, 1988, pp.192-199.)

성을 지향하기보다는, 다시 말해서 '언어들의 대화'[100]가 아니라 작가의 이데올로기에 의해 의도된 주동인물의 주관이 권위적인 목소리로 다른 인물들의 목소리를 압도한다. 이러한 양상은 독자들에게 주제만을 우선 살피도록 하는 '닫혀 있는 말'로서 주제의 단일성을 초래하게 된다. 언어는 담화 속에서 차별화되어 사회 이데올로기적인 모순들이 인격화되어 공존하는 모습이라고 할 수 있다. 따라서 담화에서 발견할 수 있는 다양성의 언어들은 다양한 방식으로 서로 교차되어 새로운 사회의 전형적인 언어(랑그)들을 만들어 내는 것이다.

그런데 이무영의 소설담론에서는 모든 담화는 주로 주동인물의 담화에 갇히게 됨으로써 주동인물의 세계관이나 이데올로기가 전경화되며, 여기서 주제가 강화되고 있다. 이무영의 소설담론에서 흔히 발견되는 권위적 인물의 단일한 주관성은 일상적 이데올로기를 함축하고 있으며, 그 주관성, 즉 주동인물의 이데올로기가 주제로 제시되는 경우가 대부분이다.

바흐찐은 다양한 인물들에 의한 관점의 다중화와 담론의 대화관계를 유지하는 소설담론을 가장 이상적인 소설로 보았다. 그가 말하는 '다성적 소설(polyphonic novel)'을 일컫는 것이다. 이러한 '다성적 소설'이 바로 근대를 제대로 반영할 수 있다는 이유에서이다. 그렇다고 바흐찐의 견해가 모든 소설을 평가하는 데 있어서 절대적 기준이 된다고는 할 수 없다. 소설의 발생과정과 언어기법 등과 같은 문학적 토양이 다르기 때문이다. 또한 단편과 장편의 양식을 하나의 기준으로 판단한다는 것은 양식적 특질을 무시한 斜視의 단견일 수밖에 없는 것이다. 우리 소설의 형성과정을

---

100) 언어들의 대화란 언어의 다양성으로 이행되는 언어들의 교섭을 말함.(미하일 바흐찐, 위의 책, p.136)

보면, 단일 논리적이고 독백적(단성적)인 담론방식이 주로 사용되어 왔으며, 근대성의 반영과 함께 문학적 형상화라는 그 나름의 성과를 달성하고 있기 때문이다.

다음 5장에서 다루겠지만, 인물의 지향성이 작가와 서로 무관할 수 없음은 물론이다. 인물들의 화법을 대하는 작가의 태도는 작가가 듣는 모든 것을 여과하고 제한적인 방식으로 인물들의 직접화법을 재가공하는 한 사람의 편집자의 입장과 비교될 수 있다.[101] 따라서 여과하고 제한하는 과정은 직접적으로 작가적 시점의 문제와 직결된다고 할 수 있다. 그러므로 위 5개의 예문에서 확인할 수 있듯 인물들이 갖고 있는 일상적 이데올로기는 담론의 주체가 지향하는 지향 대상을 한정할 수밖에 없다는 의미를 내포하게 되는데, 이는 작가의 구성적 의도와 깊은 관련이 있는 것이다.

이렇게 볼 때, 결국 소설의 담론은 그 지향 대상이 상대방이나 사물 차원의 어떤 구체적 대상, 그리고 다른 담론까지를 포함하게 되는데, 인물의 주관성이 극적인 언어로 표현될 경우 서술자는 작가에 의해 강력한 통제를 받게 된다. 여기에서 의미의 다양성을 요하는 소설의 언어는 '작가적 시야의 최종화된 독백적 기능'[102]이 강화된다.

예문 1)은 충주 근처의 미륵동과 탑골을 공간적 배경으로 두 토호(土豪)인 김승지와 박의관이 주로 빈농에 속하는 마을 사람들을 토지를 미끼로 착취하고 온갖 적악(積惡)의 횡포를 일삼는 농촌의 실상과 그로 인한 농민들의 울분(鬱憤), 그리고 새로운 세계를 꿈꾸는 젊은이들의 자각을 보여주

---

101) 이 책에서는 작가와 서술자를 구분하고 있지 않음. (보리스 우스펜스키, 『소설구성의 시학』, 김경수 역, 현대소설사, 1992, p.87.)
102) 미하일 바흐찐, 위의 책, p.105.

고 있는 작품 「農民」이다. 특히 이 작품은 단순히 토호들의 착취와 적악, 그리고 농민들의 곤궁과 울분만을 초점화한 것이 아니라 김승지와 박의관의 2세대들인 미연, 일양 그리고 농민을 대표하는 원첨지의 아들 장쇠에 의해 새로운 화해의 세계가 모색되고 있음에도 주목할 필요가 있다.

인용 부분은 작중인물인 '응서'네 봉놋방에 모인 인물들이 주고 받는 대화 과정에서 '장쇠'의 아버지 원치수가 박태복이나 그곳에 모인 인물들에게 해 주는 말이다. 즉 농민들인 자신들의 궁핍한 생활에 대하여 죽도록 농사를 지어봤자 양반집 노적가리에다 쌓아주는 격이며 손톱 발톱이 자랄 새가 없이 일을 해도 추수기에는 빈손 툭툭 털고 일어나야 한다며 <응서 자네네 벌써 몇 대를 두구 농사짓지만 그래 농사 안 짓는 나보다 더 잘 산 것이 뭐 있나?>라는 노름꾼 박곰보의 말에 <제각기들 지금까지의 구질구질한 자기네 반생을 돌아다보며 허무한 생각에 사로잡>히는 방안 분위기에서 농사에 대한 치수 나름대로의 신념을 밝힌 대화 내용이다. 즉 농사를 짓는다는 것은 이해타산을 떠나서 모든 인간들을 위한 소명의식에서 비롯되어야 함을 주장하고 있다. 농촌의 삶의 양식에서 배태된 공동체 의식에 입각한 삶의 자세가 제시되어 있는 것이다.

일반적으로 공동체란 각각 다소간의 독립적인 局地的 小宇宙를 이루면서 고유한 구조를 지닌 사회이다. 그리고 그것은, 안으로는 구성원들 사이에 공동체를 이루어 가는 규범을 유지하고, 밖으로는 외부의 침략이나 규제에 대해 방위한다.[103] 이무영이 인식하고 있는 농촌사회가 바로 이러한 공동체 의식에 입각한 순응과 순종, 그리고 이해와 인정(인심)을 삶의

---

103) 大塚久雄, 『공동체의 기초이론』, 이영훈 역, 돌베개, 1982, pp.46-47.참조

미덕으로 삼는 사회를 뜻한다. 이러한 의식이 주인공들의 삶의 자세에 대한 전제가 되고 있는 것이다. 이런 맥락에서 위 대화의 내용은 이무영의 작품이 기본적으로 함축하고 있는 '담화론적 전제'의 측면에서 이해가 가능하다. 이는 '전망은 예측할 수 없으나 맞닥뜨린 갈등에 대처하는 혹은 새로운 상황에 적응하는 개인적인 인물들의 삶이 선험적인 원리에 의해 인도되고 있다는 것'104)을 의미한다.

결국 원치수의 권위적 담화에서 작가가 내비치려고 한 주제적 의도는 농사란 소명의식에 의한 천직으로 인식해야 한다는 '아버지의 말'105)이다. 무영 작품의 결말을 이끄는 주된 원리는 농민들의 운명적인 세계관이거나 유교적 윤리관으로 정리될 수 있을 것 같다. 특히 농촌과 농민을 제재로 하는 작품의 경우 당위론적인 인내의 다짐이 강조되어 나타난다.

예문 2)는 농민들의 삶의 애환, 가난과 그로 인한 고통 등을 사회구조적인 측면에서 잘 형상화시키고 있다는 소재적 측면에서의 문학 사회학적인 평가 이외에도 휴머니즘에 입각한 인간성 구현 내지는 인간 구원의 관점에서 그 가치가 평가되었던106) 「第一課 第一章」에 나오는 '김영감'의 지론이다. 이 작품은 '김영감'의 아들 '수택'이라는 인물이 찢어지게 가난한 생활 중에서도 학교를 마치고 서울의 도시 생활에서 온갖 고통을 겪으면서 천신만고 끝에 얻은 기자직을 포기하고 귀향하여 농촌 생활에 적응해

---

104) 김현, 앞의 책, p.99.
105) '아버지의 말'은 위계질서에 묶여 있는 '권위적인 말'이고, '어머니의 몸'은 무한 정한 의미생성의 공간으로서 내적으로 설득하는 '열려있는 말'이다. 그리하여 시인은 '아버지의 말'의 논리적 코드로부터 탈피하여 무정형적인 파괴공간으로 서의 '어머니의 몸'속으로 끊임없는 침범을 시도하는 것이다. (J. Kristeva, 『*Revolution in Poetic Language*』, trans. W. Margaret, columbia U.P., 1984, p.27.)
106) 김현, 앞의 책, p.93.

나간다는 내용을 근간으로 하고 있다.

그런데 이 예문은 '수택'이 중학교를 다닐 때 방학이 되어 고향에 돌아왔을 때 해 주었던 '김영감'의 말이다. 그러니까 과거 '김영감'의 말이 '외적 회상'107)으로 제시된 장면이다. 그런데 이 발화 장면은 인물인 '수택'의 입장에서 서술자가 전지적으로 제시한 것이 아니라, 서술자가 사건 국면에서 전지적 입장에서 회상하고 있는 상황이다. 서술자에 의한 역전으로서, 객관적 회상의 성격을 띠는 바, 작가의 관념적 태도를 통해 볼 때, 수택의 행위에 대한 가치 판단의 주된 지표를 제시하고 있는 셈이다. 즉 인심과 이해심에 바탕을 둔 농촌의 공동체적인 삶의 양식을 강조하는 설명적 효과를 이루어냄으로써, 핍진성과 객관성의 근거로 작용하고 있다. 이러한 시간의 역전 현상은 이광수의 『無情』으로부터 1920-30년대 한국 현대 소설의 서사학적 특성으로 현저화하게 된다. 이무영의 서술 기법에서는 시간의 역전 양상 중, 특히 '외적 회상'이 자주 사용되고 있다는 것이 또 하나의 특징이다.

결국 '김영감'의 말은 수택이 귀향하여 농촌 생활에 적응하기로 결심하게 되는 직접적 동인(動因)으로서의 영향력을 가지고 있는 권위적 발화임이 강조되고 있는 것이다. 물론 '수택'의 귀향은 표면적으로는 '도대체

---

107) 시간적 순서의 두 형태 '예시(豫示)'와 '역전' 중 역전의 양상을 S. 채트먼, M. 발 등은 G. 주네프가 '기본 서사를 중심으로 외적 회상(external analepses)과 내적 회상(internal analepses), 혼합 회상(mixed analepses)으로 분류한 견해'를 따라 '외적 역전', '내적 역전', '혼합 역전'으로 분화하고 있다. 외적 역전은 관련이 있는 선례나 과거를 제시함으로써 설명적 기능을 강화한다. 이에 비해 내적 역전은 요약적 기능과 새로운 정보 제공, 정보의 정교화 그리고 사건의 변화와 의미 강조의 역할을 수행한다. (Seymour Chatman, 앞의 책, pp.76-77. Gérard Genette, 앞의 책, pp.48-49. Mieke Bal, 앞의 책, p.90.)

나는 뭣 때문에 사는 겔까. 누구를 위해서 사는 겔까. 문화사업? 흥!'이라는
내적 독백에서 확인할 수 있듯, '가치있는 삶'을 추구하게 되는 가치관의
확립에서 그 원인을 찾을 수도 있겠지만, 그보다는 어렸을 때부터 '흙내'를
강조했고, 모든 것을 인정과 이해로 판단하면서, 그것들을 인간의 참된
삶의 자세로 여겼던 아버지에 대한 감화의 결과라고 할 수 있다.

이는 수택은 물론이고 그 아버지나 그들로 대표되는 농민들의 삶 전체
가 경험적으로 획득된 기성(旣成)의 동인(動因)에 의해 움직여지고 있다는
것을 의미한다. 말 속에 포함된 사회적인 가치평가의, 가장 명백하나 동시
에 가장 피상적인 측면은 표현적 억양의 도움으로 그것이 전달된다는 것
이다108). 위의 예문에서 '김영감'은 당대의 도회적 삶이 가져다주는 삭막
함, 몰인정, 즉 경우만을 따지며 사는 도회적 삶의 양식을 비판하며, 진정
한 인간적 삶의 조건으로서 '흙내'와 '이해'의 정신에 입각한 농촌적인
삶의 양식을 제시하고 있다. 그런데 그러한 김영감의 가치관, 혹은 세계관
이 다분히 敎條主義的인 설교조의 억양 속에서 전달되고 있는 것이다.
수택이 도시 생활에서 농촌 생활로의 귀향은 운명의 전환이라는 의미를
함축한다. 그 운명의 전환을 선택하도록 한 동인이 바로 아버지인 '김영감'
의 이와 같은 '말'에 말미암고 있는 것이다.

그러한 김영감의 권위적 목소리는 예문 3)에서도 계속된다. 이는「흙
의 奴隷」가「第一課 第一章」의 속편이라는 점과도 관련된다.「第一課 第
一章」이 주로 수택의 귀농과정과 농촌에의 적응 과정을 그렸다면,「흙의
奴隷」는 평생을, 그야말로 일년 내내 술 한 잔 , 인절미 한 개 사먹은 일이

---

108) M. 바흐찐, V.N. 볼로쉬노프, 앞의 책, p.143.

없는 가운데 땅을 마련하지만 손자 상태의 난봉으로 다날려 버리고 소작 밖에 없는 농투성이로 살면서도 흙에의 집착을 끊지 못하는 老農 김영감의 인간상과 삶의 자세를 부각시킴에 역점을 두고 있는 작품이다.

위의 예문에서는 먼저, 흙에 신앙적인 열정을 가지고 있는 김영감이 땅마지기를 팔아 장사, 돈놀이, 금광 등을 하며 돈에 집착하는 정택수를 '흙을 배반한 좋은 표본'으로 인식함과 동시에는 돈에 의해 이악해지는 것을 비판하고 있다. 그러면서 의리와 인정, 상황에 따른 어수룩함의 삶의 자세를 수택에게 인식시키고 있는 것이다. 김영감의 내적 억양이 섞여 있는 발화인 것이다. 다시 말해 능동적인 주체로서의 수택은 행위 수용자의 역할에 머물게 됨으로써 수동적인 기호 안에 갖히게 된다. 이무영의 농촌 또는 농민 소설 대부분에서 발견되는 서술 상의 특징이다.

그런데 서사 구조를 분석함에 있어 서술자와 화자를 중심으로 하는 시점 문제를 거론하면서도 지금까지 연구자들이 간과하고 있는 측면이 '청자(narratee)' 문제이다. 서사 구조를 형성하는 언술은 주로 서술자 또는 화자가 수행한다. 이때 언술은 청자를 대상으로 이루어짐은 물론이다. 여기서의 청자는 독자와는 구별된다. 즉 청자는 서사적 소통구조 속에서 서술자나 화자가 전제하는 존재로서, "'당신'의 기호[109]"에 해당한다. 예문 1), 2), 3), 4)의 경우 청자는 모두 시류에 따라 농촌과 농민의 삶에 회의를 느끼고 도시인의 삶의 양식과 가치관을 동경하는 인물들이다. 그러니까 화자와 청자는 동질적인 집단에 속해 있으나 청자는 도시적 가치관과 삶

---

109) Gerald Princce, 『서사학』, 최상규 역, 文學과知性社, 1995, pp.32-45.참조. 이 부분에서 저자는 서사 구조 속에 존재하는 청자의 유형과 존재양상, 그리고 그 기능 등을 분석해 냄으로써, 청자 문제를 부각시키고 있다.

의 양식, 혹은 속물적 근성을 지향함으로써 내적 갈등을 유발하는 인물들인 셈이다. 화자는 이러한 청자들에게 농촌과 농민들의 삶 속에 배어있는 가치관을 담담하게 들려주고 있다. 물론 청자들은 화자의 말에 감화 또는 동화되어 집단내의 동질성을 회복하기에 이른다.

이러한 청자의 문제에서도 확인할 수 있듯이, 이무영의 소설은 한반도의 전형적인 농부상을 제시하려는 데 초점을 맞추고 있다. 주자학적 이데올로기와 운명적 세계관의 표출인 것이다. 그것은 자연의 섭리에 순응하며, 삶의 질을 하나의 운명(숙명)으로 받아들이는 순응적·숙명적 세계관 그리고 농부로서의 사명감과 그 농삿일의 되물림에 대한 강렬한 갈망, 혈연과 이웃 간에 이해와 인정을 바탕으로 하는 공동체로의 지향을 모색하는 삶의 양식과 의식구조의 드러냄에서 잘 나타나고 있다.

'의미를 물적·사회적 구성물로 보는 관점에서 의미의 문제를 제기하게 된 담론연구'에서는 '언어를 모든 사람이 공유하는 의미체계로 보는 것에서 벗어나는 것이 필요하다'[110]고 본다. 대립하는 담론들에서 언어 의미가 가지는 대립적인 성격을 강조하는 것이다. 이러한 관점에서 이데올로기를 신념·의미·실천으로서, 그리고 그 안에서 우리가 생각하고 행동하는 것으로 파악할 수 있다.

따라서 이데올로기는 모든 사람들에게 그들이 살고 있는 실제 관계에 대한 상상의 관계를 부여하는 의미체계라고 할 수 있다. 김영감의 발화에는 김영감이 평생을 살아온 농촌적인 삶의 양식은 곧 순박하면서도 순종하는 삶이라는 신념이 강하게 나타나고 있다. 농촌=인정/도시=이악스러

---

110) 다이안 맥도넬, 앞의 책, p.36.

움(돈)이라는 이분법적 세계관이 암시되어 있는 것이다. 그런데 이렇게 이데올로기로 정착된 신념은 문명 공동체에서도 비문명 공동체에서도 세대에서 세대로 계승되어 간다.[111] 김영감의 신념은 곧 수택에게 계승되고 있는 것이다.

사실 이무영의 작품에서는 배경의 양분화, 즉 공간이 농촌이냐 도시냐, 곧 삶이 이루어지는 장소가 어디냐에 따라서 긍정/부정, 찬미/비판 등의 대립적인 가치평가가 엇갈리어 제시되는 경우가 많다. 이는 도시적 삶이 몰고 온 가난, 속물근성, 또는 인간 상호간의 양극적인 마찰, 소외감이나 심리적 긴장감에서 벗어나 농촌의 삶의 양식에서 필연적으로 수반될 수밖에 없는 순응, 인정, 유대감, 공동체적 조화와 같은 전통적 농경 사회에서만이 발견할 수 있는 인간본성의 미덕을 재생산하려는 의도가 빚어낸 결과라고 할 수 있을 것이다.

그러므로 이무영 문학의 핵심적인 세계는 흙 자체에 대한 신앙적인 예찬과 동화의 문학[112]이라고 할 수 있다. 이러한 아버지의 발화가 갖는 권위성이 결국 가난한 농촌 생활을 어떻게 인식하고 대처·적응해 나가느냐 하는 데 선택적 원리로 작용하는 것이다.

예문 4)에서도 농사와 농군에 대해 대단한 자부심을 갖고 있는 '김첨지'의 발화는 흙이나 농사를 떠나서는 살 수 없다는 절대적 신념이 깔려 있다. 또한 김첨지의 발화는 농민의 삶이 얼마나 가난한지를 핍진하게 제시하는 데 기여하고 있다. 여기서도 김첨지는 '육십 평생을 두고 단 하루 맘놓고

---

111) John Plamenatz, 『이데올로기란 무엇인가』, 진덕규 역, 도서출판 까치, 1990, p.114.
112) 이재선, 『한국현대소설사』, 홍성사, 1982, p.362.

앓아보지도 못한 오직 고달프기만 했던' 일생을 살아온 사람이다.

그렇게 가난한 생활 속에서도 장남인 '칠성'이를 보통학교에 보낸 것은 자신 '면서기나 조합서사가 되길 바라는 것'이 아니라 단지 '개화가 돼서 농사도 공부 없이는 지어 먹기가 어려운 세상'이 되었기 때문이었다. 특히 칠성이는 매사에 눈썰미가 있고, 꾀를 부리려 함도 없이 부지런히 농사일을 거들어, 첨지는 천상 '농군의 자식'으로 여겼던 때문이기도 했다. 그러면서도 한편으로는 보통학교만 졸업하면 '하늘의 별이나 딴 것처럼 해뜩해뜩하며' 안하무인식으로, '참기름장이처럼 빠져나갈 궁리만 하'는 다른 농군들의 자식을 보며 교육시키기를 망설였던 김첨지였다. 칠성이에 대한 김첨지의 이러한 기대와 염려는 서술자를 초점자로 하는 내적 초점화 서술로 제시된다. '간접적 내적 독백'의 형태로써 첨지의 어휘로 첨지의 내면을 표현하고 있다. 또한 '농군이란 재치도 금물이요, 오직 소처럼 충실해야 한다고 첨지는 생각한다'는 내적 독백에서 첨지가 생각하는 농군상이 제시되고 있다.

그런데 첨지의 뜻과는 달리 칠성이가 지나사변이 일어나던 해 겨울부터 허파에 바람이 들기 시작하여 소위 '브로우커'가 되어 돈맛을 알게 되고 급기야는 김첨지가 그렇게 고대하던 소 살 돈 삼십 원을 훔쳐 가지고 집을 나갔던 것이다. 이러한 칠성이와는 천륜으로서의 인연도 끊겠다는 김첨지의 강변은 그만큼 농군으로서의 자부심과 함께 농사와 흙에 대한 애착의 발현이라고 할 수 있다. '언어는 세계관이다. 그것도 추상적인 세계관이 아니라 구체적, 사회적 세계관이며, 가치체계가 스며든 세계관이고, 삶의 실천과 분리되지 않는 세계관이다.'[113] 무영의 농민문학에 나타나는 일련의 이러한 권위적 인물들의 대화는 '흙에 대한 농민의 보편적인 집념'114)을 객관적으로 보여 주고 있는 장면으로서 이야기 값에 값하는 발화 행위라고 할 수 있다.

"진정한 의미에서 바람직한 현대소설의 인물이란 사회교화도구로서의 기능인이나 이념실현을 외치는 웅변가가 되기를 원하지 않는다. 그는 항상 진실한 인간의 모습으로 우리들 앞에 서기를 바란다. 그리고 항상 인간과 인생을 사랑하는 휴머니스트가 되고자 한다."115) 이무영의 소설에 나타나는 인물들, 특히 농민들은 '진실한 인간의 모습' 그대로 살아가며, 그렇게 살아가고자 하는 전형들이다. 그들에게는 사회교화를 위한 거창한 이상이나 이념은 없다. 단지 주어진 삶에 충실하며, 거짓이나 위선이 없이 자신의 삶에 긍지를 깆고 살아가면서도 이웃의 삶에노 관심을 기울일 술 아는 '휴머니스트'로서의 한국적 농민상인 것이다.

예문 5) 또한 그러한 농군의 심성을 살피게 하는 대화 장면이다. 우리의 농경 사회에서 소의 중요성은 자식의 그것에 버금간다. 첨지는 딸 복순이가 앓아누웠음에도 아랑곳하지 않고 새김질에 이상증세를 보여 개우질만 하고 먹지를 못하자 소에만 관심을 집중한다. 그러나 백방으로 노력을 해도 소의 병은 고칠 수 없고, 고기관지기는 얼른 소를 팔아야 반값이라도 건질 수 있다고 제안한다. 첨지는 관지기의 말대로 소를 팔 것을 결심하고 금까지 치르고 소를 보내지만, 송아지 때부터 키운 정에 사무쳐 받은 돈을 돌려주고 다시 그 소를 찾아오는 과정에서 첨지가 소와 나누는 대화다. 땅과 소에 한결같은 애착을 보였던 우리의 농촌사회를 돌아볼 때 결국

---

113) 미하일 바흐찐, 『프랑수아 라블레의 작품과 중세 및 르네상스의 민중문화』, 이덕형·최건영 역, 아카넷, 2001, p.716.
114) 이재선, 위의 책, p.363.
115) 宋河春, 『1920年代韓國小說硏究』, 고대민족문화연구소 출판부, pp.191-192.

첨지와 같은 인물의 입상화(立像化)는 온정적인 농민의 심성을 그대로 보여주는 것이라고 할 수 있다. 첨지에게 소는 이미 농사의 한 수단으로써, 한낱 동물에 지나지 않는 것이 아니라 한 식구로서의 의미를 내포하고 있다.

이렇듯 이무영의 리얼리티는 그 자신이 직접 농촌에 투신하여 농촌생활을 실제로 체험한 데서 얻어진 것이라고 할 수 있지만, 한편으로는 전통적인 한국의 농민상과 그들의 의식구조를 성공적으로 부각시키고[116]있음에서 획득되고 있기도 하다. 특히 서술자와 인물의 어휘가 농민의 어휘와 일치하고 있음도 간과할 수 없는 리얼리티 구현의 한 방법으로 작용하고 있다.

소설 텍스트에서 의미를 갖는 담론 생성의 주체는 표면적으로 서술자와 등장인물일 뿐이다. 그러나 자신의 체험을 토대로 텍스트를 생산하는 작가를 도외시할 수 없으며, 또한 그렇게 해서도 안된다. 물론 서술자와 작가는 일치할 수도 있고, 그렇지 않을 수도 있다. 그러나 서술자와 작가의 일치여부의 관계를 떠나서 텍스트의 분석과 해석, 나아가 정당한 평가를 논의의 목적으로 한다면 마땅히 그 관계의 방향은 텍스트로부터 작가로 향할 수밖에 없다.

따라서 소설담론의 모든 계기는 두 개의 층위로 나누어 볼 수 있다. 즉 하나는 서술자 층위로서 서술자의 구체적인 의미론 및 표현상의 지평을 의미하며, 또 다른 하나는 이야기와 함께 이루어지는(인지되는) 작가의 층위이다. 그런데 이야기된 모든 것과 함께 작가의 지평에는 자기의 본래

---

116) 김준, 「한국농민소설의 특성」, 서울여대 14호, 1984, p.55.

의 말을 가진 서술자 자신도 들어온다. 그렇기 때문에 우리는 이야기의 대상뿐만 아니라 이야기 자체와 이야기의 흐름 속에서 서서히 드러나는 서술자의 상위에 위치하는 작가의 억양을 짐작할 수 있는 것이다. 작가의 지향과 억양인 이러한 제2의 층위를 인지하지 못할 때 작품의 이해는 완전할 수 없는 것이다.

이무영 작품의 올바른 이해는 바로 서술자와 작가의 '언어사용역'[117)의 분석을 통해 이루어질 수 있다. 언어 분석을 위해 이 개념을 끌어들인 할러데이(M.A.K. Halliday)는 언어사용역을 상황의 유형에 따라 사용된, 언어의 형식적 특성으로 규정한다. 그 사용역은 다음의 세 가지 관점에서 파악될 수 있다.

먼저 실제로 어떤 일이 일어나고 있는가, 두 번째는 누가 관여하고 있는가, 그리고 세 번째는 그 언어가 어떠한 역할을 수행하는가이다. 이들 세 가지 변이체들은 함께 결합되는 가운데 선택되고 의미와 표현을 위해 사용되는 형식들을 제한하는 영역을 결정한다. 달리 말하면, 이것들이 '언어사용역(register)'을 결정하는 것이다.

담론의 형식이 이미 완성된 서사텍스트의 분석에서는, 오히려 언어형식을 통해 경험 내용과 담론의 주체, 나아가 담론의 기능 등을 미루어 알 수 있다는 점에서 그 함의가 오히려 풍부해진다. 이무영의 작품, 특히

---

117) 폭넓게 보아 언어적 상황의 유형들은 세가지 관점에서 서로 상이하다. 먼저 실제로 어떤 일이 일어나고 있는가이며, 두 번째는 누가 관여하고 있는가이고, 그리고 세 번째는 그 언어가 어떠한 역할을 수행하고 있는가이다. 이들 세가지 변이체들은 함께 결합되는 가운데 선택되는 의미와 표현을 위해 사용되는 형식들을 제한하는 영역을 결정한다. 달리 말하면, 이것들이 '언어사용역(register)'을 결정하는 것이다.(M. A .K. Halliday, 『*Language As Social Semiotic*』, Edward Arnold, 1978. p.31

농민소설들에서는 서술자와 작가, 인물들의 언어사용역이 동일하게 나타난다. 이는 작가의 체험이 곧 작품 형상화에 바탕이 되고 있음을 의미하는 것이다.

이무영 소설에서는 都·農이라는 배경적 양분화가 뚜렷하게 나타난다. 이러한 배경의 양분화는 곧 서술자나 인물들이 구사하는 어휘나 그 어휘가 기본적으로 전달하고자 하는 경험 내용을 또한 양분화시킨다. 그런가 하면 사용되는 어휘와 경험 내용은 서술자나 인물들이 지향하는 관념적 기능까지 수행하고 있음을 알 수 있다. 여기서 서술자나 인물들이 구사하는 어휘나 그들이 전달하는 경험 내용은 철저히 작가의 삶의 경험과 그의 창작 의도, 그가 기본적으로 지향하는 관념에 의해 주도되고 있음을 알 수 있다. 이러한 징후가 바로 서술자와 인물의 언어사용역이 작가의 그것과 일치하고 있음에서 드러나고 있다. 다음의 시점과 관련된 이무영 자신의 말에서 이를 확인할 수 있다.

> 小說은 結局 人間을 創造하는 것이다. 그리고 優秀한 小說이란 곧 그 創造된 人間이 完全한 人間이냐 아니냐에 달려 있다. 그러나 여기서 完全이란 知識과 出世의 名譽를 指稱함이 아님은 더 말할 것도 없다. 一擧一動, 一言半辭가 다 作者로부터 讓與받는 性格과 符合되느냐를 意味하는 것이다. 다시 말하면 視點이 맞느냐의 意味인 것이다. 이 視點이 맞지 않는다면 作者와 作中人物은 自由로 權限을 行使할 수 있게 되고 낫 놓고 ㄱ字도 모르는 文盲이 新聞을 보고 떠들기도 하고 拙한 性格人이 大膽한 行動을 하며 脫線을 敢行케도 되는 것이다.118)

위의 내용을 통해 볼 때, 이무영 소설에서는 서술자와 작가를 구별하고

---

118) 이무영, 『소설작법』, 啓進文化社, 1954, p.184.

있지 않음을 알 수 있다. 그리고 인물은 철저히 작자에 의해 통제되고 있음도 아울러 드러나고 있다. 이와 함께 인물과 배경, 사건과 배경에 대한 '자연스런 배려', '밀접한 관련성'을 소설 창작에 있어 중요한 방법적 한 요소로 제시하고 있다.[119] 즉, 배경의 가치를 인식하고 있는 것이다. 또한 작가의 '具體的인 體驗'을 작품의 가치와 연결시킴으로써 작품에서 제시되고 있는 인물들의 경험 내용과 관념이 작가와 무관할 수 없음을 시사하고 있다.

작가가 밝히고 있는 이러한 소설 창작의 방법적 측면과 그의 삶의 궤적을 연결시켜 보면 그의 작품에서 사용되는 언어사용역이 갖는 의미를 충분히 알 수 있다. 바르트(R. Barthes)의 말대로 서술이란 세계에 대한 우리의 체험과, 언어로써 그 체험을 묘사하려는 우리의 노력 사이에 생겨났으며 서술은 "언급되는 사건의 직선적 복사가 아니라 이를 의미로 대체"하는 작업이다.[120] 따라서 작가(서술자)에 의한 체험의 묘사는 의미로 대체되고, 이는 리얼리티 제시로써의 가치를 지니게 된다. 그의 작품에서 도시성이 내포하고 있는 병리적인 제요소와 삶의 양식 또는 도시적 세태를 제시한 작품들에서는 비판적 태도를 취하며, 농촌과 농민들의 삶의 양식과 의식 구조를 다루고 있는 경우에는 예찬적이거나 同化的인 태도를 보이고 있는 것도 작가의 체험에 근거한 인물 창조와 관련이 있음을 짐작케 한다. 또한 '人生探究의 眞摯味'를 달성하기 위한 리얼리티 획득의 한 요인이 작가의 체험을 통해서 이루어지고 있음도 여기에서 확인된다.

---

119) 이무영, 위의 책, pp.192-196.
120) 헤이든 화이트, 「리얼리티 제시에서의 서술성의 가치」, 전은경 역, 『현대 서술 이론의 흐름』, 솔, 1997, p.178.

(2) 서술독백과 내적 초점화

인물의 내면 서술은 성격창조를 꾀하는 방법과 별 차이가 없다. 일정한 사건이나 행위를 통해 장면을 제시하는 간접묘사와 서술자(작가)가 직접 표면에 나서서 해당인물의 성격이나 심리를 설명하는 직접묘사에 의해 제시된다. 전자를 보여주기의 수법 또는 간접적 성격묘사, 후자를 말하기의 수법 또는 직접적 성격 묘사라 한다.

간접 묘사는 작중 인물들의 언어나 행동 또는 언어적으로 재현된 배경적 자질 등에 의해 성격이나 심리가 제시된다. 작중 인물 사이의 갈등구조를 소설이라고 할 경우, 주동인물과 반동인물의 성격적 갈등, 주동인물과 부인물의 갈등 양상 등을 통해 그 인물의 성격이나 사상, 심리 등을 드러내는 방법이다. 또한 외모나 삶에 임하는의 태도, 취미 등을 통해서도 성격이나 심리가 구현된다. 리먼 캐넌(S. Rimmon-Kenan) 역시 간접제시 방법으로써 행동, 담화, 외양, 환경, 유비를 제시하고 있다.[121] 인물과 인물의 행동을 박진감있게 인지시키는 데 효과적이다. 철저히 서술자(작가)의 중개가 배제되고 독자가 인물들의 행동과 말씨, 사고의 과정 곳곳에 숨겨져 있는 성격 지표를 수집하고 종합하여 한 인물을 해석하고 평가해야 하기 때문이다.

이에 반하여 직접 묘사는 인물의 성격이나 심리가 텍스트 내에서 가장 권위있는 목소리, 즉 서술자의 요약이나 설명, 코멘트, 그리고 등장인물에 의한 심리분석과 다른 인물의 보고 등으로 이루어진다. 그런가 하면 한 인물이 다른 인물을 묘사하는 방법이나 작중 인물이 직접 자기 자신을

---

121) S. Rimmon-Kenan, 앞의 책, pp.92-108.

드러내는 방법까지를 포괄하기도 한다. 따라서 이 방법은 요약적이면서, 설명적이고 분석적인 특징을 지니고 있기 때문에 과거의 내면의식, 감정, 미래 설계에 대한 작중 인물의 생각 등을 제공하는 데 효과적인 장치가 된다.

리먼 캐넌(S. Rimmon Kenan)은 그의 저서『小說의 詩學』에서 인물구성을 크게 직접한정제시와 간접제시로 나누고 있다. 이때 직접한정제시는 직접묘사에, 간접제시는 간접묘사에 해당된다. 여기서 한정은 일반화나 개념화와 유사한 방법으로서 이것이 우세하면 자료나 예증을 통해 보여지는 것보다 이성적이고 권위적이며 정적인 인상을 만들어 낸다. 서술자(작가) 관점과 시각을 통해 인물을 만나는 것이다.

사실 '인물창조의 방법은 그 작가의 세계관, 문제의식, 관심구조 등이 형이상학적인 차원의 문제를 반영하는 것이며 또 이러한 문제와의 연계 아래에서만 작중인물의 올바른 설정 방법이 가능'[122]한 것이다. 그런데 이 두 방법은 상호보족적인 관계에 놓여 있으며, 다른 요소와의 관계 또한 결코 무시할 수 없음이 다음의 글을 통해 드러난다.

> 더욱 분명하게 인물은 다른 인물과의 對照나 同一性에 의해서도 형성되어지고, 배경과의 대조나 동일성에 의해서, 또는 물질적 존재의 묘사에 의해서, 또는 다른 인물들의 評價에 의해서도 만들어지는 것이다. 예술적인 가치의식에 있어서는 하나의 방법이 다른 방법보다 더 좋은 것은 아니다. 얼마나 가치있느냐 하는 것은 작가가 독자들에게 주제를 전달하고 플롯을 전개시키는 데 필요로 하는 인물설정을 보여줌에 있어서, 얼마나 효과적이냐 하는 데 달려 있는 것이다.[123]

---

122) 조남현,『소설원론』, 고려원, 1988, p.156.
123) David. Daiches,『*The Novel and Modern World*』, University of Chicago Press, 1939,

다시 말하면 배경이나 한 인물에 대한 다른 인물의 평가적 발화, 또는 주제나 플롯과의 관계를 고려하여 인물의 묘사 방법을 선택해야 한다는 것이다.

같은 글에서 데이체(avid. Daiches)는 인물설정과 성격구현의 방법을 다음 네 가지로 구분하여 설명하고 있다.

① 사건의 진행에 따른 인물의 행위에 의해 성격을 설정하는 방법.
② 개성, 경력, 심성 등에 대한 소개를 함으로써 인물의 성격을 단번에 부각시키는 방법.
③ ①과 ②의 절충적 방법.
④ 심리주의 소설가들의 방법.

①의 방법에서는 환경의 변화에 따라 변화해 가는 작중인물의 성격에 독자들은 관심을 갖게 되며, ②에서는 이미 전제된 성격이 사건의 전개나 이야기 진행과 일치되는지를 살피게 된다. 한편 현대소설의 경우 간접묘사나 직접묘사 그 어느 한 방법만으로는 완전한 성격이나 심리묘사가 불가능하다. 따라서 간접묘사에는 직접묘사의 내포가 전제되어야 하는데, ③의 방법이 바로 여기에 해당된다. 그리고 ④의 경우는 ①, ②, ③의 靜的 記述方法에서 한 걸음 더 나아간 動的 記述方法으로써, 결국 극적 방법과 분석적 방법에 다름 아닌 것이다.

인물의 설정은 외적 성격 묘사와 내적 심리묘사를 모두 포함하고 있음은 물론 양자가 서로 밀접한 연관을 맺고 있음을 아울러 의미한다. 특히 현대소설에서는 인물의 내면세계를 드러내는 데 초점을 맞추거나 결코

---

pp.8-23.

소홀히 하지 않는 경향을 보이고 있다. 한 인물에 대한 객관성이나 사실감, 또는 신뢰감 등의 여부는 인간의 보편적 심리에 의해 확보되기 때문이다. 복잡한 환경에 따른 복잡하게 얽힌 삶의 구조는 異常心理의 요인을 더욱 증가시키고 있으며, 사실 많은 작가들과 작품들은 이상심리와 正常心理에서 갈등하며, 이상심리로부터 정상심리를 회복하기 위해 안간힘을 쓰는 인물들을 많이 그려 보이고 있다.

　계층론이나 신분론의 사회학적 안목에서 인물을 그려낼 경우에도 인물의 내면은 세계에 대한 인식의 태도나 내용을 함축하고 있다는 점에서, 즉 현실의 내면화라는 측면에서 매우 비중있게 다루어지고 있다. 더욱이 직업이 작중인물을 유형화하는 데 그 기준으로 설정될 경우 인물의 내면세계는 그만큼 현실적이며 구체적으로 다룰 것을 요구한다. 이는 인물의 전형과 개성의 문제와 관련이 깊다. 전형이란 작품 속에 창조된 인물이 한 사회의 추구하는 이념 같은 것을 자신의 피 속에 육화시키고 있거나[124] 독자에게 생소하지 않고 가장 인간적인 불변의 인정이라는 보편적인 경향과 특징적인 개성을 갖춘 특별한 개인인 것이다.[125] 이러한 전형은 전형의 대상이 된 그 인물이 속한 사회, 그 인물이 속한 시대의 한 구조적 모범으로서 작가가 그를 통해서 시대와 사회를 동시에 전달할 수 있는 장치여야 하는 것이다.

　인물의 묘사 방법을 화법 면에서 보면, 간접묘사는 직접화법을, 직접묘사는 간접화법을 선택·사용한다. 물론 여기서도 어느 화법을 선택, 사용할 것이냐 하는 문제는 말을 선택하고 배열하며 대상을 가장 적절하고

---

124) 김현, 『현대한국문학의이론/사회와윤리』, 文學과知性社, 1991, p.195.
125) 伊東 勉, 『리얼리즘이란 무엇인가』, 이현석 역, 세계, 1987, p.68.

효과있게 언어의 질서 속에 함축시키는 과정을 고려하면서 결정해야 할 사안이다. 특히 내면세계를 묘사할 때는 더욱더 그러하다.

이무영의 소설담론에서 인물의 내면은 주로 '서술된 독백'으로 제시된다.

> 1) 「저 빌어먹을 놈의 청개구리가 저렇게 울어대더니 어디 그칠 것 같은가. 오늘 하루만 어제처럼 퍼부어대면 그까짓 청솔가지루 어리한 거 뭐 힘을 쓴다던가. 밑바닥두 굵직한 돌을 올려놨으니까 좀 힘을 쓸려나 모르겠나만서두 중턱부터야 내리지르는 골짝물에 자칫하면 폭 패어나갈 텐데-」
>
> 이렇게 걱정하며 그들은 집으로 내려왔다. 내려오면서도 ①첨지는 그저 그만하고 날이 번쩍 드지이다 마음으로 비는 것이다. ②금년도 연사는 쓸쓸할 것도 같고 일부터만 날씨가 제대로 해준다면 아무리 줄잡아도 일곱 섬은 먹을 것 같았다. ③뒤뜰 서 마지기에서도 쌀 가마나 떨어지겠지. 그러면 올해에는 기어코 만석이란 놈도 학교에 보내야지. 이런 궁리를 하는 판에 채 밝지도 않은 하늘에서 굵다란 빗방울이 후두둑 떨어지기 시작한다. 그러더니 채 여남은 발도 옮겨놓기 전에 이마빡이 아플 만큼 내려 갈긴다. 집에까지 불과 여남은 간 푼수밖에 안되는 거리를 뛰어 왔건만 그대로 쪼르르 젖고 말았다.
>
> <「靑개구리」, 374쪽, 권2>

> 2) 불과 몇 시간 동안에 우리 굉장씨는 잃었던 사기를 완전히 회복했다. 그는 새로운 용기를 얻었다. ①그까짓 돌배나무 나무 몇 개! 밭이나구 돌자갈밭! 그까짓 논이냐구(하다가 그는 잠시 생각을 멈추었다. 그 여덟 마지기엔 그간 논이라고 흠을 잡을 수는 없었다.) 그까짓 논이라도 손바닥만한 것! 굉장씨는 인민 위원회와 치안대 축들이 며칠째 숙덕대는 애국 동회와의 사이에 일어나리라는 충돌 사건을 상상만 하여도 통쾌하였다. ②그리고 그들은 친일파, 민족반역자도 모조리 소탕을 한다지 않은가.
>
> ③「물론 해야지! 그놈들의 재산은 일체 몰수해야 말고, 너놈들 어디

보자! 배급 서기놈 너 내가 그렇게 졸라대두 설탕 한 근 끝끝내 안
주고 말았겠다! 그리고 경작계 주임놈 이놈, 나보구 과복 안 뽑아낸다구
비국민이라구 그랬겠다? 흥, 이놈 어디 한번 견디어 봐라. 그리구 이
면장놈하구 세무서놈들, 아니지 세무서까지 갈 것이야 있든가. 서기놈
이 다 했지. 그놈이 쓱쓱 써서 내보냈지. 이놈들 내가 전만 못해졌다고
막 멸시를 하구 세금두 막 나려깎었겠다! 흥, 그래 어디루 보나 그까짓
방아쟁이 놈보다두 세금이 떨어진단말야. 응, 어디루 보아서……아니
꼽살스런 놈들 같으니……」 <「宏壯氏」, 387-388쪽, 권2>

3) 일 년 내 농사라고 지은 것도 다 김생원네 뜰앞에 쌓아준 그다. 벼
    열 두 말을 지고 넘어오다가 그나마도 장리 먹은 것을 닷 말 빼앗기고
    겨우 일곱 말만 지고 왔다는 건강이면서도 그는 일 년 식량은 되는
    듯이 말하고 있다. ①저라고 이 엄동을 어찌 날 것인고 하는 생각만
    하여도 창건이는 눈앞이 아득하였다. ②건강씨도 문식이도 그리고 나
    머지 네 아들도 종당은 저 어머니가 밟은 길을 밟게 될 것이 아닐까?
    저러다가 병이 들고 약 한 첩 못쓰고 죽으면 이제는 버젓하게 상여도
    못 써보고 지게에 저다가 고려장을 지낼 것이 아닐까?
        그러나 어디 그네들뿐이랴? 이 동리 사람은 -아니 이 세상의 남을
    위해 사는 모든 사람이 그런 길을 밟을 것이다, 나도 그 중의 한 사람이
    요, 매형도 누님도 다 그럴 것이다. 정당한 태도로 생활을 영위하려는
    모든 사람이 응당 밟게 될 그 길 - 그 길을 무서운 전율을 느끼며 창건은
    바라다 보는 것이었다. <「山家」, 246쪽, 권2>

4) ①「남편 복이 있어야 자식 덕도 보는 법이야. 즈 아버지 닮지 않은
    자식이 있다던가?……」
        여인네의 마지막 무기인 체념이다. ②이제는 마지막 희망도 사라지
    고 말았다. 이제 남은 길이란 남편도 믿지 말고 아들에게 기대도 말고
    오직 자기 힘으로써 다섯 가족의 목숨을 이어 가야만 한다는 것뿐이었
    다. ㄷ씨의 아내는 자기 몸뚱어리 그 어느 부분이 이 무거운 부담을
    감당하는데 이용이 되는가를 생각해 보는 것이었다. ③술만 먹는 남편
    과 공산당에 미친 아들과 중학교도 다니다 만 딸과 체면도 없는 병객인
    자신의 목숨을 이어가는 데는, 자기 육신의 그 어느 부분이 이를 감당할

수 있을 것인가? 여인은 자기의 학식을 생각해 보는 것이다. ④겨우
국문만을 아는 학문이었다. ⑤학식이 없다면 배운 기능을 활용하는 수
밖에 없었다. <「ㄷ氏의 行狀記」, 409쪽, 권4>

5)   ①한 선이 악 앞에서 유린을 당하고 있는 이 순간에 이러고 있어
좋으냐 했다. ②이러고 있는 동안에 한 선은 악 밑에서 여지없이 짓밟히
고 할퀴우고 찢기고, 그래서 영원히 소멸해 가는 반면 악은 허세를 부리
며 살쪄 가고 있는 것이다. 형은 벌떡 일어났다. 소리를 내어 잔을 테이
블에 놓았다. ③잘깍 소리와 함께 신통하게도 반이 짝 갈라진다. 그러나
금새 또 마음속에 부르짖던 것이다. ④아니다. 아니다. 천 번 만 번
아니다. 나는 가만히 있어야 한다. 이대로 이 방안에 있어야 한다. 한
발짝이라도 방 밖으로 나가서는 안된다. 대체 어디를 가겠다는 것이냐?
바올로한테? 아니다. 갈 필요가 없다. 고명을 강요하는 것은 신부의
직책이 아니다. 그러면 경찰? 경찰과 나와 무슨 관련이 있느냐.

<「罪와 罰」, 46쪽, 권5>

위의 예문들에는 모두 외적 초점화의 작가 서술상황과 인물-초점자인
내적 초점화의 인물 서술상황이 동시에 나타나고 있다. 먼저 예문 1)의
서사 단위는 다음과 같다.

'일본놈들이 최후 발악을 하던 해'에 노루멕이 골짜기 아래에 논을 가
지고 있는 최첨지가 아내와 갓태어난 아들과 함께 그 골짜기의 물을 논으
로 끌기 위해 이삼 년 동안을 산 속에서 살며 봇도랑을 만들었다. 그러나
일본놈들이 그 노루멕이 골짜기에 화약을 저장하기 위해 공사를 일으켜
자신의 논 옆으로 탄탄대로가 만들어졌고, 비가 오면 골짜기의 물이 한꺼
번에 자신의 논으로 내리밀릴 수밖에 없는 처지에 놓이고 말았다.

자신의 논을 지키기 위해 애걸도 해보았으나 '귀싸대기'만 맞는 수난을
당하면서도 산골의 물을 다시 골짜기로 돌려 자신의 논을 지키기 위해

다시 신작로 어귀에 방축을 쌓는 등 안간힘을 쓰지만 조력해 주는 사람도 없고 보니 공사의 진척이 더딜 수밖에 없었고 그 과정에서 첨지는 해방을 맞는다. 첨지는 그 공사가 끝날 때까지 큰 장마만 지지 않기를 축수할 뿐이었다.

비가 계속해서 내리자, 해방의 기쁨도 뒤로 한 채 최첨지는 논으로 향하는데, 그곳에서 역시 논 걱정 때문에 애기를 업고 나오는 아내를 만나 논이 무사함을 확인하고 내려오는 장면이다. 무영의 농민 소설이 대부분 그러하듯 논에 집착하여 장마비 속에서 자신의 논을 지켜 내려는 최첨지의 행동과 의식은 우리의 전통적 농민의 전형이라고 할 수 있다.

제시된 예문에서 첫 문단은 비가 그만 그쳐 논이 무사해야 함을 최첨지가 아내와 함께 걱정하는 대화 장면이 서술자에 의해 직접인용된 부분이다. 그런데 두 번째 문단의 밑줄 부분은 최첨지의 어휘로 재현된(재창조된) 서술독백이다. 서술독백은 서술자가 등장인물의 발화를 직접 전달하거나 재창조함으로써 하나의 발화맥락 안에 두 개의 이질적인 발화가 서로의 경계를 침범하면서 들어가는 문체형식이라고 할 수 있다.126) 서술자가 등장인물의 발화를 직접 전달하는 경우는 서술 속에 직접 삽입되어 있는 내적 독백의 형식이고, '재창조'하는 경우는 서술 속에 간접적으로 대체되어 있는 내적 독백의 형식이다. 이는 다시 '직접내적독백' 형식과 '간접내적독백' 형식으로 요약될 수 있다.127)

밑줄 친 ①에는 논을 걱정하여 비가 빨리 그쳐주기를 간절히 바라는

---

126) 보리스 우스펜스키, 앞의 책, pp.69-84.
127) 슈탄젤은 '간접내적독백'은 '자유간접화법(free indirect style)'과 '이중목소리(dual voice)가 창출해내는 효과와 동일한 문체효과를 보여준다고 한다. (F. K. 슈탄젤, 앞의 책, pp.219-221.)

최첨지의 심경이 그대로 나타나 있다. 그런데 그것이 최첨지의 내적 독백을 서술자가 자신의 발화맥락 내에 그대로 인용한 것인지, 아니면 최첨지와 작중상황을 통해 서술자가 재창조한 내적 독백인지 그 구별이 용이하지 않다. 사용된 어휘를 보면 인물인 첨지의 어휘에 가깝다.

따라서 독자들은 첨지의 간절한 심경과 직접 만나게 되는 것이다. 그렇지만 서술자의 목소리가 인물의 목소리와 완전히 구별되는 것은 아니다. 여전히 서술자의 목소리와 억양에 귀기울여야 하는 인용하는 발화의 서술맥락에 놓여 있는 것이다.

더욱이 두 번째 문단은 인물인 '최첨지'가 자신의 시점에서 상황을 지각, 의식하는 내용을 서술자가 전달해 주는 서술 시점을 쓰고 있다. 즉 서술자가 특정한 인물을 내세워 그 인물의 시점으로부터 외부 세계를 바라보는 서술 시점을 택하고 있는 것이다. 다시 말하면 서술자는 '인물-초점자'를 초점화의 수단으로 삼아 자신의 서술 시점을 인물- 초점자의 시점에 제한하고 있는 것이다.

이러한 서술시점 양상을 '인물 제한적 서술 시점'이라고도 부른다. 이러한 서술 시점 때문에 ②부분에서도 인물의 목소리와 서술자의 목소리를 동시에 들을 수 있다. 인물의 내적 독백에 의한 서술독백인지, 서술자의 전지적 시점에서의 발화인지 구별이 되지 않는 것이다. 물론 이 문장의 시제를 알려주고 있는 서술어 '-같았다'에 주목하면 이는 서술자의 전지적 시점에 의한 내면 서술이라고 할 수도 있다. 그러나 첨지의 어휘로 서술되어 있다는 점에서 서술자가 인물의 내적 발화를 재창조한 것이라고 볼 수 있다.

③ 역시 ①과 같은 서술독백의 형태이다. 단지 ①보다는 '인용하는 발

화'와 '인용되는 발화'의 경계가 더욱 뚜렷하다. 따라서 서술자의 발화맥락 내에 삽입되어 있는 첨지의 '직접내적독백'이다. 이러한 서술문체의 효과는 서술자의 말과 인물의 말을 서로 구분시키지 않음으로써, 서술자와 인물-초점자가 동일시된다는 점이며, 둘째는 서술이 갑자기 중단되지 않기 때문에 독자는 계속해서 인물의 내면 심리와 감정을 서술자의 보고 행위와 함께 엿들을 수 있다. '인물 제한적 서술 시점'과 '서술독백'의 서술 기법이 조화를 이루어 인물의 내면 심리와 감정을 생동감있고 사실적으로 표현해 내고 있는 것이다.

인물의 직접화법적 발화 형태인 '대화'는 객관적 사실을 나타내지만, 서술독백의 발화맥락에서는 인물의 생각과 명상의 내용까지도 나타내준다. 따라서 서술독백은 인물의 의식의 내부에서 일어나고 있는 상황을 생동감있게 전달해 주기 위한 기법적 표현이라고 할 수 있다.[128]

예문 2)에 나오는 주인공 '宏壯氏'는 호칭에도 암시되어 있듯이, 일제시대에는 일제 관리에게 붙어 호가호위(狐假虎威)하며 으스대고, 해방이 되어 정세가 어수선해지자 집을 팔고, 땅까지 팔아 어떤 단체와 연결되어 있다거나, 어떤 인물이 정세와 관련이 있다는 소문만 들어도 잔치를 벌이거나 돈을 대는 등 허세에 차있고, 사리 판단도 제대로 하지 못하는 무지의 인물이다. 더욱이 해방이 되자, 일제시대 때의 행적이 두려워져 서울로 상경한 이래, 국제 정세는커녕 국내 정세도 제대로 알지 못하는 '굉장씨'가 한 자리를 얻기 위해 만나는 사람마다에게 후한 대접을 하며, 그 비용을 저금하는 셈치지만, '저금 돈이 밑없는 것임을 깨닫지를' 못해 재산을 탕진

---

128) 보리스 우스펜스키, 앞의 책, pp.81-83.

하게 된다.

예문은 정작 임정의 환국을 '하늘에서 별 떨어지기를 기다리듯' 하던 굉장씨였는데, 정작 임정이 환국하자 쓸 돈이 없게 되어 기가 죽어 있는 차에 길에서 인민위원회의 젊은 청년을 만나 '뜻하지 못한 향응'을 받고 그 청년의 말에 동화되어 용기를 얻어, 허세와 개인적 복수심에 사로잡혀 있는 내면 심경의 장면이다. 이 장면을 화법 층위에서 살펴보면 서술자에 의한 비초점화 서술에 이어 ①과 ②는 굉장씨의 서술독백이다.

그런데 ①과 ②는 차이를 보인다. ①은 굉장씨 자신의 언어로 재생된 직접 내적 독백이다. 인민위원회의 젊은 친구를 만나 향응을 제공받고, 그 젊은이로부터 정세 변화에 대한 좌익 입장의 얘기를 듣고는 그에게 반하여, 그 동안 자신이 날린 땅을 아까워하지 않으려는 굉장씨의 허세를 알려주는 내적 독백인 것이다. 반면 ②는 주관적 요약을 나타내는 접속어 '그리고'에 의해 서술자의 주관적 개입이 표면에 노출됨으로써 이 서술이 순수한 인물의 발화가 아닌, 그렇다고 서술자의 서술행위만으로 이루어진 것도 아닌, 일종의 간접내적독백임을 알 수 있다. 이중의 목소리가 느껴지는 것이다.

이러한 간접내적 독백 형태의 서술독백에서 서술자는 행위와 사건에 대한 자신의 보고행위를 자유롭게 서술해 나가면서, 부분적으로는 인물의 말과 감정, 내면의식으로써 자신의 발화를 대체시킨다.

예문의 서술자는 분명 3인칭 이종서술자로서, 작품에서 자신의 존재를 감추고 있고 극화되어 있지도 않다. 그러나 스토리가 전개됨에 따라서, 특히 인물의 내면이 제시될 때면, 서술자는 단순히 관찰자적이고 전지적인 '스토리 외적 서술자'에 그치는 것이 아니라 한 등장인물의 시점을 빌어 그의 의식 내면을 침투해 들어가 '의식을 반영하는 서술자'로서의 '스토리 내적 서술자'이기도 하다. ②에는 인물이 느끼고 있는 통쾌함의 이유가 내적 발화의 형태로 제시되어 있다. 표면적으로는 서술자의 노출이 감지되고 있긴 하지만, 서술자에 의해 재창조된 서술독백이라고 할 수 있다. ③은 물론 직접화법에 의한 내적 독백이다. 그 동안 자신을 멸시했던 인물들을 생각하며 복수를 결심하는 인물의 내면이 내적 독백에 의해 생동감있게 제시되고 있는 것이다.

3)에서는 비교적 서술자의 말과 인물의 말 간의 경계가 비교적 명확하게 구분되어 있다. 처음 서술부분은 표면상으로는 서술자가 건강씨의 성격, 혹은 인간됨을 나타내주는 과거의 사건을 전지적 입장에서 서술해주는 비초점(제로초점)화 서술이다. 그런데 이 작품의 전체적인 서술 양상을 살펴보면, 겉으로는 3인칭 전지적 서술을 중심으로 하는 것 같지만, 작가서술상황과 인물서술상황이 혼효되어 있다. 즉, 서술자의 시점과 인물인 '창건'의 시점이 공존하는 것이다. 이와 관련해 볼 때, 첫 문단에서 지각주체와 서술주체가 문제된다. 과연 지각주체가 서술자인지, 인물인 '창건'인지, 그리고 서술주체 또한 서술자인지 '창건'인지가 분명하지 않은 것이다.

이러한 혼란은 서술자 시점과 함께 부분적으로 서술자가 '인물-초점자'를 초점화 수단으로 삼아 자신의 서술 시점을 제한하는 서술 방식을 택하고 있기 때문에 빚어지는 현상이다. 물론 스토리 층위에서 '서술된 시간'과 '서술하고 있는 시간'을 고려하면 지각주체와 서술주체의 문제가 해결될 수 있을 것 같지만, '창건'과 '건강씨'의 관계에서 '서술된 시간'과 '서술하는 시간'은 거의 일치하고 있다. 그만큼 두 인물은 서로가 서로에 대해 너무 잘 알고 있는 사이로 작중상황에서 제시되고 있기 때문에 시간의 문제로도 그 두 주체를 알 수 없는 것이다.

①은 ②, ③과는 약간의 차이를 보이는 서술독백이다. ①은 창건의 내면 심리, 즉 정직하면서도 성실하게 살아가는 건강씨가 식량이 부족한 상황에서 엄동을 어떻게 살아날 것인가를 걱정하는 마음의 내적독백이 3인칭 이종서술자에 의해 선형적으로 인용되고 있다. 창건의 내면심리를 서술자가 보고하는 발화형태로서 3인칭 이종서술자의 존재가 분명히 드러나고 있는 것이다. 그렇지만 이어지는 ②와 ③은 빈궁에 시달리는 동리 사람들과 세상 사람들이 '정당한 태도'로 살아가는 한, 그 빈궁의 생활에서 벗어나지 못하고 결국 굶주리다 죽게 될 것이라는 창건의 생각을 '스토리 내적 서술자'의 언어가 재현해 낸 발화형태이다.

순수한 내적독백의 형태를 띠고 있지만, 단락으로 구분짓거나 괄호로 표시도 되어 있지 않고 서술자의 서술부분과 그대로 이어져 있어서 자칫 전지적 서술상황에 의한 내면서술로 비쳐질 수도 있는 부분이다. 그러나 '나도 그 중의 한 사람이요'에서 인칭대명사 '나'를 보면 분명 창건의 내적독백임이 분명해진다. 이 내적독백에는 1인칭 '서술자-행위자'로서의 '나'가 인물들이 직면하게 될지도 모르는 비극적 상황에 대한 불안과 초조의 심리가 초점화되어 있다. 현실에 대한 창건의 참담한 심경이 '스토리 내적 시점'으로 서술되어 있는 것이다.

예문 4) 역시 서술독백에 의해서 ㄷ씨 부인의 내면이 초점화되고 있다. ㄷ씨는 자기 주장이 뚜렷하고 타협할 줄 모르는 강직한 성품으로, 일제시대에 한글 연구와 보급에 힘쓴 한글 연구가이다. 이런 성격 때문에 강사직을 맡고 있던 학교(고보)에서도 갈등을 빚게 되는데, 한글 혼란책을 묵과

할 수 없어 반론을 제기하고 자기 주장을 펴다가 학무과의 지시로 강사직에서 파면을 당한다. 결국 ㄷ씨의 가정은 어려움의 연속이었고, 아들 '태운'이가 강제 징집을 받아 전쟁에 참여했다 만주에서 탈출하여 집에 돌아왔으나 해방 후 좌익이 되어 활동을 하자 ㄷ씨는 절교를 선언하기에 이른다.

해방이 되자, ㄷ씨는 이제야말로 우리 말과 우리 글을 보급할 기회요, 그 기회를 통해 가정형편도 나아질 수 있을 것이라는 기대 속에서 「한글 독본」과 「우리 글과 우리말」, 두 권의 책을 출판하고, 재판을 기다린다. 그러나 ㄷ씨는 소위 '교제'가 중시되었던 미군정 시절이라 교제에 능한 젊은 사람들에게 밀려 자신의 책이 과외독본으로 인정을 받지 못하고 있음을 알게 된다. 또한 ㄷ씨의 미군정에 대한 혐오와 反俗物主義는 그를 더욱 삶의 터전에서 소외되게 만든다. 그런가 하면 빨갱이 가족이라고 몰아부치는 동네 사람들의 질시를 다 받아가며 살아야 하는 입장에 처한다. 갈수록 생활이 날로 어려워지자 집까지 팔고, 기간 내에 집을 비워주지 못해 결국 새로운 집주인이 동원한 두 명의 미군에 의해 자신의 집에서 쫓겨나는 처지에 몰린다.

이러한 지경에 이르렀음에도 불구하고 ㄷ씨는 현실 타개의 그 어떤 방법을 강구하거나, 의지적인 행위를 보여주지 못한다. 이러한 ㄷ씨의 현실 대응 자세는 다음의 측면에서 그 해석이 가능하다. 일제 강점기의 특수한 역사적 조건과 미군정 하의 과도기적 상황이 강직하여 타협을 모르는 성품을 좌절시킴으로써 빚어지는 개인적 비극이라고 할 수 있다. 이렇게 심각한 사회적 의미가 내포되어 있음을 ㄷ씨의 부인은 인식하지 못한다. 제시된 예문은 단지 점점 어려워져만 가는 가정 생활을 두고 ㄷ씨의 부인이 상황에 대한 한탄과 함께 나름대로 생활의 방책을 생각해 보는 장면이다.

먼저 ①은 부인의 내적독백으로서, 가정의 어려움을 한탄하는 심경이 그대로 드러나 있다. 그러면서 좌익에 가담하여 집에는 관심도 없는 아들에 대한 원망의 마음도 배어나고 있다. 이어서 그 내적독백에 대한 서술자의 분석적 서술이 이어지고 있다. 그런데 ②는 인물의 내면이 인물의 어휘로 서술자에 의해 재창조된 서술독백으로 간접내적독백이라고 할 수 있다. 이야기하는 것과 보는 것, 서술과 초점화는 같은 동인에 귀속될 수 있지만 반드시 그래야 하는 것은 아니다.[129] 이러한 서술기법은 ③에서도 볼 수 있다. ③의 서술독백을 통해 가정환경의 어려움을 직시하는 부인의 살풍경한 내면과 만날 수 있다. '자신의 목숨', '자기 육신' 등을 통해 서술자의 존재가 분명히 느껴지고 있다. 여기에서 서술자는 인물의 내면을 내적독백의 형식으로, 즉 인물의 시점으로 재창조하면서 요약적 서술의 효과까지 의도한 것으로 볼 수 있다. 왜냐 하면 스토리 층위에서 딸과 상태, 자신의 병에 관한 정보가 전혀 없었기 때문이다. 부인의 내면 심경이 그만큼 절박함을 함의하도록 하는 데 기여하고 있는 것이다.

예문 5)에서는 내적 갈등의 양상이 내적독백에 의해 고조적으로 제시되고 있다. ①은 간접화법에 의한 서술된 독백으로서 발화의 경계가 뚜렷한 직접 내적독백에 해당된다. ②는 형을 초점주체로 하는 내적 초점화에 의한 내면서술로 보는 편이 타당할 것 같다. 그리고 ③과 ④은 내적독백이 직접적으로 인용됨으로써 신부인 형의 내적 갈등에 최고조에 이르고 있는 장면이다. 이 작품 또한 3인칭 제한적 전지 시점을 사용하면서, 서술자는 형인 신부를 초점화하여 그가 지각하며 초점화하고 있는 내용만을 서술해

---

129) S. Rimmon-Kenan, 앞의 책, p.110.

주고 있다. 신부를 초점주체로 설정함으로써 인간의 본성인 선과 악의 양면성을 신부의 심리를 통해서 밀도있게 다루고 있는 작품이다.

이렇듯 이무영의 소설담론에서 서술독백은 내적 초점화의 주된 기법으로 사용되고 있다. 철저히 작가서술상황에만 의존하는 것이 아니라 인물서술상황을 적절하게 혼용함으로써 내면의 심리나 상황, 심경 등을 객관적이면서도 생동감있게 제시해 주고 있는 것이다. 이는 다시 인물들의 행위의 사실성과 박진감, 인과성을 충분히 확보하기 위한 주요 기제로 작용하기도 한다.

(3) 인물 언어의 서술화와 객관적 서술

서사텍스트의 서사적 상황에서의 화법은 서술행위와 인물의 발화 행위 등이 상호작용하면서 발생되는 '소설 속의 말'의 構造的 再現樣相이라 할 수 있다. 따라서 이러한 서술자의 발화와 인물의 발화가 상호 역동적으로 작용하는 과정에서 소설담론의 개방성은 획득된다고 할 수 있다.

사실 소설 속의 말이란 '말의 대화화'라고 할 수 있다. 이 때 '말의 대화화'란 그 말의 새로운 의미론적 측면들에 대한 개방을 뜻하는 것인데, 그러한 새로운 측면들은 곧 대화라는 수단을 통해 드러난다. 그렇기 때문에 "장르로서의 소설에 중요한 것은 그 자체로 존재할 권리를 지닌 사람의 형상이라기보다는, 더 정확히 말해서 어떤 언어의 형상인 사람이다."[130] 물론 언어가 예술적 형상으로 되기 위해서는 말하는 사람의 형상과 결합

---

130) 미하일 바흐찐, 『장편소설과 민중언어』, p.154.

하여 발화되는 이야기가 되어야 함은 물론이다. 이는 서술행위와 인물의
발화행위가 최대한도로 밀접한 관계를 유지하되, 서사적 상황, 즉 텍스트,
이야기, 서사적 사건 등에 인과성과 사실성을 부여하기 위해, 서술자와
인물의 역할이 전지적이거나, 객관적인 입장에서 서로의 말을 재현하거나
변형해야 함을 의미하는 것이다.

이러한 재현과 변형의 과정에서 서술자의 언어와 인물의 언어가 겹치
는 현상이 일어난다. 특히 삼인칭의 서술 상황에서는 인물의 독백인지,
인물의 의식을 서술자가 전지적으로 변형한 것인지를 판단할 수 없는 서
술 형태가 많이 나타난다.

1) 소연이는 무릎에 엎디어 느끼는 딸의 어깨에 손을 얹으며 한숨을 삼켰
  다. ①남편도 없는 사이에 나서 모진 세파와 싸워가며 기를 때는 앞날에
  기대함도 많았었다. 꿈도 많이 꾸었었다. 한 마디 한 마디 말을 배워갈
  때의 그 대견하던 마음, 갈가리 찢어지는 마음을 영주에 대한 애정 하나
  로 메우고 꿰매어온 보람도 없이 남편은 반신불수가 되어 옥문 밖에
  내던져졌었다. 그렇게 기다리던 남편도 폐인이 된 채 가버렸고, 희망의
  전부이던 사랑하는 딸에게는 이제 또한 심술궂은 운명의 손이 뻗치었
  다.
    ②「어미의 기구한 일생을 단지 하나밖에 없는 딸자식이 또 그대로
  받아야 한단 말인가?」 <「明日의 鋪道」, 216-217쪽, 권3>

2) ①그러나 과거의 굳은 신념으로 살던 얼마나 허다한 사람들이 거짓말
  을 해서 먹고 살고 있는가……
    ②권은 자기의 현재 직업에 연연한 정을 느끼면서도 증오를 금치
  못했다. ③이 거짓말의 지옥에서 벗어나고자 바득바득 애를 쓰는 그
  피비린내 나는 노력과 자기 한 개인만의 가족을 부양하고자 애를 쓰는
  노력과는 응당 대차적으로 되어야 할 성질이면서도, 현재에는 그것이
  그대로 꼭같은 목적 밑에서 부합이 되고 병행이 되는 것이었다. 거짓말

의 지옥에서 벗어나려는 노력이 생에 대한 새로운 의욕이듯이 가족을
부양치 않으면 안된다는 의지도 또한 생에 대한 욕구의 발현이었다.
상반(相反)하는 두 개의 사상(事象)과 배치되는 두 개의 신념은 비꼬임
으로 동일한 목적 밑에서 융합이 되는 것이다. 그것은 어느 모로 뜯어보
나 모순이었다. 그러나 모순인 줄 알면서도 이를 부정치 못하는 데 이
세대의 모순이 있고 특색이 있었다. 거짓말의 지옥에서 벗어나자는 것
과 무슨 짓을 해서라도 내 목구멍과 늙은 어머니와 내 처와 어린 자식놈
들을 먹여 살려야 한다는 두 가치의 모순된 욕망 새에 끼어 무서운
시련을 받는 무한의 그날그날이 권이를 위해서 기다리고 있는 것이었
다. <「權閥」, 234쪽, 권5>

3) 소향이로 본다면 돌이의 자식도 낳았거니와 정도 들 대로 들었다.
벌써 3년째다. 차라리 돌이와 손을 잡고 자기도 뛰쳐나가고 싶은 생각
도 없지는 않았다. 그러나 아무리 양반이 없어지는 세상이라고는 하지
만 아직 그럴 형편도 못된다.
    그렇다고 돌이만을 내어 보낸다면 저 미련한 것이 무슨 소리를 하고
다닐지도 모르거니와 첫째 꿈에 떡맛 보듯하는 돌이의 육체였지만 돌
이를 그리우고는 살 것 같지가 않다. 사람들의 눈을 피해서 돌이의 체취
를 맡는 것만으로도 소향이한테는 더없는 행복이었다. 돌이를 눈앞에
두고도 그녀석의 그 꺽진 손 한 번 만져보지 못하는 생각을 하면 안타깝
기도 하고 조바심이 나서 안달이 박박 나지만 그것이 또 소향이한테는
도리어 마음대로 주무를 수 있는 보물보다도 더 귀엽게 생각될 때가
있다. <「老農」, 153쪽, 권1>

4) ①교실 문제도 실상 어려운 문제는 아니다. ②가 청년학교를 계기로
세 개의 청년단체가 합쳐주기만 한다면 현재의 회관만 가지고도 두
반은 수용할 수 있을 것이었다. ③그리고 사무실은 현재 ㄷ청소년단이
쓰고 있는 사무실을 이용해도 좋았고, 그것이 불편하다면 학교 안에도
그만한 방쯤은 송판을 대어서라도 만들 수 있으리라 했다. ④집만 해결
이 된다면 선생은 어떻게 될 것 같다. ⑤정치학은 박건이가 맡아 줄
것이요, 사회학은 자기가 맡아도 좋고, 청년단 고문으로 있는 윤수영씨
한테 떼어안길 수도 있을 것이다. ⑥영어와 수학은 진숙이나 경애도

할 수 있을 것이었다. <「젊은 사람들」, 514쪽, 권1>

5) 그날 밤 창수의 대답이 무엇을 의미하는 것인지는 며칠이 되도록
판단을 내리지 못하고 애만 썼다. 어떻게 들으면 고향에 남아서 농사도
짓고, 동리를 위해서 일해 보겠다는 말처럼도 들리고, 또 어떻게 들으면
그저 건성 대답을 한 것처럼 보이었다. 집에 돌아온 후의 행동 또한
그렇다. 집에 있을 궁리를 하는 겐지 도망할 채비를 차리는 겐지 통
갈피를 잡을 도리가 없다. 마침 농사철에 접어든지라 콩이다, 동부다.
목화다, 고추에 채마다, 모두 일꾼의 손을 기다리고 있었고, 못자리도
물이다, 피다, 손이 가야 했고, 감자도 북을 돋우어 주어야 했으며, 첫째
둘째는 씨만 뿌려 둔 채라 춘배 혼자서는 어디서부터 시작을 해야 할지
갈피를 차리지 못하고 허둥대는 터고 보니, 전 같으면 제가 앞장을 나서
서 서두르기라도 했으련만 통 아랑곳없다는 듯이 겉으로만 비슬비슬
돈다. 밤만 해도 그렇다. 저녁이라고 한술 뚝 뜨고 나가면 어디 가서
무엇을 하고 놀다 오는지 이슥해져야 돌아왔고, 돌아와서도 금새 자는
것이 아니라 무슨 궁리를 하는 것인지 뒤스럭대기만 한다.

<「아침」, 465쪽, 권2>

예문 1)의 문장은 외적 초점화이다. 서술자가 곧 초점자로서 인물인
'소연'의 객관적인 행위를 보며 말하기 때문이다. 다음 이어지는 ①은 소연
의 내면의식이다. 곧 내적 초점화이다. 그런데 여기서 초점 주체가 분명하
지 않다. 영주의 부친인 건혁과 한승의 부친인 일구가 선친의 유지를 받들
어 서로 사돈이 되자는 약속을 맺었다. 그런데 모종의 사건으로 검속되자,
일구는 사상적으로 건혁과 이반(離反)하여 감형되었고, 건혁은 병을 얻어
가출옥했으나 얼마지나지 않아 죽고 말았다. 죽기 전에 썼던 유서를 소연
이가 발견하고 한승이를 탐문하여 편지를 보냈으나, 소식이 없자 실망하
는 장면이다.

인용텍스트의 맨 마지막 문장 ②는 소연의 직접내적독백임이 분명히

드러나고 있다. 그에 비해 ①은 서술의 주체가 확실하게 밝혀지지 않은 발화의 예라고 할 수 있다. 이는 서술자의 언어가 '소연'의 내면의식과 언어에 반응함으로써, '소연'의 내면의식을 감지하는 서술자가 서술화의 흔적이 없이 '인물 언어의 서술화'로 표현된 예라고 할 수 있다. 즉 '서술자의 말'과 '인물의 말'이 분명하게 구분되는 것이 아니라, 동시에 그 두 발화의 목소리를 이중적으로 느낄 수 있는 것이다. 이러한 기법은 인물의 내면심리에 대한 객관적 묘사와 서술자의 분석적, 요약적 서술을 동시에 수행할 수 있기 때문에 서술자는 객관성과 신뢰성을 동시에 획득할 수 있게 된다. 특히 인물의 내면의식과 말로써 자신의 요약적 서술을 대체시키기 때문에 더욱 그러하다.

예문에서 보듯이, 서술자의 어휘는 거의 나타나지 않는다. 그런가 하면 누가 발화한 것인지 화자도 불분명할뿐만 아니라 문장의 주체도 뚜렷하게 제시되어 있지 않다. 따라서 ①을 인물인 '소연'의 직접내적독백이라거나 서술자의 요약적 분석이라고 단정지을 수 없는 것이다. 서술자의 목소리와 인물의 목소리를 동시에 들을 수 있는, 일종의 혼합구성의 면모를 보이고 있는 것이다. '타인의 말을 가져다가 형태를 부여하는 일은 그 말과의 대화적 상호작용이라는 독특한 행위를 뜻하는 것이다.'[131] 이 때문에 이어지는 소연의 직접내적독백과 긴밀성 있게 연속되면서 객관성을 확보하게 된다. 이무영 소설담론이 확보하고 있는 구성상의 사실성과 박진성 또한 이런 서술기법을 통해서도 유기적으로 해석되어야 한다.

예문 2)는 매약회사의 외교원으로서 '회춘환'을 들고 거짓말 행각을

---

131) 미하일 바흐찐, 『장편소설과 민중언어』, p.159

하는 '권'이라는 인물이 초점 대상이다. '권'이는 거짓말과 권태가 지배하는 사회에서 자신도 그에 함몰되어 무절제하면서도 무기력한 생활을 하다 이혼녀인 향이라는 접대부를 만나면서 생활의 새로운 활력을 찾게 된다. '권'이는 자신의 아내와 이혼하고 향이와 재혼하기로 결심하고 향이로부터 생활에 그 어떤 간섭도 않는다는 조건 하에 동의를 구해낸다. 둘의 관계가 발전하던 중 향이는 자신이 일하던 카페에서 전 남편과 다시 가까워져 행방이 묘연해진다.

한편, 권이는 처자와 어머니를 보내고 쓸쓸하게 지내다 그 카페에 들러 향이의 행방을 수소문하던 끝에 전 남편과 함께 어디로 떠났다는 얘기를 듣게 된다. 그 카페의 접대부인 '나오미'와 극장구경을 갔던 권이는 그곳에서 전 남편과 극장에 온 향이를 만나게 되고 권이는 일부러 나오미와 부부관계인 것처럼 행동함으로써 향이에게 묘한 복수의 쾌감을 맛보게 된다.

이 작품에서 도시 사회의 생활 양식이 지니고 있는 현실적인 상태, 그것도 일제 강점기 사회의 축도로서의 도시 생활에 내재되어 있는 가난과 환락, 권태와 불안, 물질주의의 분위기 속에서 한 개인의 삶이 어떻게 타락하는지를 여실히 발견할 수 있다. 인용문은 거짓말을 하면서 살아가는 권이의 내적 갈등이 드러나고 있는 장면이다. 그러니까 내적 갈등의 양상이 내적 초점화로 제시되고 있는 것이다. 내적 초점화는 대개 자아를 인식하는 과정이나 타자를 인식하는 태도에 있어서 효과적인 기제가 된다.

위의 예문에서는 거짓말을 하며 살아가야 하는 권이의 내면이 초점대상이며, 초점주체는 부분적으로는 서술자이지만, 서술자인지 권이 자신인지 명확하지 않은 부분도 있다. 위의 인용문을 표면적 층위에서 보면, 서술자의 발화가 인물의 내면과 삶의 태도를 간접화법적으로 분석하고 요약한 것이라 할 수 있다.

  그러나 심층적 층위에서 살펴보면, 그것은 '의미 지시적 간접화법'의
발화맥락이 아니라 '표현 분석적 간접화법'의 발화맥락에 근거한 '간접화
법의 변형'임을 발견하게 된다.132) 원래 간접화법의 본질은 '인용하는 발
화'의 주체가 '인용되는 발화'의 내용을 분석적으로 전달하는 데 있다.
그렇기 때문에 ①은 바로 뒤에 이어지는 서술자의 분석적 서술 문장인
②를 통해 볼 때 권이의 직접내적독백으로 볼 수 있다. 그러나 '권'의 내면
의식과 언어에 반응한 일종의 '총칭문장'이라고 할 수도 있다. 그런데 ③부
분은 서술자의 단순한 전지적 시점에서의 내면 분석이 아님을 알 수 있다.
'자기 한 개인만의', '-권이를 위해서-'와 같은 3인칭 대명사와 인칭 명사,
'것이었다', '것이다' 등을 수식하는 관형절, '-새로운 의욕이듯이'에서의
비유적 표현, '또한', '그러나'의 접속 부사 등에서는 서술자의 개입이 노출
됨으로써 '분석적 전달'의 문체소가 발견된다.

  그런데 이러한 서술자의 분석적 전달의 문체소와 인물인 '권'이의 직접
적인 내적 발화임을 지시하는 발화형태들, 즉 '이 거짓말의 지옥', '바득바
득 애를 쓰는', '그 피비린내나는', '내 목구멍과 늙은 어머니와 내 처와
어린 자식놈들을 먹여 살려야 한다'는 목소리가 역동적으로 작용하면서

---

132) 간접화법적 구문에 포함된 '분석적 전달'은 근본적으로 다른 두 가지의 목적을
    갖고 변형된다. 하나는 '의미 지시적 변형(the referent analyzing modification)'이고
    다른 하나는 '표현 분석적 변형(texture analyzing mokification)'이다. '의미 지시적
    변형'에서는 하나의 진술이 서술자의 어떤 특정한 관념적 태도로서 받아들여지
    며, '인용하는 발화'와 '인용되는 발화'간의 선형적 문체형식이 유지된다. 반면,
    '표현 분석적 변형'에서는 하나의 진술이 그것의 지시대상 뿐만 아니라 언어적
    텍스쳐를 구성하는 여러 가지 문체적 요소들로 분석되고 전달될 수 있으며, '인
    용되는 발화'를 전달함에 있어 독창적인 '회화적 문체형식'을 만들어낸다. (M.
    바흐찐, V. N. 볼로쉬노프, 앞의 책, pp.177-183.)

대화체적 구조를 형성하고 있다. ③의 발화형태는 주동인물인 '권'의 내적 발화가 서술자의 발화에 의해 변형된 발화이다. 즉, 서술자가 자신의 분석적, 요약적 서술을 인물의 발화와 겹쳐 놓은 예라고 할 수 있다. 분석적 전달의 문체소들을 선택적으로 사용함으로써 서술자는 '권'의 내면의식의 내용을 분석적으로 요약함은 물론 스토리 내에 자신의 개입을 노출시키고 있는 것이다. 그리하여 서술자의 간접화법적 요약과 분석은 일단 그 객관성을 확보하게 된다.

예문 3) 역시 인물인 '소향'과 서술자의 발화가 뒤섞임으로써 어조의 병치현상이 나타나고 있다. 하나의 발화맥락에서 두 개의 목소리를 동시에 엿들을 수 있는 것이다. '소향'은 김승지의 소실로서 김승지네에서 문서 없는 종노릇을 하는 '돌'이와는 내연의 관계에 있다. 돌이의 육체에 탐닉하면서, 돌이와의 사이에서 낳은 자식을 김승지의 자식이라고 속여 김승지의 재산을 노리는 탐욕적 인물이다.

인용문은 돌이와의 정분과 김승지의 재산을 놓고 갈등하는 서사단위이다. 인용문 전체의 서술은 요약과 분석의 서술자 발화이다. 그러나 밑줄 그은 부분은 인물인 '소향'의 내면심리와 사고과정이 담겨있는 어휘로서, 소향의 내적 갈등의 양상이 그대로 드러나고 있다. 소향의 내적 독백이 서술자의 발화에 의해 변형된 발화라고 할 수 있는 것이다. 그렇기 때문에 서술자의 목소리와 인물의 목소리를 동시에 들을 수 있고, 내적 초점화의 과정에 있어 소향의 내면심리와 행위를 분석적으로 요약한 서술자의 서술과 소향의 직접적인 내면심리가 객관적으로 일치하게 되는 것이다. 그만큼 객관성과 신뢰성이 확보되는 것이다.

예문 4)는 이데올로기 분열로 인한 민족분열의 현실 앞에서 어떤 난관이 있더라도 청년단체만이라도 먼저 뭉치도록 해야겠다는 '재덕'이 청년학교 설립에 착수하여 먼저 해결해야 할 교사 선임 문제에 대해 숙고하는 장면이다. 먼저 ①, ④은 서술주체나 발화의 주체를 알 수가 없다. 분명 재덕의 내면이 내적 초점화의 대상임에도 불구하고 초점주체가 불분명한 것이다. 인용문의 전체는 ②, ⑥의 '것이었다', ③의 인용 서술어 '했다', ⑤의 '자기'들을 통해 볼 때 서술자의 발화맥락으로 볼 수 있다. 그런데 ①, ④은 시제 상 인물의 시점으로 볼 수 있으며, 전지적 입장에서의 서술자 서술로도 볼 수 있다. 이는 서술자 시점과 인물 시점 사이에 내재하는 역동적인 관계를 말해주는 것이다.

> 오직 인물들만이 구축된 이야기 세계 속에 위치하는데, 그럼으로써 그들은 그 세계 내의 어던 위치로부터 사물들을 지각하거나 그것에 대해 생각하는 재현적diegetic 의식을 갖는다고 말할 수 있다. 오직 그들의 "전망"만이 그 세계에 내재한다. 오직 그들만이 여과자가 될 수 있다. 서술자는 그 세계 <내>의 사물들을 지각하거나 생각하지 못한다. 그는 단지 거기에서 벌어진 일을 말하거나 보여줄 수 있을 뿐이다. 왜냐하면 그에게 있어서 이야기 세계란 이미 "과거"의 것이고 "다른 곳"의 일이기 때문이다. 서술자는 그것들을 보고하거나 그에 대해 주석을 가할 수 있고, 심지어는 - 문학에 있어서는 비유적으로 - 그것을 가시화할 수 있지만, 그러나 항상 그리고 오직 외부로부터, 담화 상의 어떤 위치로부터만 가능하다. 서사의 논리는 그가 서술하는 바로 그 순간에 이야기세계에 거주하는 것을 막는다.[133]

서술자는 단순히 관찰자적이고 전지적인 이종서술자로서만 기능하는 것이 아니다. 그는 주관적인 한 등장인물의 시점을 빌어 그의 내면으로

---

133) Seymour Chatman, 『영화와 소설의 서사구조』, 김경수 역, 민음사, 1990, p.491.

침투해 들어가기도 하면서 인물의 의식을 반영함과 동시에 그 의식을 분석적으로 전달해 주는 스토리 내적 서술자로서의 기능도 수행하는 것이다. 그런데 과거시제가 제시되는 ②와 ⑥은 서술자 시점으로서, 보고기능의 한정된 발화라고 할 수 있다. 재덕의 내면생각을 서술자가 보고하는 형태로서 3인칭 이종서술자의 존재를 짐작할 수 있는 것이다. ③은 인물의 직접내적독백이 서술자에 의해 인용되고 있다. 그럼에도 불구하고 서술자와 인물의 목소리가 동시에 들리는 것이다.

언어는, 그 안에서 살고 있는 의식에 대해 규범적인 형식들의 추상적인 체계가 아니라 담화 속에서 차별화된 세계에 대한 구체적인 의견이다.[134] 따라서 그 구체적 의견들의 개별 언어들은 다양한 방식으로 서로 교류함으로써 사회적 전형성을 띤 새로운 개별 언어들을 형성시킨다. 이렇게 볼 때, 적어도 현대소설 속에서의 인물들도 자신들이 살아가는 특정한 역사적 시점의 특수한 사회환경과 구체적인 상황, 즉 직업, 세대, 계층 등에서 활동하는 이야기를 전달하기 때문에 언어 또한 구체적이며, 대화적 상호작용에 의해 개별화된 언어들을 구사하기 마련이다. 각 인물들의 말은 다 자기 자신의 신념체계를 소유하고 있고 그런 의미에서 타인의 언어에 대한 타인의 말이라고 할 수 있다.

예문 5)의 주동인물 윤춘배는 오십 평생 남의 땅만 부쳐온 전형적인 소작농이다. 더욱이 사남매에다 병든 모친과 '몸져 눕지는 않는다지만 비계 먹는 말처럼 까칠하니 늘 오한이 난다'는 아내, 이렇게 일곱 식구가 어렵게 살아가는 빈농이다. 여느 농군과 마찬가지로 춘배 역시 '단 네댓

---

134) 미하일 바흐찐, 『바흐찐의 소설 미학』, p.135.

마지기라도 제 땅을 마련'해 보는 것이 꿈이었으나, 이루지를 못하고 '오직 일만을 하면서 살아온 일생'의 소유자이다. 예문은 아들 '창수'의 마음을 헤아리지 못해 답답해 하는 아버지 '춘배'의 내면심경이다.

내심 근실한 농군이 되기를 고대했던 아들 '창수'가 해병대를 제대하면서 도회의 물을 먹기 시작하자, 아들과 갈등을 일으키며 노심초사하는 동안에 분남의 아버지 '덕원'이가 농촌이 핍박한 이유에 대하여 설명하며 젊은이의 필요성을 역설, 창수에게 농촌에 남을 것을 권한다. 이에 창수가 긍정의 대답을 하자 그 대답이 진실인지를 파악하려는 춘배의 내면풍경인 것이다.

이러한 내면풍경에 제시되고 있는 언어는 철저히 농군인 춘배의 언어의식이다. 물론 밑줄 친 부분은 서술자의 개입을 읽을 수 있는 문장이거나 어휘들이다. 그런데 예문의 대부분에서 이중목소리를 동시에 들을 수 있다. 시제 역시 서술자의 개입이 노출되는 부분은 과거로, 누구의 발화인지 뚜렷하지 않은 부분은 현재 시제로 제시되어 있어 인물을 초점주체로 하는 내적 초점화, 즉 직접내적독백의 가능성까지 내비쳐지고 있다. 그러나 이는 '인용하는 발화'로서의 서술자의 발화맥락에 인물의 발화가 직접내적독백의 형태로 병치됨으로써 혼합구성의 면모를 보이고 있는 것이다. 이때 두 개의 목소리에는 두 이질적인 발화 간의 어조 병치현상만 나타날 뿐 구문상의 발화간섭 현상은 나타나지 않는다. 그렇기 때문에 두 발화 간의 경계는 완전히 해체적인 것이 될 수 없다. 따라서 하나의 발화맥락에서 두 개의 목소리를 동시에 들을 수 있는 것이다.

결국 인물의 내면심리에 대한 객관적 묘사와 서술자의 분석적, 요약적 서술을 동시에 수행할 수 있는 '인물언어의 서술화'는 서술자의 말과 인물의 말을 동시에 들을 수 있는 서술기법으로서 서술의 객관성과 신뢰성을 확보하는 계기로 작용한다. 이때 초점주체는 서술자인 경우도 있고, 서술자인지 인물인지 구별이 되지 않는 경우도 있다. 이는 인물의 내적 발화가 서술자의 발화에 의해 변형되거나 서술자가 자신의 분석적, 요약적 서술을 인물의 발화와 겹쳐 놓기 때문이라고 할 수 있다. 이는 서술자 시점과 인물의 시점 사이에 내재하는 역동적인 관계를 말해 주는 것이다.

Ⅳ. 시·공간적 좌표와 담론의 사회적 의미망

　인간의 이미지는 본질적으로 항상 크로노토프(chronotope)와 관계가 있다. 시간과 공간에 대한 태도가 바로 인생관이나 세계관으로 이어지기 때문이다. 바흐찐은 문학에 사용되는 크로노토프의 특징으로 우선 시간과 공간의 불가분성을 들고 있다.[135) 시간과 공간은 본질적으로 서로 분리될 수 없을 뿐만 아니라 이 두 가지가 서로 어떻게 결합되는가에 따라 세계관의 차이가 생기게 된다. 즉 구성적 범주로서 크로노토프는 문학에서 인간의 이미지를 결정하는 동인(動因)인 것이다. 이러한 시간과 공간 개념이 사실주의, 자연주의계의 소설에 오면 그 구체성을 획득하게 된다.

　리얼리즘계 소설의 특성은 먼저 '작가의 당대의 현실'을 대상으로 한다.[136) 즉 소설에 나타나는 '지금'의 시간은 주관적, 내면적 시간이 아니라 객관적, 외면적인 시간이다. 따라서 그것은 역사적, 전기적 시간을 의미한다. 이는 작가의 삶과 병행하는 시간이며 경험적 시간의 양상이기도 하다. 그렇기 때문에 로맨스 안의 모험적 시간이 전기적 시간의 외부에 위치하며, '필연적인 내적 한계'를 갖지 않고 무한히 늘어날 수 있는 데 반해[137)

---

135) 김욱동, 『대화적 상상력』, 文學과知性社, 1991, pp.208-209.
136) 강인숙, 『자연주의 문학론Ⅱ』, 고려원, 1991, pp.211-212.
137) M.M. Bakhtin, 『*The Dialogic Imagination : Four Essays*』, pp.90-94.

리얼리즘계 소설의 시간은 전기적 시간 내부에 위치하며 내적 한계가 필연적으로 존재한다. 결국 .'모든 소설가의 작품은, 그 작품이 쓰여진 시대에 대한 비평이며, 소설가는 그 시대를 초월해 있을 때에도 그 시대 속에 위치해 있다. 가장 독창적인 정신이란 진공 속에서는 활동을 할 수가 없는 것이다'[138]

그런데 문학적 시간은 (1) 主觀的 相對性 또는 균등하지 않는 配慮 (2) 연속적 흐름, 또는 持續 (3) 경험과 기억에 있어 因果的 질서의 動的 융합 또는 상호침투 (4) 자아동일성에 관계되는 지속성의 기억의 시간적 구조 (5) 영원성 (6) 무상성, 또는 죽음을 향하는 시간의 방향성[139] 등을 특징으로 한다. 이중에 특히 (2), (3), (4)는 리얼리즘계의 소설, 그리고 (1), (6)은 '의식의 흐름'과 모더니즘계의 소설과 관련이 깊다고 할 수 있을 것이다. 그만큼 리얼리즘계 소설에서는 시간을 인간 생활이 전개되고 종결되는 유일한 매체로 인식한다. 또한 '이야기하기, 즉 사건의 배열과 서술은 인간이 자신의 경험을 시간적으로 이해하며 의미있는 행동의 가능성을 예비하는 것'[140]이기도 하다.

이러한 시간의식은 결국 실제의 인간적, 역사적 상황을 중시하는 것이며 '영원성'의 차원이 붕괴되고 있음을 의미하는 것이기도 하다. 그렇기 때문에 현대 소설, 특히 리얼리즘계 소설에서의 시간은 결국 물질적 변화와 그에 따른 사회적 변화와 체험 양상을 반영하고 있는 것이다. 리얼리즘계 소설을 포함한 노벨이 '자기가 살고 있는 시대'와 '사회적 환경'을 정확

---

138) A.A. Mendilow, 『*Time and the Novel*』, (New York: Humanities Press, 1965), pp.88-89.
139) Hans Meyerhoff, 『文學과 時間現象學』, 김준오 역, 心象社, 1979, p.129.
140) 김종갑, 「서술이론과 문학연구」, 『서술이론과 문학비평』, 서울대학교출판부, 1999, p.25.

하고, 완벽하고, 진지하게 재현하는 것[141]으로 그 특징이 부각되는 것은 바로 이 때문이다.

한편, 인물이나 서술자의 눈을 통해 보여주는 공간의 묘사는 소설가가 세계에 대하여 갖는 관심의 정도와 그 관심의 질을 나타내 보인다. 리얼리즘계 소설에서 제시되는 공간 역시 시간과 마찬가지로 작가의 전기적인 삶의 현장과 조응되는 것이 원칙으로 되어 있다.[142] 즉 작가가 실지로 살았거나 '지금' 살고 있는, 그래서 잘 알고 있으면서 친숙한 배경을 선택하여야 하는 것이다. 이야기와 그 이야기를 둘러싸고 있는 환경과의 대응관계는 결국 작가로서건 인물로서건 인간이 그를 에워싼 세계와 맺게 되는 가장 기본적 관계를 의미한다. 로맨스의 모험적 시간이 작용하기 위해서는 공간의 추상적인 확장이 반드시 필요한 데[143] 반해 리얼리즘 소설은 模寫mimesis의 원리에 입각해 있기 때문에 대상에 근접되어 있어야 한다. 따라서 작가의 전기적 사실과 관련하여 그의 성장지나 주거지(생활지) 주변, 또는 주거한 경험이 있는 곳과 같이 구체적인 배경이 설정되는 것이 바람직한 것이다. 소설의 언어는 사회환경의 가장 미세한 변동과 일탈조차 극도로 섬세하고, 그러면서도 총체적이고 다면적으로 기록한다.[144] 그렇기 때문에 공간의 구체성 역시 '현실성의 원리'에 충실해야 하는 것이다.

이러한 시·공간의 좌표는 인물의 신분이나 계층, 그리고 환경을 전제한다고 할 수 있다. 에리히 아우얼바하(Erich Auerbach)는 리얼리즘의 초석을 '일상적 현실을 심각하게 다루고, 문제성과 실존적 진실의 관점에서 사회

---

141) 강인숙, 「염상섭편」, 『한국근대소설 정착과정연구』, 박이정, 1999, p.279
142) 강인숙, 앞의 책, p.212.
143) M.M. Bakhtin, 앞의 책, p.99.
144) M.M. Bakhtin, 위의 책, p.300.

적으로 낮은 계층의 인간군을 현실 재현의 대상으로 삼으며, 아무렇게나
선택한 인물이나 사건을 역사적 배경으로 위치시키는 것'145)으로 설명하
고 있다. 일상성의 구조를 이름이다. 자연히 평범하거나 그 이하의 사람들
이 살아가는 시간과 공간이 바로 소설의 시공간적 좌표로 설정됨을 보여
주는 것이다. 바흐찐은 인간과 사건의 시간과 공간에 대한 관계에 관한
가장 풍요로운 발견들이 문학의 서술적 장르에 의해 행해졌다고 주장한
다.146) 이 주장은 결국 '밀도와 구체성'으로 요약되는 서술적 장르의 장점
을 통해 현실을 재현함과 동시에 사람들이 세계를 이해하는 다양한 방법
들을 파악할 수 있다는 의미를 함축한다. 따라서 시·공간의 당대성과
근접성의 사실적 형상은 모든 공간적, 시간적, 사회·역사적 한계를 훨씬
뛰어넘는 의미를 지니게 되는 것이다.

　　이무영의 소설에 나타나는 배경의 특성을 리얼리즘 소설의 대전제인
당대성과 근접성의 원리라는 측면에서 살펴볼 경우, 작가의 전기와 거의
일치하고 있음을 알 수 있다. 그가 쓴 역사소설147)의 경우도 그의 전기와
시간차가 그리 크게 나지 않는다.

　　　　마침 전라도에서 동학 난리가 일어 여기 충청도에서도 민심이 소란
　　　할 때다. 이 고장에서 하룻길밖에 안 되는 괴산(槐山)에서는 벌써 원님
　　　의 모가지가 짤리고 관가에 불을 질러 양반이란 양반은 모조리 잡아다

---

145) Erich Auerbach, 『미메시스』근대편, 김우창·유종호 역, 1996, p.202.
146) 게리 모슨, 케릴 에머슨, 「시공성의 개념」, 서상국 역, 『바흐찐과 문학이론』, 文
　　　學과知性社, 1997, pp.151-152.
147) 이무영의 농민소설이면서도 역사소설에 해당되는 「農民」(1950.1.1-5.21, 한성일
　　　보), 「農軍」(1953.10-12, 서울신문), 「老農」(1954, 대구일보)의 시간적 배경은 '동
　　　학난'(1894년)이며 공간적 배경은 '충청도'이다. 그런데 그의 출생이 1908년 1월
　　　14일이므로 증언을 통한 간접체험의 시간차가 그리 큰 편은 아닌 것이다.

　가 목을 벨 놈은 목을 베고 볼기를 칠 놈은 볼기를 쳐서 내어보냈다는
소문이 떠돌고 있을 무렵이기도 하다. (「農民」, 14쪽, 1권)

　위의 예문에서도 알 수 있듯이, '동학 난리'(1894년)와 '충청도'의 배경
은 이무영의 출생연도와 출생지와 성장지를 고려할 경우 당대성과 근접성
에 어느 정도 일치한다고 볼 수 있을 것이다. 특히 이무영의 소설에서는
공간과 시간, 즉 배경의 근접성(여기)과 당대성(지금)이 작가의 전기적 삶
과 병행하면서 도시와 농촌으로 양분, 대립양상을 보이게 되는데, 이러한
양상 속에서 배경은 인물창조와 주제형성에 결정소로서 작용하고 있음을
발견할 수 있다.

　이무영의 소설에서 배경의 당대성과 근접성의 원리가 어떻게 나타는
지 알아보기 위해 서론에서 제시한 전기적 삶의 궤적과 그의 작품에 나타
난 공간적·시간적 배경을 대비해 보기로 하겠다.(순서는, / 작품명 / 발표
연대, / 공간적 배경 / 인물의 계층 / 작품 속의 시간 / 임.)

　앞에서 살펴 보았듯이, 李無影[148]의 전기적 사실 중에서 그의 작품세계

---

148) 李無影은 본명이 甲龍이었는데, 1959년 4월 10일자로 청주지방법원 충주지원의
　　허가재판에 의해 李無影이라고 개명했다. 원래 無影이란 이름은 1927년에 靑鳥
　　社에서 장편 ≪廢墟의 울음≫을 간행할 때부터 사용해 오던 筆名이었다. 그림
　　자도 없이 외롭다는 뜻으로 자신이 직접 지은 것이다. 兒名은 戌甲이었는데, 이
　　는 生年이 戌甲年인 데에서 연유된 것이었다. 또 龍九라는 이름도 있었는데, 이
　　이름은 文壇 데뷔 이전까지 그의 집안에서 부른 이름인 것 같다.(李御寧 編,
　　『韓國作家傳記研究(下)』, 同和出版公社, 1980, pp.59-71. 이 책에서는 이무영의
　　전기를 1. 이름, 2. 출생과 출생지, 3. 가족, 4. 국민학교 이전, 5. 학력, 6. 경력,
　　7. 교우관계, 8. 결혼과 이성관계, 9. 자녀관계, 10. 문단경력, 11. 사망까지로 나
　　누어 자세히 살피고 있다.)
　　한편 이무영의 전기를 작품 발표와 관련지어 상세히 언급하고 있는 자료로는
　　이동희의 『흙과 삶의 미학』이 있다.(이동희, 『흙과 삶의 미학』, 단대출판부, 1993,
　　pp.29-32.)

와 관련하여 가장 주목되는 부분은 농촌에서 출생했고, 일본 작가에게
문학수업을 받았으며 동아일보사의 학예부 기자로 입사한 후, 그 직을
사직하고 궁촌으로 낙향하여 직접 농사를 지으며 농민소설을 창작한 점,
그리고 대학강단에 봉직하면서부터는 윤리의식을 추구하는 도시소설을
주로 창작했다는 점 등이다.

(1) 농촌을 배경으로 하는 작품 속의 시·공간

- **牛心**(1934) : 안골 김선달네 집, 새장터 거리, 덕칠네 집(구유), 수청골
  / 마차를 끄는 소 / 2년 미만
- **萬甫老人**(1935.3) : 만보노인의 집(방안, 봉당), 방앗간, C주 김참봉네
  사랑 / 만보노인-老農 / 1년
- **山家**(1935) : 서울-궁말(누나네 집, 창건의 방, 문식, 건강씨네 집안)
  / 창건-도시노동자→농군/ 1년
- **제일과 제일장**(1939.10) : 고향으로 내려오는 길 -고향집(농촌생활의
  시작/개천, 논길, 원두막, 밭), 수택의 집 / 소설을 쓰는 지식인-농군으
  로의 변신 / 여름-가을
- **흙의 奴隷**(1940.4) : 마포-광화문-농촌, 자기집 뜰팡, 아버지 집(중말
  자기 원집), 중말, 샛길, 농군들의 봉놋방 / 지식인-농군 / 가을-겨울-봄
- **文書房**(1942.3) : 문서방네 집(마당), 아내 삼우제 지내러 가는 길(아카
  시아풀섶, 골짝, 잔솔밭등성이, 오봉산골짜기), 싸릿골, 방안 / 문서방
  -50평생의 농군 / 동짓달

• 慕牛之圖(1942) : 깨밭, 봉당, 바깥마당, 상아골, 논둑 / 첨지-농군 /
여름(초복이 지남-중복)

• 鄕歌(1943.5.3-9.6) : 팔선동(서울-장원-목계);순연한 농촌, 윗말-아랫말
의 대립 / 성낙중-토반행세, 엄달근-농군, 성낙중의 딸 명옥-전문학교
출신, 엄달근의 아들 준섭-만주 등지에서 활동, 귀농결심 / 춘궁기-초
가을

• 歸巢(1943.1) : 백호남짓한 구룡동, 수리산, 논, 문칸방 뜰팡, 댓돌 /
최첨지-40대의 농군 / 봄

• 사위(1947) : 궁촌(그의 집, 문서방네 집안) / 그-귀농한 지식인, 문서방-
농군 / 봄-가을

• 靑개구리(1948) : 첨지의 방안(토방), 노루멕이 논, 털보 김서방네 사랑
/ 첨지-농군 / 여름

• 山頂揷話(1949.11) : 백룡사가 있는 산 속 / 준-소설가, 김창우-청년
농군 / 가을 이틀

• 農民(1950) : 탑골, 미륵동(충북지역) / 탑골-김승지(지주)-딸 미연, 미
륵동-박의관(지주)-아들 일양, 원치수와 그 아들 원장쇠(둘다 농군)
/ 동학난으로부터 1년 미만

• 老農(1954) : 탑골, 미륵동(충북지역) / 서울집-김승지에 이은 새 지주,
일양과 미연-농촌에 투신 결심 / 1910. 10월-3·1 운동 전후

• 祈雨祭(1957) : 상아골, 토산부리옷우물, 논머리 우물, 칠보영감 집
/ 칠보영감-60의 농군 / 여름(6-7)

• 麥嶺(1957.8-11) : 칠복동(동네, 밭, 논, 보리밭길, 구장집 마당, 춘보네
안방과 건넌방, 고샅) / 춘보-60의 농군 / 초여름

이상의 내용을 정리해 보면, 먼저 공간성은 주동인물이 살고 있는 마을로 한정된다. 그 마을은 다시 농토와 집안으로 나뉘어진다. 농토는 논과 밭, 그리고 우물가 등으로 세분화되며, 집안은 궁핍한 생활을 반영이라도 하듯, 단칸 방안, 뜰팡, 마당 또는 마름네의 사랑방 등으로 협소화된다. 이러한 제한된 공간배경 속에서 주동인물들의 대화나 내적 독백 또는 행동은 주로 방안이나 뜰팡, 봉당 혹은 마당에서 초점화되고 있다.

이무영의 전기적 사실을 바탕으로 작품에 나타나는 당대성과 근접성을 살펴 볼 경우, 그는 문학에 입문하는 과정에서 도시의 궁핍화, 특히 인텔리 룸펜의 궁핍과 그 현실에 대하여 관심을 가졌던 것으로 보인다. 그러다 농촌과 농민을 대상으로 하는 작품을 쓰게 되는데, 이러한 창작태도의 확대는 그가 농촌 출신이라는 점, 그리고 일본에서 4년 동안 일본문학, 불문학, 러시아문학 등의 여러 문학작품을 체계있게 통독하며 소설수업을 私事한 加藤武雄이 농민작가였다는 데서 비롯된 것으로 보인다.

먼저 그의 전기와 위에서 제시한 농민소설을 발표연도와 비교해 보면, 그가 '궁촌(궁말)'으로 낙향한 1939년을 기점으로 창작 태도가 달라진다는 점이다. 즉, 낙향하기 이전의 작품들, 「牛心」, 「萬甫老人」, 「山家」 등에서는 농촌이나 농민들의 궁핍 문제를 저항적 시각에서 다루고 있는 반면에 1939년 이후에 발표한 작품들, 「第一課 第一章」, 「흙의 奴隷」, 「文書房」, 「歸巢」, 「靑개구리」 등에서는 농촌이나 농민들의 궁핍한 실상을 농민을 초점주체로 객관성 있게 제시하고 있다.

이러한 창작태도의 변화는 1939년을 전후한 시기는 '토지조사사업', '산미증식계획', '농촌진흥운동', '공출제도' 등으로 이어지는 식민지 농업정책으로 조선농민은 몰락 일로에 있었던 시대적 상황에서 기인된 것으로 볼 수 있다. 이러한 기저는 그의 50년대 농민소설들, 「祈雨祭」, 「麥嶺」, 「두더쥐」에까지 이어지게 되는데, 단지 식민지 농업정책에서, 지주-소작 관계라는 해방 당시 농촌사회 지배적인 사회적 범주와 미 군정에 이은 이승만 정권의 '내인 국가(indigenous state)'에 의한 농업·농민 정책의 모순적 이해관계로 그 원인이 바뀌어 제시되고 있을 뿐이다. 특히 50년대에 발표한 장편소설 「農民」(1950), 「農軍」(1953), 「老農」(1954)에서는 농민의 주체적 시각에서 본 농민들의 수난사를 대하소설 형식으로 그려냄으로써, 농민소설의 지평을 확대한 것으로 볼 수 있다.

더욱이 1950년 6·25 한국전쟁이 발발하자 그해 12월에 海士 特敎隊에 입대한 사실과 1951년 1·4후퇴 이후에 궁촌을 떠난 사실을 통해 볼 때, 위와 같은 장편소설의 기획과 발표는 그가 관심을 갖고 꾸준히 작품으로 형상화했던 농촌과 농민들의 삶을 전형화하려고 한 그의 의도에서 비롯되었음을 알 수 있다. 그렇다고 궁촌을 떠남으로써 농민소설을 발표하지 않은 것은 아니다. 다만 창작 태도가 농촌과 농민에서 도시와 도시인으로 바뀌었음을 의미하는데, 이는 그의 직업과도 직접적인 관계가 있다. 대학 강단에 서게 됨으로써 도시문제와 도시인들의 삶의 양태와 내면세계에 보다 많은 관심을 보이고 있는 것이다. 50년대에 발표한 작품 경향을 보면 이러한 사실이 확연히 드러난다.

이무영의 농민소설에서 서술기법 상, 소설담론의 형성 주체에 해당되는 주동인물들은 대부분 소작농으로서 빈농 계층에 속한다. 빈농이란 토지가 전혀 없거나 매우 작은 규모의 토지, 즉 대체로 1정보 내외 및 그 이하의 경지 규모의 토지를 소유하기 때문에 지주로부터 토지를 소작하지 않으면 안 되고, 또한 고율 소작료 부담과 영세 소농 경영으로 인해 농업

생산 잉여를 거의 취득하지 못하여 이들은 노동력을 판매하거나 겸부업에 종사하여 가구 경제를 재생산해 나가는 존재이다.[149]

다시 말하면 빈농층은 대부분 토지 소유에서 유리되어 있었기 때문에 소작지 획득을 일생의 목표로 삼고 일생을 농사일로 보내는 것이 일제 강점기 하에서의 조선, 특히 30년대 농민들의 현주소였다. 이는 이무영의 농민이나 농촌을 소재로 하는 작품들 대부분에서 발견되는 농촌의 현실과도 일맥상통하는 점이다. 물론 이러한 과정에서 '봉건적=농노적인 농촌 관계'[150] 하에서 소유자에 의한 생산자의 착취를 해소하지 못함으로써, 지주와 소작 또는 자소작 빈농 사이에 격렬한 계급대립까지 발생하기에 이르른다. 더욱이 일제 강점기 시대의 지주의 착취는 소작농이 상품생산자로 성장하는 것을 억제하는 정도를 넘어 서서, 농가경영의 재생산을 불가능하게 하는 것이었기 때문에 계급의 대립이 매우 심각했던 것이다.

그런가 하면 반봉건적 농업 구조하에서 생산 단위인 소작 빈농은 가족 노동력에 기초하여 농업을 경영하고 농업 소득에 의거하여 사회경제적 생활 및 가족 생활이 영위되었다. 그러나 소작 빈농의 농업 수입이 가구 단위로서의 농가의 사회경제적 재생산 비용에 미치고 있지 못하여 이들은 겸부업 및 임노동에 종사하고 그럼에도 불구하고 생활 수준의 저하와 그에 따른 부채농으로 전락하는 사회적 존재였다.

이러한 사회학적 시학의 관점에서 이무영의 소설담론을 바라볼 경우, 이무영의 작품이 성취하고 있는 리얼리티 획득의 성과가 어디로부터 기인

---

149) 문소정, 「일제하 농촌 가족에 관한 연구」, 『일제하 한국의 사회계급과 사회 변동』, 文學과知性社, 1988, p.72.
150) 박섭, 「식민지 조선에 있어서 1930년대의 농업정책에 관한 연구」, 『한국 근대 농촌사회와 농민운동』, 열음사, 1988, p.114.

되고 있는가 하는 점도 해명되어야 할 과제이다. 즉 경작지의 영세화 또는
지주에게 수취당하는 고율의 소작료, 식민지 정책으로 인한 농촌경제의
악화 등으로 빈농 계층에 속하는 농민들이 참담한 궁핍에 허덕이면서도
농군으로서 농업에의 종사를 천직으로 생각하며, 농사에 대한 자긍심이
대단하다는 점, 또한 전통적 농촌 사회의 가치관 내지는 윤리의식을 새로
운 세대들에게 그대로 주입시킴으로써, 농업의 대물림이나, 삶의 가치관
에 영향을 미치는 양상 등이 당대의 농촌 현실과는 어떤 관계에 있으며,
그러한 문학적 현실이 갖게 되는 의미가 무엇인가를 해명해야 한다.

어떻든 이무영 소설담론에서 농민들은 자신의 2세들이 농촌의 생활
양식에 순응, 혹은 적응하도록 권위주의적 담론으로써 그들을 동화시키려
한다. 또한 농촌 자체가 그들의 삶의 자세나 태도를 구현하는 계시적 공간
으로서의 의미를 함축한다. 그러니까 농촌 그 자체는 삶의 터전임과 동시
에 가치나 신념, 규범을 결정해 주는 기호적 공간이 되고 있는 셈이다.

1)　①창건이가 건강씨의 사람됨을 알게 된 것도 이런 일이 있은 후부터였
다. 그가 낫 놓고 ㄱ 자도 모르는 이 촌에서 야학을 시작한 것도 건강씨
가 있다는 데서 용기를 얻은 것이었다.
　②건강씨는 말하기를 좋아하지 않았다. 그는 그저 묵묵히 일을 할
따름이다. 모든 것을 단념한- 아니 모든 것을 초월한 철인처럼 그의
생활 태도는 고결하고 순박한 맛이 있었다. 크게 기뻐하는 것을 본 사람
도 없고, 또한 크게 노하거나 잔따랗게 불평을 깐족이는 것을 본 사람도
없었다. 열다섯 된 문식이를 맏이로 세 살 터울로, 세 살난 갓난애까지
오형제(모두 아들이었다.)와 자기 내외 도합 일곱 식구가 남의 땅 세
마지기를 농사랍시고 해서 먹으면서도 그는 군소리 한 마디 하지 않았
다. 그는 말 못하는 소처럼 그저 일하고 먹고 자고 그랬다.
<「山家」, 241쪽, 권2>

2) 제 분에 넘치는 것은 모두가 구문이요 공것이다. 제 피와 제 땀이 섞이지 않은 보수는 모두가 정말 제 것이 아니다. 첨지는 칠성이 위인을 누구보다도 잘 안다. 칠성이가 제 주제로 돈을 모았다면 짚신을 삼았거나 짐질을 했거나 가마니나 멍석이나를 짰거나 해서 모았을 것이다. 그밖에 재주가 없는 위인이 돈을 모았다면 그것은 불로 이득이 분명하다. 첨지는 또 칠성이 공부를 잘 안다. 조합에서 나오는 편지도 겨우 뜯어보는 쥐꼬리보다도 짧은 것이다. 그 학문과 그 주제로 명예나 지위가 고등해졌다 해도 그것은 제 것이 아니라 공것이다. 공것과 불로 이득을 받는 사람, 노리는 사람은 벌써 농사꾼이 아니요, 그런 사람의 마음으로는 도저히 농사꾼이 될 수 없다는 것이 김첨지의 지론이다.……
그렇기에 김첨지가 돌아오기를 바란 칠성이는 말쑥한 양복에 시곗줄을 늘이고 단장을 짚은 칠성이가 아니다. 대처에서 파는 튼튼한 노동복에 대처에서 만든 삽이나 가래를 짊어지고 들어오는 칠성이었다.
<「歸巢」, 357-358쪽, 권2>

3) 「자네, 아예 장복이 놈 같은 생각을랑 갖지 말게. 사람의 마음이란 한 번 벗나기 시작하면 휘어잡을 수가 없는 법이니. 내 자식이지만 장복이 녀석은 인저 아주 버렸네. 농군의 자식으로 태어난 녀석이 농사의 재미를 모르고야 어떻게 농촌에 붙어 있을 수 있겠는가. 사람이란, 이해타산만 가지구 사는 건 아니니. 일하는 재미에 사는 게지. …… 누가 이 물을 주면 쌀이고 콩이 몇 톨 더 나느리라, 그런 이해타산을 하고 물을 주는 사람은 없는 게니. 그런 사람이야 있지. 있긴 하지만 그건 진짜 농사꾼이 아니야 장사꾼이지! 장사하던 사람으루 진짜 농군이 된 사람 본 일 있던가? 안되느니. 금광하던 사람으로 농사짓는 사람 보았는가? 할 수 할 수 없는 신세가 되면 농사라두 짓는다구 덤벼보지. 허지만 일이 년두 못 가서 떼엎느니, 우리 장복이란 놈, 두구 보게나. 내 자식이지만, 그 자식 버렸네. 그놈이 계집의 얼굴을 팔아서 빈대떡 장사로 억만 원을 번다기로니 그게 사람값에 가나? 그건 일이 잘된 때도 따분한 신세가 되어 농촌으루 다시 기어들기로니 그 자식 농사질 줄 아는가? 또 달아나지! 자네 아예 농군의 마음을 버려선 안되네.
<「祈雨祭」, 437쪽, 권2>

4)   ①「흠 일년 내 주두룩 농사랍시구 지어서 양반집 노적가리에다 쌓아
주기? 어떤 땐 다잡아서 농사나 질까 하다가두 자네들 꼬락서니 보면
정나미가 떨어진다니까. 그렇게 악착같이 일을 하걸랑 좀 심펑이 펴는
맛두 있어얄 거 아니여? 이건 손톱 발톱이 자랄 새가 없이 일을 해두
가을에 가선 빈손 툭툭 털구 일어나는거? 농사 지었답시구 세전부터
장릿벼 얻으러 다니기에 기를 쓸 바에야 그까짓 농산 지어서 뭣 한다우.
응서 자네네 벌써 몇 대를 두구 농사짓지만 그래 농사 안 짓는 나보다
더 잘 산 것이 뭐 있나?」……

　　②「자넨 이 세상에서 모르는 거시 없게 다 잘 알지만 우리 농사
이치만은 잘 모르구 하는 소리니. 우리네 농군들이 농살 짓는다는 건
이해타산만 가지구는 못 짓거든. 그야 이해 타산이 없으면 곰처럼 발바
닥만 핥구 살겠느냐 이렇게 말을 하겠지만서두 농사란 하느님이 시키
는 노릇이란말야. 하느님이 비를 주실 때 어떤 낭구만이 비를 먹구 자라
라던가. 미륵동 아무개만이 비를 받아서 농살 잘 지으라던가 하는 것이
아닌 것처럼 우리네 농군이 농살 짓는 것두 이 농살 지어서 나만 잘
먹으리라 하는 건 아니거든. 내가 먹든 누가 먹든 농사가 잘 돼야 우리
네 인간들이 먹구 살 수가 있다 - 이런 생각에서 짓는 게지. 」……

　　③「다른 것이, 우리 농군넨 그런 맘으로 농살 짓지만 세상 인심이
각박해지구 점점 나빠져서 어떤 사람은 저만 잘 먹구 살려구 욕심을
부리어 그렇게 된 게지. 그렇다구 우리 농군네꺼정 그런 맘씨를 갖는다
면 이 세상은 아주 망해 버리구 말 걸세. 나중에야 누가 먹든 간에
봄에 씰 뿌리구 여름에 길러서 갈에 걷어들이는 것이 하느님의 뜻을
받는 사람의 도리거든.」 <「農民」, 65쪽, 권1>

5) 사람이란 이렇게 욕심이 많은 건가 싶었다. 손이라야 몇 번 댄 곡식도
아니건만 야무지게 여문 벼알이며 배추 한 폭에까지는 맛보지 못한
그윽한 애정을 느끼는 것이었다. 그것은 그가 일찌기 깨알처럼 씌어진
원고지의 글자를 보는 때의 그 애정, 그 감격과도 같은 것이었다. 일
년내 피와 땀을 흘려야 벼 한 톨 얻어 먹지 못하고 빈손만 털고 일어나
는 소작인들의 그 애절해하던 심정도 지금서야 이해되는 것 같았고
매년 그러리라는 것을 빠안히 내다보면서도 그 농사를 단념하지 못하

는 그네들의 심정도 이해되는 것 같았다. 타작 마당에서 벼 한 톨이라도 더 차지할 것을 전제로 한 애정임에는 틀림이 없겠지마는 단지 그러한 이욕만으로 그처럼이나 벼 한 폭, 배추 한 잎을 사랑할 수가 있을까. 그것은 마치 종이값도 못되는 원고료를 전제한 작품이기는 하지마는 쓰는 동안에는 그러한 관념이 전혀 없이 그저 맹목적인 정열을 글자 한 자에마다 느끼는 것과 무엇이 다르랴 했다. 애정이란 이해관계를 초월하는 것을 수택은 또 한 번 생각한다. 이 애정- 그것으로 인류는 살아가는 것이요, 이 애정으로 도덕을 삼는 데서만 인류는 행복될 것이 다 싶었다. 아버지의 늘 말하던 소위 「흙냄새」와 「된장내」란 결국 이런 애정을 의만한 것이 아닐까. 그렇게도 생각해본다. 「대처 사람」들에게 서는 흙냄새가 안 난다는 그 말은 곧 이 이해를 초월한 애정이 없다는 말이 아닐까. …… <「第一課 第一章」, 572쪽, 권1>

이무영의 농민소설이 갖는 의의는 기실 흙을 肯定하고 農村과 親和하 여 그 안에서 자기 生活을 創造해 나가는 작은 농민의 모습을 다루었다는 점151)이다. 즉 농민들의 흙에 대한 긍정과 애착, 농사에 대한 자부심, 농토 소유에의 갈망, 순응주의적 운명론, 농촌의 전통적 윤리관에 입각한 삶의 태도, 궁핍한 실상 등 '농민 세계의 삶의 像을 사실적으로 형상화'152)한 농민소설로서의 가치를 지니고 있다는 점이다. 특히 이무영의 농민소설에 서는 정한숙의 지적처럼 원대한 이상을 지닌 거인이나 영웅주의, 또는 소작인과 지주와의 갈등으로 인한 농민혁명에의 도식적인 중압 등은 제시 되지 않는다. 다만 전통적인 소작농, 계층적으로는 빈농에 해당되는 일상 적 농민들의 생활상과 그들의 관념이 창조되고 있을 뿐이다. 한반도의 전형적인 농부상을 제시하고 있다는 점이 '우리의 농민소설을 비로소 본

---

151) 정한숙, 「농민소설의 변용과정」, 『아세아연구』 통권 제48호, 1972, p.105.
152) 이재선, 앞의 책, p.347.

궤도에 올려 놓은 작가'라는 평가에 값한다고 할 수 있다.

그런데 이러한 농민들이 뿌리박고 사는 농촌과 당대성은 그 자체가 메타포로서 기능한다. 이무영의 작품에서 농촌은 공동체적 삶의 양식이나 봉건적인 삶의 방식을 고스란히 간직하고 있는 기호적 공간으로서, 그곳에서의 농민들의 삶이란 이웃과의 연대감, 흙으로부터 일구어내는 정직한 삶, 농사에의 자부심, 또는 체념적 세계관 등이 배태된 공간이다. 자연의 이치와 세계의 순환질서를 체계화해 둔 주자학적 질서에 기댄 권위적 담론에 의해 인물들을 형상화하고 있는 것이다.

먼저 예문 1)은 이무영이 궁촌으로 들어가기 전에 발표한 작품이다. 전지적으로 각색된 작가의 담화라고 할 수 있다. 공간적 배경은 산잔등으로 둘러싸인 일곱 집의 농촌 '궁촌'이다. '창건'이 서울의 어느 직조공장에서 부사견을 짜다 손을 잘려 '맨숭맨숭한 손목'을 한 채 궁촌으로 낙향하여 야학을 하게 된 경위와 그곳에서 알게 된 건강씨의 생활태도, 그리고 그의 생활상이 창건의 어휘로 제시되고 있다.

여기서 건강씨는 땅의 질서를 빌어 운명적 세계관에 순종하고자 하는 인물이다. 건강씨는 원래 '시전편도 외우고', '독립운동에 참가했고', 그리고 남들보다 정세에도 밝았으며, '어떤 신문분국을 경영한 일'이 있는 식자층에 해당되는 인물이다. 그런데 그가 어떻게 해서 이 궁촌으로 들어오게 됐는지는 자세한 언급이 없다. 다만, 절대적인 궁핍에 시달리면서도 그저 일만 하고, 아내가 죽은 후로는 '허허 하는 너털웃음을 웃는 버릇이 생긴 것'으로 보아 1930년대 일제 강점기 조선의 현실, 즉 자작농 및 자소작농의 완전한 소작농화, 소작농의 세궁민화(細窮民化), 세궁민의 유리민(流離民) 및 걸인화(乞人化)로 이어지는 현실에 체념할 수밖에 없었고, 그래서 연명이나 하려는 순응적 삶의 자세를 보이고 있는 인물로 비춰지고 있다.

이무영이 궁촌으로 들어간 후에 발표한 여타의 농민문학에서 그리고 있는 인물군과 비교해 볼 때, 이 작품에서는 농군인 '건강씨'의 땅과 농사에 대한 애착, 자부심은 나타나지 않는다. 인물의 태도에 그런 징후가 전혀 보이지 않는 것이다. 다만 '창건'이 그의 생활 자세를 '고결하고 순박한 맛'으로 긍정하면서도, 궁핍의 생활상에 대해서는 일단의 계급적 시각을 투영시키고 있다.

한편, 이무영이 궁촌으로 들어간 것이 1939년인데, 작품 발표연대는 1935년이다. 그렇다면 궁촌으로 들어가기 전에 이미 이곳을 알고 있었거나, 답사를 했다는 결론이 나온다. 이에 대한 답은 그의 교우관계를 통해 얻어낼 수 있다. 즉 그와 절친했던 李洽은 그보다 3년 전에 이미 궁촌으로 내려갔던 것이다.[153] 그러니까 이흡이 내려가기 전 함께 그곳을 답사한 것이 아니냐는 추정이 가능하다. 특히 작중의 주동인물인 '창건'은 어느 정도 계급의식의 시각에서 건강씨네의 가난을 바라보고 있다는 점에서 당대에 유행했던 프로문학과 이흡의 영향, 또는 초기 작가의식의 산물이라고 할 수 있을 것이다.

부엌에서 어렵게 끼니를 잇는 건강씨를 창건이 초점화함으로써 농민의 궁핍 더 나아가 농촌의 궁핍상을 서술하고 있는 다음의 예문은 30년대 조선농민의 몰락을 확인시켜 주고 있다.

---

153) 李御寧, 앞의 책, p.63.
　　그런데 이흡은 월북문인의 명단에 올라 있으며, 이무영은 좌익 문학단체인 조선문학건설본부가 조선문학가동맹으로 확대되는 과정에서 그 조직을 탈퇴하여 소위 '중간파' 그룹에 속해 있다 전향서를 발표하게 되는데, 이 과정에서 이흡과 헤어진 것으로 보임.(권영민, 『한국민족문학론연구』, 민음사, 1995, pp.410-422.)

밥은 언제든지 한 그릇이었다. 한 그릇을 아이들 다섯한테 떠맡기고
자기는 눌은밥을 먹는다고 부엌으로 나온다. 한 그릇 밥에 밥이 눌은다
면 얼마나 눌으랴? 그는 하얀 빛 그대로 있는 밥알이 몇 개 뜬 맑디맑은
냉수를 아이들 보는 데서 후룩후룩 들이마시곤 한다.

<「山家」, 245-246쪽, 권2>

'창건'이 매일 찾는 '건강씨'네 부엌에서 목격하는 장면이다. 건강씨가
끼니조차 제대로 잇지 못하는 궁핍한 생활을 안타까워 하는 창건의 발화
까지 제시되고 있다. 결국 창건은 건강씨의 생활자세에 대해서는 '고결하
고 순박한 맛'으로 긍정하나, 건강씨의 아들 문식이가 동생들과 함께 양잿
물을 마시고 자살을 기도하려는 장면을 목격하고, 그들의 자살을 제지하
며, 문식에게 '우리가 굶어죽는다는 것은 조금도 우리의 죄가 아니요 우리
의 잘못도 아니다. 잘못은……'이라고 힘주어 말함으로써 가난의 원인이
외부상황에 있음을 암시해 주고 있다. 외부의 힘이 순박한 농민의 삶이나
가정을 얼마나 철저하게 파괴하고 있는가를 대비적으로 보여주려는 작가
의 의도라고 할 수 있다.

그런데 여기서 하나 지적해야 할 것은 이무영이 종종 사용하고 있는
명명법에서 드러나고 있는 통속성이다. 이 작품에서도 주초점 대상을 '건
강씨'로 명명함으로써 작중 상황의 리얼리티를 훼손시키고 있다. '건강씨'
가 내포하고 있는 의미와 그의 운명이 너무 동떨어져 있기 때문이다. 사실
주의계 소설에서는 인물이 전형적인 인물로 형상화될 수 있어야 하고,
명명법 역시 전형성을 획득할 수 있어야 함은 물론이다. 따라서 인물의
이름 역시 현실 속에서 작가의 비범성과 인물의 성격을 반영하며 평범하
면서도 어느 정도의 상징성을 담고 있어야 하는 것이다. 이무영의 소설에

서 담론 주체인 인물들의 이름이 'ㄷ씨'나 '굉장씨' 또는 영문 이니셜로 불려지고 있는 것은 모두 사실감을 떨어뜨리는 요인으로 작용하고 있다.

작품을 작가의 전기 또는 사회적 콘텍스트와 함께, 역동적인 언어의 내재적 욕망이 현상되는 발생텍스트(Genotext)로서, 작품들간에 통로를 통하여 새로운 상징성을 가질 수 있도록 전이한다[154]는 텍스트의 전이현상에 주목하면, 이 작품의 '창건'은 1939년 낙향하여 쓴 「第一課 第一章」, 「흙의 奴隷」에 등장하는 인물 '수택'과는 농촌생활에 대한 태도가 다르다고 할 수 있다. 낙향의 이유나 생활양상 그리고 궁핍에 대한 태도가 다른 것이다. 즉 낙향한 후의 작품에서의 '수택'은 농민과 흙에 동화하려는 의지와 실천적 행동을 수반하면서 궁핍의 현실을 깨달아 가는 태도를 보이는 반면, 위 작품에서의 '창건'은 야학을 열며 농촌의 궁핍상을 객관적으로 관찰하고 있을 뿐이다.

이 작품은 1935년 경기도 시흥군의 궁촌을 배경으로 하고 있다. 그런데 1930년대초는 조선 농촌의 궁핍이 극도에 달해 있었으며, 농촌에서 소작농으로 생계를 유지할 수 없는 많은 농민이 탈농·이촌하여 만주로 이민하거나 도시의 걸인·화전민으로 그리고 당시 도시에서 부분적으로 발전되고 있었던 자본제 부문의 노동자로 전화되어 가는[155] 시기였다. 경기도 지방도 예외는 아니었을 것이다. 이흡과의 궁촌행을 통해 이러한 농민들의 궁핍상을 자연스럽게 접했을 가능성이 큰 것이다. 다음의 예문에서도 老農의 궁핍한 생활상을 뼈가 방바닥에 닿을 때의 아픔으로 전이시켜 제

---

154) Julia Kristeva, 『*Revolution in Poetic Language*』, Columbia University Press, 1984, p.86.
155) 문소정, 「일제하 농촌 가족에 관한 연구」, 『일제하 한국의 사회계급과 사회변동』, 文學과知性社, 1988, p.112.

시하고 있다. 서술자와 인물이 동화됨으로써 작가의 체험적 사실성을 가
늠케 해 준다.

> 울멍줄멍한 방바닥에나 조그만 자리 마디에도 살 한 점 없는 뼈가
> 닿으면 진저리가 치어지게 배긴다. 오십 년간이나 지게 등태와 세장에
> 덴 날라리 뼈는 콩조각만한 것이 배기기만 해도 등겁을 해서 뛴다. 그런
> 데다가 반백이나 되는 무서운 짐질에 관절조차 말라붙어 버린 듯이
> 뼈와 뼈가 맞닿을 때마다 마디마디가 천참을 하게 쑤신다.
>
> <「萬甫老人」, 257쪽, 권2>

　　이러한 당대성과 근접성의 시공간적 좌표와 함께 간과해서는 안 될
부분이 그의 서술적 의도이다. 특히 위의 작품 「山家」는 '건강씨'의 명명법
이 반감시키고 있는 리얼리티의 문제를 시점의 선택이 상쇄시켜 주고 있
다. 시점이 작품의 의미 생성 과정에 참여하는 방식은 서사적 대상에 대한
'거리'와 태도의 문제로 구체화된다. 결국 서술자와 대상과의 관계에서
거론되는 이른바 '미적거리'나 서술자의 태도 등에 바로 소설의 리얼리티
의 담보 문제가 걸려 있는 것이다. 따라서 창건을 초점주체로 건강씨를
초점화한 것은 ①문단에서 서술자에 의해 언표화된 인물과 인물의 친밀성
이라는 측면에서 그 객관성을 인정받을 수 있는 서술적 의도라고 할 수
있다. 건강씨의 생활태도를 '고결하고 순박한 맛'으로 인식한 창건의 가치
판단적 발화 역시 이러한 시점 구성의 전략에 의해 일단 소설적 리얼리티
를 획득하게 되는 것이다.

　　이러한 서술적 의도를 파악해야만이 이무영의 소설이 종래의 농민소
설에서 진일보했다고 평가될 수 있는 근거로서 제시되고 있는 '작위성의

개입을 철저히 배제함으로써 농촌의 현실을 있는 그대로 냉철하게 관찰하고 묘사하려는 태도를 견지하고 있다'156)는 주장에 설득력을 보탤 수 있는 것이다.

사건과는 긴밀하고 인물과는 상호보족적인 관계망을 형성하는 시·공간적 좌표는 시점 상에서 발견되는 이러한 서술적 의도와 함께 이무영 작품의 주제형성에 큰 의미를 지니는 서사구조의 한 요소이다. 특히 이무영의 농민 소설은 배경의 당대성과 근접성의 원리에 입각하여 작가의 전기적인 삶의 현장과 조응하면서 작가의 당대의 농촌 현실과 농민들의 성격형성을 대상으로 하고 있다는 점에서 특히 주목을 요한다.

이무영에게 있어 농촌은 그 속에서 어떤 정신적 가치를 찾고자 했던 정신적 배경으로서 기능한다.157) 이 근접성으로서의 농촌과 당대성으로서의 농촌 현실을 다룸에 있어서, 이무영의 작가적 의도가 두 가지 측면에 집중, 그것들을 부각시키고 있음을 알 수 있다. 하나는 농민들의 궁핍한 생활상이고, 다른 하나는 공동체적 삶의 자세에 입각한 생활양식의 견지와 전수,그리고 한국적 농민상의 입상화라는 측면이다. 예문에서도 건강 씨의 생활상은 궁핍 그 자체이다. 일곱 식구가 '남의 땅 세 마지기를 농사랍시고 해서 먹고' 사는 소작 빈농층이다. 이 식구들의 궁핍상이 어느 정도인가를 짐작케 한다. 이는 1920, 30년대의 조선 빈농층의 성격과 일치한다.158) 작품의 결말은 기아병으로 죽은 아내를 제외한 오형제 중 맏형인

---

156) 김준, 앞의 논문, p.55.
157) 신춘호, 『문학이란 무엇인가』, 집문당, 1996, p.159.
158) 1920, 30년대의 조선에서 빈농층은 일부는 약간의 토지와 불완전한 생산 용구를 소유하고 있으나, 그 대다수는 토지 소유에서 유리되어 있었다. 1930년대말 현재 전체적으로 빈농은 약 218만 호 정도 형성되어 있었으며, 이 중에는 토지가 전연 없는 소작 빈농이 132만 호, 토지가 거의 없는 자소작 형태의 빈농이 59만

문식이가 아버지가 장에 나간 틈을 타서 동생들과 함께 죽기로 결심하고
양잿물을 먹이려고 하는데, 창건이 눈치를 채고 형제들 앞에 나타남으로
써 문식의 계획은 실패로 돌아가고, 창건이 가난의 원인을 누군가의 책임
으로 돌리는 언표로부터 계급적 또는 일제 강점기 사회 구조의 모순을
암시하는 장면으로 끝을 맺는다. 환멸의 구조[159] 또는 비극적 플롯으로
끝을 맺고 있는 것이다.

그런데 1920년 이후 일제 강점기 조선의 농업은 유통과정에 있어서는
상품=가치=화폐 제관계에 종속·포위되어 있었으면서도, 다른 한편의
가장 본질적인 생산과정에 있어서는 봉건적=농노적인 농촌관계 하에서
영위되고 있었다.[160] 이러한 상황하에서 소유자에 의한 생산자의 착취를
해소하지 못했기 때문에 지주와 소작, 또는 자소작 빈농 사이에 격렬한
계급대립이 발생하였다. 더구나 일제 강점기 시대의 지주의 착취는 소작
농이 상품생산자로 성장하는 것을 억제하는 정도를 넘어 서서, 농가경영
의 재생산을 불가능하게 하는 것이었기 때문에, 계급의 대립이 매우 심하
였던 것이다. 게다가 일본인 지주들이 대규모의 토지를 집적하고 있었기
때문에 지주소작 사이의 계급모순은 그 자체의 내부에 민족모순까지도
포함하고 있었다.

호, 약간의 자기 소유지를 갖고 있는 자작 빈농이 28만 호였다. 따라서 일제 시
대의 빈농은 일반적으로 토지를 임차하여 경작하는 존재였다. 따라서 소작 빈농
층은 대체로 순소작지 3정보 이하의 경지 규모를 경작하면서도 지주에게 소작
료·금리 등의 형태로 잉여 생산물을 수취당하여 농업 경영만으로 생계가 유지
되지 않아서 항상적으로 농업 경영 이외의 노임 수입, 겸부업에 의존하지 않을
수 없는 반 프롤레타리아이다. (문소정, 위의 글, p.72)
159) 신춘호 외, 『현대작가 작품론』, 집문당, 1998, p.178.
160) 박섭, 「식민지조선에 있어서 1930년대의 농업정책에 관한 연구」, 『한국 근대 농
촌사회와 농민운동』, 열음사, 1988, p.114.

농촌경제의 전반적인 악화와 사회주의 사상의 전파에 따른 소작농민의 급격한 계급의식의 성장은 소작쟁의로 이어지는데, 1929-1932년에 연평균 530건에 달했다.[161] 1930년대에 오면 조선 농민의 궁핍화는 한층 더 심화하여 농촌의 세민호(細民戶) 및 궁민호(窮民戶)가 급증하였다. 세민호와 궁민호가 1926년에는 215만명이었으나 1930년에는 434만 명으로 배로 늘어난 것이다.[162] 이러한 궁핍화의 심화는 조선 농민의 저항운동을 치열하게 하는 주원인이 되었다.

이러한 당대성에 비추어 볼 때 도시노동자 출신의 '창건'의 눈을 통해 제시하고 있는 '건강씨'의 생활상은 객관성을 확보하지만, 그의 생활자세에 대한 '창건'의 가치평가적 발화는 당대성과는 배치되는 것이다. 이러한 창작태도는 농민소설 전반에 걸쳐 나타나는데, 그 결과 그의 작품에서는 계급의식이나 민족의식이 비중있게 다루어지지 않고 있다. 다만 일제 강점기 현실의 궁핍상만을 농민을 초점주체로 하여 객관적으로 제시하고, 주자학적 질서에 입각한 운명적 세계관의 농민상을 전면에 부각시키고 있다.

「麥嶺」의 '춘보' 또한 '60평생을 묵묵히 살아온' 조선의 전형적인 농민이다. 비록 궁핍하지만, 성실한 농민으로서의 삶의 자세를 보여주고 있다는 점에서 이 작품과 유사한 모티프를 지니고 있다고 할 수 있다.

앞의 '건강씨'나 '춘보'는 '그저 묵묵히 일을 할 따름'이며, 희노애락의 감정 표현에 민감하지 않은, 과묵한 농군으로 그려지고 있다. 이는 농촌의 삶이 갖고 있는 시간성과 공간성에서 기인된 삶의 태도와 밀접하게 관련

---

161) 박섭, 위의 글, p.114.
162) 姜萬吉, 『韓國現代史』, 創作과批評社, 1984, p.97.

이 있다고 할 수 있다. 즉 농촌으로서의 지리적 공간은 기나긴 시간에 걸쳐 대대로 이어져 내려온 공간으로서의 구체적인 특성을 부여받는다. 더욱이 한반도의 농촌은 혈연적 요소가 강하게 작용하는 인구 구성비율을 보이고 있다. 따라서 도시와는 달리 외부세계로부터의 영향에 둔감하며, 세계관 역시 보수적일 수밖에 없는 것이다. 그리고 농촌은 전통적 삶의 양식이 지속적으로 계승되는 집단적·보편적 시간길이에 편입된다. 계절의 변화에 발맞추어 리듬을 반복하는 순환적 시간 속에 인물들의 삶의 궤적이 그려지는 것이다. 그렇기 때문에 농부들의 삶은 자연의 삶과 긴밀한 관계를 맺고 있다. 즉 그들의 삶은 자연의 리듬에 따라 영위되는, 그래서 경험에 의해 축적된 의식에 지배된다. 이는 농촌사회가 갖고 있는 배타성과도 깊은 관련이 있는 것이다. 결국 농촌은 농민들의 의식과 삶의 양식을 결정하는 하나의 상황으로 작용하는 것이다.

따라서 이무영의 작품에서도 배경을 단순히 공간과 시간으로 나누어 이해할 것이 아니라, 농민들이 처해 있는 운명이란 관점[163]에서 살펴볼 때, 상황은 곧 그들의 가치관 내지는 세계관의 표출을 유도해 낸다. 묵묵하면서도 과묵한 성격의 농부상은 삶의 성실성을 미덕으로 하는 가치구현의 한 단층을 형성하고 있다. 조선 농민의 보편적 삶을 볼 수 있는 것이다. 예문 2)에서도 농군인 첨지의 소박한 인생관이 진지하게 제시되고 있다. 이 또한 농촌의 삶의 양식에서 축적된 경험적 신념으로서의 진실임은 두 말할 나위가 없는 것이다.

'말할 나위 없이 삶 속의 담론은 자기 충족적이 아니다. 그것은 언어외

---

163) N. Freedman, 『*Form and Meaning in Fiction*』, The Univ. of Georgia Press, 1975, p.64.

적인 성격의 경험된 상황 속에서 부상하며, 그 상황과 가장 밀접한 관계를 유지한다. 더 나아가 체험의 요소 자체에 의해 즉자적으로 완성되며 그것과 분리되어서는 그 의미를 잃게 된다.'164) 담론의 실천, 곧 의미작용의 실천은 의미를 약호화하는 일정한 주체 내부의 체계 속에서 이루어진다. 물론 그 주체는 개별적 주체라기보다는 사회적인 주체이다. 이무영 소설 담론에서 제시되고 있는 이러한 농민들의 삶의 자세 혹은 태도는 바로 농촌사회의 주체인 농민들이 농촌경제사회의 가치함축을 통해 약호화된 공간적이며 의미론적인 지평이다. 이는 언어가 갖는 사회적 성격이 주체의 어떠한 개별적인 특성조차 언어적 실천을 통해 사회화하고 마는 과정과 같다고 할 수 있다.

소 살 돈을 훔쳐 가지고 집을 나간 아들 칠성이가 도회에 나가 아무리 큰 돈을 벌었거나, '고등한 지위와 명망을 얻었다손 치더라도' 그것은 '구문'과 '불로이득'에 불과할 뿐이라는 것이 첨지의 가치평가다. 제 피와 제 땀이 섞인 것이라야 온전한 제 것이라는 지론은 흙에의 경험, 농사의 경험으로부터 체득된 농사꾼의 가치관이다. 따라서 '공것'과 '불로이득'을 바라거나 노리는 사람은 참다운 농사꾼이 될 수 없다는 권위적 담론은 농촌과 도시를 대립적 관점의 이분법적 사고에 입각해서 농촌이나 농민의 삶은 건강한 삶으로, 도시적 삶은 몰가치적이고 허영적으로 파악하는 작가의 세계관에 연결되어 있는 것이다.

그러기에 아들 칠성의 능력과 학력에 대해서 누구보다도 잘 아는 첨지는 칠성이가 고등한 명예나 지위로 돌아오기를 바라지 않는다. 만약 그런

---

164) 츠베탕 토도로프, 앞의 책, p.164.

모습으로 돌아오면 그것은 분명 공것과 불로이득의 결과라는 단정적인 생각을 가지고 있다. 그러기에 이미 외양에서 도시적 삶의 허영이 묻어날 아들을 생각하며, 동네 사람들이 천륜을 어떻게 거역할 수 있겠느냐며 편지 왕래라도 할 것을 권유하자,

> 「글쎄 그러지 말라두 그러네나, 난 저허군 남 됐으니께. 농군의 밥
> 먹구 크구, 농군이 땅 파서 공부 시켜 노니께시리 제 아빌 업신여겨!
> 그놈 나허군 딴 남 됐네. 안 보네 지금 당장 저기 걸어와두 안 보네.
> 안 봐!」 <348쪽>

하며 단호히 거절, 삼 년 동안을 아들 칠성이와 의절했다시피 살아온 터다. 이러한 태도의 이면에는 한국의 전통적 농업 사회가 함의하고 있는 가치 규범, 즉 의리와 보은(報恩), 안분지족(安分知足)의 삶의 의식이 깊게 자리하고 있음을 알 수 있다. 여기서도 도시는 전통적 가치가 붕괴되고, 허영과 태만, 술수, 소비성과 같은 몰가치의 삶이 횡행하는 비인간적인 사회의 모형으로 인식된다. 그러기에 김첨지는 성심의 자세, 곧 농군이 씨를 뿌리고 애써 곡식을 가꾸며, 그 결과에 순응하는 전통적인 농민들의 삶의 자세를 다음과 같이 설득적으로 제시하고 있는 것이다.

> 「그런 사람일수록에 씨두 안 뿌리구 걷히기를 바라느니 한 알 뿌리
> 고 두 폭 세 폭 나기를 바라거든. 농사란 그런 게 아니거든, 뿌린 자리에
> 만 나고 그것도 가꾼 놈이라야만 열매를 맺는 겐데 그런 맘보 가진
> 사람이 동네에 들어오면 동네가 망하는 법이야.」 <357쪽>

하고 아들의 귀향을 조금도 바라지 않는다. 아예 집에 들일 생각조차

하지 않는 것이다. 결국 첨지가 걱정했던 대로 칠성이가 '달빛에 번쩍이는 시곗줄, 갈라붙인 양복과 외투, 가죽 구두, 가죽 가방'의 차림으로 나타나자 후려치고 마는 행동을 통해 첨지가 추구하는 삶의 태도가 정직과 성실이라는 것을 단적으로 제시하고 있다.

우리가 가족의 단위를 역사를 초월한 자연스럽고도 고정불변한 것으로 보지 않고 그 자체 변동하는 사회역사적 단위·제도로 재개념화하며, 자본주의 사회 구성체 속에서 가족은 계급 관계를 매개로 하여 자본의 구조와 이데올로기적 사회관계인 가부장제 구조가 일차적으로 작동하는 사회적 공간으로 인식할 수 있다. 이럴 경우 가족의 내부 구조 및 연령·세대·성에 따른 실제적인 가족 생활의 조직화가 이루어져서 가족 구성원인 남성·여성·아동의 총체적 노동 경험, 생활 경험이 결코 동일하지 않다.

사실 1930년대 식민자본주의 사회구성체제하의 반봉건적 지주 소작 관계를 맺으면서 사회 경제적 생활을 영위해 나갔던 소작 빈농층의 가족 생활의 제측면을 고려하여 이무영의 농민소설을 분석해 볼 때, 그 특징 중 하나는 2세대들의 인물 대부분이 농촌을 버리고 도회로 나가려 함으로써 아버지 세대인 농사꾼과 세대간의 갈등, 가족 성원들간의 불화 등을 빚는 구조로 설정되어 있다는 점이다. 그런데 이러한 갈등구조는 '내인성(內因性) 갈등'[165]으로서 아버지의 말이 지닌 권위, 즉 농촌 사회의 전통적 가치규범들에 의해 그 갈등이 해소되는 과정을 거치게 된다.

한편, 예문 3)에서도 농촌은 농사일의 즐거움, 혹은 노동의 즐거움으로 살아가는 인간의 보편적 가치에 입각한 삶의 자세를 수반하는 공간으로서

---

165) 조남현, 『한국소설과 갈등』, 문학과 비평사, 1990, pp.24-25.

의 의미로 부각된다. 더욱이 이해타산적 삶의 행태에 물든 사람은 결코
농촌의 삶에 적응할 수 없다는 칠보 영감의 발화는 분명 도시적 삶에 노정
되어 있는 물질주의나 한탕주의의를 비판하는 작가의 의도를 수행한다고
할 수 있다. 그러기에 읍내로 빈대떡 장사를 한답시고 도망간 맏아들 '장
복'의 내외를 '농사의 재미'를 외면하고, 도시적 삶을 추수(追隨)하는 타락
한 인물로 규정한다. 이러한 장복의 내외는 결국 삶의 터전을 상실할 수밖
에 없을 것이라는 경고의 언표내적 행위를 통해 이상적인 삶의 가치를
제시하고 있다. 이 작품에서도 농촌의 현실은 매우 사실적으로 장면화되
어 나타난다.

    ① 「이눔에 세상이 어찌 될려고 이러는고? 관리란 놈들은 노략질만
해대고 하느님은 비 한 방울 안 주시고……」 (428)
    ② 「아아니 미국서 몇 천원에 들여왔다는 거름을 육만 원씩이나
받아먹어? 쥑일 놈은 모두가 장사치들 농간이지 뭔가?」 (428)
    ③ 「하긴 장복이 말도 맞지 뭔가. 말이 농사지 농사 지니 사람이
살 수 있어야지! 그놈의 세금은 어째 그리 호되고 추렴은 많지? 걸핏하
면 징용장은 날라들지, 대처에 나가면 징용두 잘 안 나간다더라. 상옥이
놈 좀 보지, 그 자식이 뭘 한다구 징명서가 석 장이나 된다나. 모두
그럴 듯한 신분 징명이거든! 고런 쥐새끼 같은 놈!」 (433)

    이 작품은 1957년에 발표된 작품이다. 그런데 작중 상황에서 칠보 영감
의 발화 중 둘째 아들인 장건이 전쟁이 끝나야 올 수 있다는 내용으로
보아 1950년 이후에 창작된 것으로 보인다. ①과 ②, ③은 모두 인물들의
발화에 의해 제시된 작중 상황의 장면이다. 이 장면은 해방이 되었음에도
불구하고 궁핍한 생활에서 벗어날 수 없는 농민들의 불만, 한탄의 의미를

함의하고 있다. 개항 이후 한국의 전통적 농업 사회는 상업화와 함께 계급 구조의 변화에 의해 상호부조의 도덕 경제에 기반한 농민들의 삶의 안정성을 위협하며 급격한 변동을 겪게 되는데, 이러한 과정을 틈타서 부의 축적을 시도한 세력 중의 하나가 바로 정치적 집단, 특히 지방 정부의 관료들이었다.166) 위의 인용문에서는 궁핍의 원인이 비교적 사실적으로 제시되고 있다. 즉 관료들의 부패와 유통구조의 모순, 고율의 세금, 병역제도 운용상의 부패, 특히 사회제도의 혼란 등 변혁기의 부패한 사회상이 궁핍화의 주원인이라는 현실인식의 단면을 보여주고 있다.

이러한 농촌 경제의 피폐상에도 불구하고 칠보 영감이 지향하는 농민적 삶에의 집착은 과연 무엇을 의미하는 것일까? 이는 도시적 삶이 야기하는 물질과 소비 중심의 퇴폐적 생활 양식을 거부하고 진정한 정신적 가치에 입각한 삶에의 지향을 부각시키려는 작가의 의도로 볼 수 있을 것이다. 해방이 됐음에도 농촌은 여전히 정신적 가치 구현의 자장으로 작용하고 있는 것이다.

이무영의 농민소설에서 '순수의 본령을 지킨 가작'167)인 「農民」에서 보여주고 있는 농촌은, 현실과 가치가 대립되는 갈등의 공간 구조임을 예문 4) 장면들에서 확인할 수 있다. 앞의 전기적 사실에서 적시했듯, 이무영이 궁촌에 체류한 기간은 1939년부터 1951년 1·4후퇴까지이다. 그러나 한국전쟁이 발발하면서 그해 12월에 해사특교대에 입대함으로써 궁촌에서의 생활은 1950년까지로 보아야 할 것 같다. 따라서 「農民」은 그가 궁촌

---

166) 김동노, 「개항기 농업의 상업화와 지주제의 변화」, 『한국의 사회제도와 사회변동』, 文學과知性社, 1996, p.141.
167) 이재선, 앞의 책, p.363.

에 거하면서 구상, 집필한 것으로 보인다.

먼저 ①은 노름꾼인 박곰보(태서)가 '손톱 발톱이 자랄 새가 없이 일을 해두' 지주들의 착취에 시달릴 뿐, 좀처럼 형편이 나지지 않는 농민들의 생활을 두고 농삿일의 댓가없음을 한탄, 혹은 항변하는 장면이다. 농민들의 궁핍이 악순환되고 있음을 간접적으로 제시하고 있다. 여기에서의 농민들의 궁핍상은 일제 강점기 조선농촌의 궁핍상을 그대로 반영하고 있는 것이다. 즉 지주-소작 사이에 형성되었던 대립양상이 언표화되고 있는 것이다.

그런데 이 말을 받아 장쇠의 아버지인 노농 원치수가 진지한 어조로 농사 이치와 농민으로서의 사명감과 긍지 등에 대해 자신의 소박한 소신을 밝히고 있는 장면이 ②와 ③이다.

여기서 원치수는 이무영 소설담론에서 권위적 인물에 해당하는 「第一課 第一章」(1939년)과 「흙의 奴隷」(1940년)의 '김영감', 「文書房」(1942년)의 '문서방', 「歸巢」(1943년)의 '김첨지', 「祈雨祭」(1957년)의 '칠보영감', 그리고 「두더지」(1959년)의 '권서방' 등과 함께 이무영이 추구하는 새로운 농민상의 창조에 부합되는 인물이다. 물론 이러한 인물군들은 역사적 전망이 부재한, 주자학적 질서에 기대고 있음으로 해서 운명적 세계관에 다다를 수밖에 없는 구조의 완결성을 보장한다. 구조의 완결성이라 함은 초역사적이고 초공간적인 다가성을 버리고, 양가적 가치의 한 단면적 이데올로기만을 택함으로써 얻어진 구조의 폐쇄성을 이른다. 따라서 이들의 인물들은 지주와 소작의 대립관계에 있으면서도 소설구조의 무갈등 형식으로 드러난다.

이러한 구조의 완결성과 무갈등 현상을 당대성과 근접성의 원리에 입각해서 조망할 경우, 반근대적이며 자기의식의 결여와 대응한다. 즉, 모순과 변혁의 시대에 농민이면 철저한 농민의 의식을 가지고 있어야 할 인물들이, 그저 땅과 하늘만을 바라보며 농사를 천직으로 알고 모든 것에 순응하기만 하는 미자각적인 모습을 보여주고 있는 것이다.

「農民」에서는 일제 강점기 하의 농촌경제의 구조적 모순, 그리고 지주들의 횡포로 인한 농민들의 수난사와 궁핍상이 제시되고 있다. 뿐만 아니라, 해방과 같은 '새 역사의 도래를 가능하게 할 수 있었던 거인적인 농민상'[168]으로서 '장쇠'를 등장시키고 있다. 그런데 수탈과 학대를 일삼았던 '김승지'를 처단할 것을 주장하며 흥분하는 군중들에 대해 '장쇠'는

> 「김승지를 죽이자는 여러분의 뜻은 잘 압니다. 그리고 승지는 죽어
> 야 마땅한 인간입니다. 그러나 우리의 목적은 원수를 갚는 데 있지 않습
> 니다. 사람을 죽이는 것만이 우리의 목적이 아닙니다. 우리는 어지러운
> 세상을 바로잡아 모든 사람이-」 <131쪽>

라고 설득하는 자세를 취하여 지주들의 죄를 용서하고 화해의 분위기를 조성함으로써 새로운 공동체 건설의 가능성을 암시하고 있다.

노농인 원치수가 보여주고 있는 농사에 대한 사명감이나 이해타산을 떠난 무욕의 태도와 용서를 통해 수탈과 학대를 자행했던 지주계층과 화해를 모색하며 새로운 공동체 건설을 꿈꾸는 장쇠의 이상은 모두 한국 농촌의 가치지향[169]인 전통주의나 가족주의, 안정의 희구라는 의식의 반

---

168) 신춘호, 앞의 논문, p.104.
169) 홍동식, 『농촌사회학의 이해』, 법문사, 1989, pp.277-278.
　　그런데 농촌의 전통적인 가치관이 농촌근대화의 과정에서는 합리적으로 변화
　　해 감을 다음의 도표에서 확인할 수 있다.(홍동식, 위의 책, p.283.)

영으로 볼 수 있을 것이다. 이러한 의식은 유교적 윤리관의 바탕 위에서 형성된 한국농촌의 전통적 가치관과 그로부터 파생된 가족주의, 권위주의, 숙명주의적 사고방식에 영향을 받았음은 물론이다.

농촌의 가치관이 가장 짙게 배어있는 작품으로서 무영의 농민소설 중 '새로운 농민상의 창조'에 성공하고 있는 작품이 바로 「第一課 第一章」 그리고 「흙의 奴隷」라고 할 수 있다. 여기서 '새로운 농민상'에 해당되는 인물은 서술자에 의해 초점화되고 있는 '수택'을 이름이 아니라 수택에 의해 초점화되고 있는 '김영감'의 입상화를 말한다. '김영감'은 흙에 대한 애정과 근면, 겸손, 청렴한 일생으로 요약되는 삶의 가치를 지닌 인물이다. 이는 무영의 농민소설이 농민의 궁핍상을 사실적으로 제시하는 데만 그치는 것이 아니라 이욕을 초월한 농사에의 애정과 같은 정신성이야말로 인류의 행복을 약속한다는 전통적 가치를 지향하는 농민상 창조에도 역점을 두었음을 의미한다. 이런 점에서 이무영의 농민소설은 '그의 농촌소설의 성격적 변화를 의미'[170]한다고 할 수 있다.

농촌가치관의 근대화

전통적 가치관	근대적 가치관
① 가족주의	개인주의
② 토지에 대한 신성관	토지에 대한 상업관
③ 보수주의	진보주의
④ 자연에 유화	자연지배관
⑤ 시간관념 부족	시간의 효율적 사용
⑥ 숙명론	변화의 가능성과 개인적 책임성 강조

이무영 소설에서는 전통적 가치관이 근대적 가치관으로 변화되는 양상을 발견할 수 없다. 철저히 전통적 가치관을 지향하는 개인양식을 보여주고 있다. 작가의 보수성을 암시하는 부분이기도 하다.

사실 이러한 전통적 가치를 지향하는 인물의 창조는 위에서 언급한 바와 같이 당대성과 근접성과는 다소 괴리를 보이는 부분이라고 할 수 있다. 모순이나 불평등의 대립구조를 극복하려는 의지의 분출이 치열한 저항운동으로 전개되었던 시기에 땅과 농사에 대한 무조건적 애착과 신념은 역사적 방향성과는 다소 거리가 먼 것이다. 물론 전형적인 한국의 농민상 제시라는 형상적 가치는 그대로 유효하다.

먼저, 「第一課 第一章」은 도회에서 소설을 쓰면서 신문기자 생활을 하던 '수택'이 농촌으로 귀농하여 농촌생활에 적응해 나가는 과정을 밀도 있게 그려내고 있는 작품이다. 그러니까 이 작품은 수택이 농촌생활에 대한 인식과 그 생활에 적응해 가는 과정에 초점이 맞추어진 작품이다. 3인칭 제한적 서술 시점으로써 수택이 초점대상인 동시에 농촌의 궁핍화라든지, 김영감의 일생에 대한 조망에 있어서는 초점주체로서 스토리를 전개해 나가고 있다. 사실 도시에서 애정이 결핍된 삶을 살 수밖에 없었던 '수택'에게 있어 농촌은 흙에의 애정을 통해 이해관계를 초월하는 진정한 삶에의 애정을 깨우쳐 주는 구원의 크로노토프인 셈이다.

그런데 '흙을 긍정하고 농촌과 친화하여 그 안에서 자기 생활을 창조해 나가는 작은 농민의 모습을 다루었다'는 정한숙의 지적[171]과 이무영을 '작가 자신이 농촌으로 뛰어 들어가 농촌 생활을 하면서, 그 체험을 바탕으로 「흙의 문학」이라 불리우는 농민문학의 새로운 경지'를 연 '농민문학의 대표적 작가'라는 신춘호의 지적[172]에 대해, 이명우는 '수택의 귀농이 다

---

170) 임영환, 앞의 논문, p.50.
171) 정한숙, 앞의 논문, p.105.
172) 신춘호, 앞의 논문, p.100.

분히 즉흥적이고 낭만적이며 감상적인 차원에서 이루어지는 만큼 그의 농민화 과정 역시 추상적으로 처리되고 만다.'173)며 대립된 견해를 제시하고 있다. 이명우의 이러한 지적은 스토리와 작품의 구조를 편협한 시각에서 이해한 결과라고 보아진다. 수택의 귀농 배경은 생활에 대한 애정의 결핍과 허영 그리고 태만에 찌든 자신의 삶에 대한 철저한 반성적 사고에 의해서 이루어지고 있음이 다음의 인용문을 통해 드러난다.

① ……경찰서를 드나들며 강·절도, 밀매음, 사기 등속의 사건 전말을 듣는 것이 무슨 문학 수업의 좋은 차안스나 되는 것처럼 생각던 것도 일시적이었고, 악을 폭로해서 써 민중의 좋은 시준이 되게 한다면 의협심도 기실 자기 위안의 좋은 방패이어서 아무것도 아니라는 것을 깨달은 후부터는 그는 완전히 기계였던 것이다. 아침이면 나와서 종일 돌아다니다가 저녁-대개는 밤에 집이라고 찾아든다. 친구에게 휩쓸려 술잔도 마시고 회합에서 늦어 이차회가 벌어지고 이러구러 하루가 가고 이틀이 가고 달이 바뀌고 연도가 갈리었다. 그러기를 오년- 그 동안에 수택이가 얻은 것은 허영과 태만이다. 그밖에 얻은 것이 있다면 자기가 아닌 이런 사회에서의 독특한 존재인 이르는바 친구-지인(知人)이다. <562쪽>

② 아무것도 하나 얻을 것도 없는 회합에서 늦도록 붙잡혔다가 호올로 막차에 앉은 때의 그 공허, 허무감, 그것도 비길 데 없는 것이다. 어떤 때는 그 큰 전찻간에 동그마니 혼자 앉아 갈 때가 있다. 그럴 때면 저도 모르게 눈속이 뜨끈해지는 일도 있었고 얼근히 술이 취했다가 깰 무렵에 집에 돌아가면 문득 숫보가 덮인 책상이 눈에 뜨인다. 펜까지 꽂혀 있는 잉크스탠드, 한 달 가야 한 번 건드려 주지도 않는 원고지가 마치 영원히 돌아오지 못할 주인을 기다리고 망망한 대해에 떠 있는 목선처럼 애처로와진다. 다소 술 기운이 작용을 했겠지마는 그대로 책상에 엎드려 통곡을 하는 것이었다. <562-563쪽>

---

173) 이명우, 앞의 논문, p.119.

③「도대체 나는 뭣 때문에 사는 겔까. 누구를 위해서 사는 겔까. 문화사업?
흥!」 <563쪽>

　　도회지에서의 기계적이며 외향적인 생활의 모습이 그대로 나타나 있
다. 기계적인 존재로의 전락(轉落)과 그러한 생활에 대한 깊은 회의, 소설
한 편 제대로 쓰지 못하는 소설가로서의 고뇌가 결국 자신을 진지한 성찰
의 계기로 이끌었으며 자기찾기의 갈망으로 이어졌던 것이다. 그의 심각
한 내적 갈등의 양상은 ①과 ②를 거치면서 ③의 내적 독백으로 표면화된
다. ①과 ②는 서술자가 초점자로서 외적 초점화와 내적 초점화가 섞바뀌
어 서술되고 있다. 그렇지만 외적 초점화의 경우도 수택의 어휘로 재현되
고 있다는 점, 내적 초점화 역시 이중목소리에 의해 객관성을 확보하고
있다는 점 등은 장면을 실감있게 보여줄 뿐만 아니라 인물의 모습이나
행동과 의식을 핍진하게 제시하는 데 기여하고 있다. 이러한 초점화 원리
를 단순히 서술자의 요약적 서술로만 판단하여 객관성의 결여로 보는 것
은 온당치 않은 평가라고 할 수 있다.

　　더욱이 수택은 동경에서 나와 도시 생활을 시작하면서 '아버지의 흙투
성이가 되어 사는 꼴'을 싫어했다. 그리고 '당당한 문화인'으로서 '흙투성
이인 김영감을 내 아버지로라고 내세우기조차 꺼려'하여 '결혼을 하면서
도 자기 아버지를 청하지 않'을 정도로 농촌과 농민의 삶을 경원시한다.
그러나 반복적인 일상성과 비연대성, 비인간성, 경쟁과 긴장, 소외와 같은
도시적 삶에 회의를 느껴 '교외를 빈들빈들 돌아다니'는 중에, 친구와 함께
흙내를 맡게 되고 '사람은 흙내를 맡아야 산다'는 어릴 때 아버지의 음성을
상기하며 아버지에 대한 인식이 반전된다. 이러한 작중상황이 작품의 내

적 모순으로서 '이 소설의 리얼리티를 크게 훼손'[174]했다기보다는 오히려 서사적 구성의 치밀성에 의해 객관성이 담보되고 있는 것이라 할 수 있다. 그러기에 귀농을 결정하기까지의 갈등은 더욱 심각할 수밖에 없었음이 위의 인용문을 통해 드러나고 있는 것이다.

한편, '농민 문학의 대표적 작가'라는 문학사적 평가는 이무영의 농민소설이 이룩하고 있는 농촌현실에 대한 객관적 묘사와 전통적인 한국 농촌사회의 가치관에 입각한 농민상 창조라는 그의 문학적 가치에서 비롯된 것이다. 농민계층의 의식을 철저히 체험으로써 역사의 방향성에서 자각적인 주체로 상승해 나가야 하는 시대적 요청에 부응하지 못했다는 입장에서는 그러한 평가가 부정적일 수밖에 없을 것이다. 다만 그의 문학적 가치만으로도 그를 농민문학을 대표하는 작가의 반열에 올려놓고도 남음이 있다고 할 수 있다.

아무튼 내면심경을 통해 나타나고 있는 소작인들의 애절한 심정에 대한 수택의 이해, 농사와 농작물에 대한 애정, 행복의 조건으로서의 삶에 대한 애정 그리고 도회 사람들의 애정 결핍 등에 대한 새로운 인식은 농촌에서 육십 평생을 살아온 자신의 아버지 김영감으로부터 깨닫게 되는 농촌사회의 가치관으로부터 기인된 것이라고 볼 수 있다. '김영감'은 작가 자신의 부친을 모델로 설정한 흔적이 농후하다. 실제로 그의 부친은 「흙의 奴隷」에 나타난 父像 그대로 1937년 11월 8일 세상을 떠나기 전까지 농사일에서 손을 떼본 적이 없는 농군이었다. 그는 두 아들[175]에게는 농사일을 시키지도 않았다고 한다.

---

174) 이명우, 앞의 논문, p.119.
175) 李無影 家系圖表

한편, 이무영의 작품에서 농민들에 의해 인식되는 도시적 삶의 양식은 그들에게 극히 부정적으로 인식된다. 이러한 부정적 인식의 단초는 물론 이무영의 농민소설 작품의 곳곳에서도 제시되고 있지만, 한국의 전통적 농촌사회의 농민이 지닌 사회적 성격, 즉 ⅰ) 유교적 생활양식, ⅱ) 水田農業中心의 자급자족적 경제체계·신분제도·공동체적 생활·自然畏敬, ⅲ) 安住形態, ⅳ) 폐쇄적·自己完結的 생활 따위의 규제조건 등과 밀접한 관련을 맺고 있다. 이로 말미암아, 농민의 사회적 성격은 ⅰ) 권위적 인간 관계하의 仁義禮忠信的인 人倫의 원리가 도덕적 규범으로 주입되어 비판보다는 忍從, 創造보다는 傳統, 自我보다는 타인에의 依支·屈從, 일방적 의무의식 따위와 같은 관념의 내면화, ⅱ) 현상유지적 관념, ⅲ) 성취의욕의 좌절·압박화, ⅳ) 대외적 폐쇄성과 1차적·지속적·情誼的·권위적·다면적인 공동체적 사회관계, ⅴ) 미신적 성격 등[176]으로 나타난다.

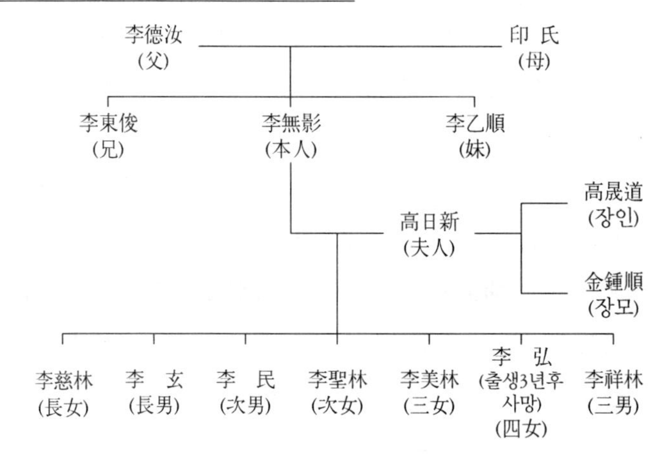

176) 王仁槿, 『農村社會學槪論』, 博英社, 1987, p.103.

이는 숙명론이나 보수주의적 가치관으로 지칭될 수도 있을 것이다.

다시 말하면, 농민들이 보여주고 있는 도시적 삶에 대한 부정적 인식은 도시의 근대화가 일반화되면서 농촌사회가 지니고 있는 가치관과의 심리적 거리에 의해 야기되고 있는 것이다. '소극적 농민의 신화'[177]의 반영태로 볼 수 있는 것이다. 이러한 부정적 인식의 양상은 당대 농촌이 처한 사회경제적인 여건에 따라 다양할 수 있음은 물론이다.

이무영의 작품에서 농민들은 주로 기계주의나 물질주의, 소비·향락적 생활 양태 그리고 몰인정한 생활자세에 대해 비판적 시각을 견지한다.

> 1) 「결국은 기계가 사람을 죽이느니라. 사람이 기계를 부리는 게 아니라 기계가 사람을 부려먹는 세상야. 산미증산 산미증산 해서 소출이야 더 나지. 허지만 그 대신 대두박이니 암모니아니 거름값이 더 들지. 전엔 모두 찬밥을 한술만 떠먹으면 손으로 해치우던 걸 인전 기계 아니면 못하는 줄 알잖니? 우리네 농군이 일 년내 피땀을 흘려서 대처(都會) 사람 좋은 일만 시키느니라. 모두 그리 가져가지. 농군한테 지까다비가 하상관야? 몸뚱이가 튼튼하면야 쇠를 먹어도 색이지, 병원이 뭔 소관이구? 움찔하면 똥이라더니 이건 움찔하면 돈이로구나……」
>
> <「흙의 奴隷」, 124쪽, 권2>

> 2) 만보영감은 봇둑에 나와 서서 멍하니 발동기 쪽을 바라보고 섰다. ①네 식구의 목숨을 메고 있는 물방아는 빈물만 철철 흐건만 부자집 발동기는 콩콩 찧고 있다! ②하루 밥 세끼는 고사하고 한 끼씩이라도 밥맛을 보겠다고 애를 쓰는 사람들의 창자에는

---

177) 소극적 농민의 신화란, 농민들은 본성적으로 소극적이고 운명적이며 전통지향적이고 변동에 저항적이라고 보는 인식으로 규정함. Whyte는 이러한 신화의 조작을 통해 개발전문가들의 농촌개발사업 실패를 농민들의 탓으로 돌리려는 편리한 구실을 마련하게 된다고 비판한다.(洪東植, 위의 책, pp.275-276.)

멀건 조당죽이나 시래기죽도 변변히 안 떠넣어 주고 몇 백 석씩
추수를 하고도 해마다 땅을 사들이는 부자집 창고에만 쌀짝을
갖다 백여 주는 이 세상에 대한 울분과 다 쓰러져 가는 물방아를
버언히 지키고 섰는 자기를 조소하는 듯이 콩닥콩닥 재마나게
찧는 기계방아에 대한 원한이 만보영감의 가슴 속에 불을 부어주
는 것이었다.   <「萬甫老人」, 263쪽, 권2>

3)   서울 ××직조 공장에서 그와는 실낱만한 인연도 없을 ①어떤
부자집 따님들의 몸치장거리가 될 부사견을 짜다가 왼손 날라리
뼈에서부터 몽창 끊긴 창건이가 궁말을 찾아온 것도 손바닥만큼
한 감나무잎이 누릇누릇 단풍이 들 무렵이었다.
     창건이는 몇 번이나 방망이 끝처럼 맹숭맹숭한 팔목을 내려다
보고는 한숨을 지었다. 그는 어떤 놈하고 맞붙어서 단병접전이
나 하다가 끊어졌다면 차라리 단념될 것도 같았다. ②낯도 모르
고 성도 모르는 계집년들의 호사감을 짜다가 애지중지하는 그
예쁘장스런 손목을 몽땅 잘린 생각을 할 때마다 터질 곳 모르는
울분이 치받고는 하였다.
     그러나 그렇다고 팔목만 들여다보고 앉았을 수도 없었다. ③누
구보다도 그를 싸고 돌고 세상 이치를 일깨워 주는 상수의 덕분
으로 찾아낸 위자료 삼십 원 나머지를 해어진 지갑 속에 싸고
싸서 들고는 오직 한줄기의 혈육인 누님을 찾고자 서울을 떠났
던 것이다.   <「山家」, 238쪽, 권2>

4)   초조한 채 다시 십여 일이 지나서야 문서방네 추수도 대략 짐작
이 되었다. 그전 어느 날 문서방은 깊이 장 속에 넣어두었던 당목
홑두루막을 꺼내 입고 정거장으로 나갔다. 아무도 몰랐지만 서울
남의 집을 찾아간 것이었다.
     가보니 그것은 과연 부자집다왔다. 삼십여 칸이나 되는 고래등
같은 기와집에 높은 벽돌담이 둘러 있었다.
     「천석군이는 된다! 거짓말은 아니었거든! 」
     문서방은 담 밖에서 이렇게 중얼거리고 돌아왔다. 오래 끌어오
던 문서방의 생각은 내려오는 기차 속에서 벌써 결정이 되었던

것이다……

　「부엌띠기로나 달라시면 몰라두 지금까지 애긴 그만두겠쉬다.
원 과만해서요……말이 됩니까, 과만하구말구요.」

　이렇게 말을 하더니 그대로 일어서 버리는 것이다……

　금례가 장돌이와 말이 되어 음력 시월 초열흘날 잔치를 한다는
소문이 돈 것은 그런 지 달포밖에 안돼서였다. 시월 초열흘이라면
앞으로 보름밖에 남지 않았었다. 장돌이는 삼모자의 식구는 단출
하나 제 땅 한 마지기도 없는 순소작인이었다. 그러나 문서방은
장돌이 자랑을 이렇게 하고 다니었다.

　「뭐? 장돌이가 날털터리라구? 어떤 놈이 그따우 소릴 하구 다닌
다디. 사람이 털스럽고, 부지런하고, 고지식하구, 그러면 됐지! 이
보다 더 좋은 밑천이 있다던가! 또 뭐, 송곳 꽂을 땅 한 뙈기 없다구?
왜 없어. 논이 섬지기가 넘것다, 밭이 사흘갈이나 되어, 집 있어,
사람 착실해!」　<「사위」, 327, 328쪽, 권2>

5)　「뭐가 어떻구 어째? 그래 이놈의 서울선 제 맘대루 죽지두 못한
　　다더냐? 내가 치여 죽으면 제놈이 거상을 입어 줄 테니 걱정이냐,
　　장사를 치러 줄 테니 걱정이냐? 어째서 잔말이 그리두 많으냐말
　　여? 뭐, 어째구 어째? 무슨 재판? 그래 제놈이 가란 길루 안 갔다구
　　재판을 한단말이지? 이눔들 백성들이 갖다 바치는 세금으루 국록
　　을 먹거든 할 일을 해야지! 수수미꾸라지처럼 말쑥하니들 차리구
　　선 찻집으루, 공치기 아니면 바둑이나 두구, 뭐 년놈들끼리 부둥
　　켜 안구서 춤을 춘다구? 농군들이 그 피땀을 흘려서 농살 지어다
　　바치면 처먹구선 그래 그런 지랄만 해? 남 길가는 것 참견 말구서
　　그런 놈들이나 한 두름에 엮어서 시굴루 보내주면 농사나 지어먹
　　잖아? 젊은놈들은 모조리 수대루 잡아가구, 늙은이들보구 저런
　　놈들 바둑 두라구 농살 짓구 있어? 그래 우리 농군들은 사람이
　　아니냐말여! 우리가 밥 처먹구서 피둥피둥 노는 그런 놈들 위해서
　　이 세상에 태어났단말여? 난 간다! 난 가! 그런 놈들의 꼴 더는
　　못 보구 살겠어!」　<「두더쥐」, 493쪽, 권2>

　예문 1)과 2)는 기계화된 삶의 구조에 의해 자신들의 삶이 크게 훼손되

고 있으며, 산미증산이 결국 조선의 중소지주와 자영농, 그리고 빈농층을 몰락시키고 있음을 깨닫는 김영감과 만보영감의 발화내용이다. 이러한 농민들의 위기의식은 일제에 의해 기형적으로 자본제 사회가 형성되고, 조선이 일본의 식량공급지로 전락하는가 하면, 산미증산계획의 일환으로 정미기가 도입되는, 1930-1940년대 초까지 계속되고 있다.

먼저 1)에서는 농업의 상업화에 의해 농촌의 삶의 양식이 얼마나 심각하게 위협받고 있는가가 김영감의 발화에 제시되고 있다. 상호 부조의 도덕 경제에 기반한 농민들의 삶의 안정성이 결국 농업의 상업화로 말미암아 '돈'의 문제로 해체되고 있음이 시사되고 있는 것이다. 다른 농업 사회와 마찬가지로 한국의 전통적 농업 사회에서의 농업 생산은 생존유지 지향적 형태의 농업으로서 자신의 필요를 충족시키거나, 지주나 국가 관료의 부의 축적을 위한 도구에 지나지 않았다.

그러나 개항 이후 원거리 시장과의 대외 무역이 시작되고, 쌀과 콩의 주곡이 수출을 통해 시장 교역의 상품으로 등장하면서 전통적 농업 사회에 큰 변화를 몰고 오게 되었다. 특히 일본의 제국주의적 식민 정책의 일환으로, 값싼 조선의 소작 농민의 노동력을 착취함으로써 식민지 조선에서 미곡을 증산, 이를 일본으로 약탈해 갈 목적으로 시행된 산미증산계획에 의해 농촌경제는 피폐할 대로 피폐해져 갔다. 인용문에서 김영감은 사실 농업의 상업화로 인한 곡물유출, 기계와 화학 비료의 사용 그리고 농촌의 기반시설로 인한 상업주의의 폐단을 문제삼고 있다고 볼 수 있다.

이 작품이 1940년에 발표되었다는 점을 감안한다면 김영감의 현실인식은 다분히 전통적 농촌사회에 향수를 느끼는 전근대적[178] 또는 반산업적 인물에 속한다고 볼 수 있다. 특히 1930년대 후반부터 1940년대는 일제의 수탈정책이 극에 달했던 시기이기도 하다. 예컨대, 공출제도는 농민의 최소한의 식량까지도 빼앗는 가혹한 제도였는데, 1940년부터 실시된 공출제도는 잡곡에까지 적용되어 전체 생산량의 40퍼센트에서 60퍼센트 이상이 강제 공출되었다.[179] 그러한 반근대적 사고가 반일제의 시각에서 비롯된 것은 결코 아니었다. 이는 오히려 전통지향적이며, 보수주의적인 농민들의 사회적 성격에서 말미암는 것으로 볼 수밖에 없을 것 같다.

한편, 위의 인용문을 '기계파괴론'에 무게를 두는 선행연구[180]가 있지만 농업의 상업화에 대한 김영감의 현실인식으로 보는 편이 더욱 타당할 것이다. 이는 농촌 역시 제국주의적 자본주의 경제의 시장으로서 수탈의 대상이었음을 의미하는 것임과 동시에 농민 생활의 궁핍화에 따른 상업화의 부정적 인식으로 볼 수 있는 것이다.

이에 비해 예문 2)는 '資本主義化 過程에서의 農民的 生活의 崩壞相을 다룬 作品'[181]인 「萬甫老人」에서의 인용문이다. 김동인은 이 작품에 대해 '이 作者가 아직껏 즐겨서 取扱하는 소위 運動靑年이 없어지고 순전히 한 素朴한 農老로서 作者의 말하고 싶은 바를 說明한 것도 一段의 進步라 아니 볼 수 없다'[182]고 전제한 뒤 '조선現文壇에서 매우 重要한 자리를 占領'하고 있다고 언급한 바 있다.

---

178) 高永復은 「韓國性格」론에서 전근대적 인간관계는 농촌이나 가족에서 볼 수 있는 인간관계이고 근대적 인간관계는 도시나 직장에서 볼 수 있는 인간관계라고 하였다. 그리고 인간관계를 다른 사람과의 접촉농도의 측면에서 볼 경우, 전근대적인 것은 情誼的 人間關係, 근대적인 것은 공식적인 인간관계로 파악했다. (고영복, 『현대사회심리학』, 법문사, 1974, pp.86-87.)
179) 강만길, 앞의 책, p.99.
180) 임영환, 앞의 논문, p.47.
181) 신춘호, 앞의 논문, p.100.
182) 김동인, "日就月將-李無影氏 「萬甫老人」", 매일신보, 1935. 3. 30.

농촌내부의 경제적·기술적 진전이 거의 이루어지지 않아, 小農的 生産方式이 그대로 존속되는 여건하에서 기계방아와 같은 근대적 영농기계의 도입은 농촌경제와 농민들의 삶의 근간을 뿌리째 뽑아놓는 결과를 초래하고 남음이 있음을 '만보영감'의 내면을 통해 여실히 드러내 주고 있다. 특히 ①은 이미 퇴물이 되어 가는 물방아의 한산함을 목도하며 동시에 분주하게 작동하고 있는 기계방아 소리를 듣고 있는 만보영감의 내면이 만보영감의 서술된 독백 형태로 초점화됨으로써 그 인물이 감당해 내야 할 참담한 심경을 극적으로 제시하고 있다.

이 작품이 발표된 때는 1935년이다. 1935년을 전후한 시기에는 산미증식계획의 목적을 달성하기 위하여 개량농기구의 보급이 이루어 졌는데, 그 중 주로 수리조합지역에서 사용되고 있던 관개용(석유발동기의 일부와 양수기) 및 개량쟁기를 제외하고는 대부분이 곡물가공에 쓰이는 것이었다.[183] 특히 '만보영감'이 적대감을 갖는 탈곡기, 정미기, 현미기, 당기,

---

183) 개량농구보급상황

(단위 : 臺)

	1929	1930	1931	1932	1933	1934	1935
石油發動機	3,711	5,531	3,558	4,151	4,761	5,606	7,567
揚水機	20,776	22,362	24,676	24,344	24,807	27,297	28,009
改良犁	41,240	56,994	75,390	91,646	116,753	147,449	180,194
大豆粕分碎機	5,073	6,476	6,002	6,250	6,387	6,398	6,396
脫穀機	437,461	513,230	425,525	561,109	556,047	600,841	628,406
玄米機	78,228	81,960	66,233	57,523	66,162	65,683	61,170
精米機	3,442	5,660	2,410	2,832	3,441	3,999	5,517
唐箕	59,192	73,954	80,063	84,961	85,733	92,611	93,001
萬石	25,432	38,960	19,081	17,790	17,520	17,484	17,152
製繩機	16,814	23,757	23,035	24,477	28,021	30,769	35,847
製延機	244,312	291,151	281,559	314,096	343,707	379,833	442,510

朝鮮の農業(1937), pp.100-101에서 作成(鄭文鍾, 「産米增殖計劃과 農業生産力停

만석, 제승기, 제연기는 농민이 생산한 벼를 米로 만드는 과정이나 상품화하는 과정에서 비용을 최대한 줄여서 米 移出의 경우 이윤을 많이 남기려는 의도로 지주에 의해 도입된 것이었다.

이러한 기계방아에 대한 울분은 결국 ②에서 소작과 지주의 계급적 갈등 양상으로 확대된다. 즉 지주와 빈농의 관계가 토지와의 본원적 결합으로 이루어진 이전의 봉건제와는 달리 자본주의의 전제로서 일제의 식민지적 농정과 식민지적·상업적 농업이 발전해감으로써 지주의 경작지 및 생산과정, 소작료의 질에 대한 개입이 심화되고 인용문에서 보듯이 동리 구장인 '부용'네와 같은 지방 정부의 관료들에 의해 토지 소유권이 확대되고 심지어는 일제의 농산물 약탈과 관련된 정미업마저 독점됨으로써 지주와 빈농의 경제적 격차는 생을 포기하거나, 체험 또는 방화와 같은 실천적 저항의 양태를 야기시켰던 것이다.

②는 서술자의 전지적 서술이라기보다는 서술자가 자기 자신을 만보영감의 감정 및 내면심경과 感情移入된 상태로 동일시한 서술방식이라고 할 수 있다. 만보영감의 기계방아에 의해 물방아가 무용지물이 되어 가는 과정은 곧 도시적 삶의 양식에 의해 농촌적 삶의 양식이 파괴 내지는 해체되어 가는 과정으로의 치환이 가능함을 문학적 형상력이 말해주고 있는 것이다.

3)은 1935년에 발표한 작품이다. 서울 W고보 이학년 초까지 다니다 학교를 그만두고, 직조 공장의 소년공으로 일하다가 손목을 잘린 '창건'이 누님을 찾고자 궁말로 낙향하여 그곳에서 궁핍한 농민들의 삶을 직접 체

滯에 관한 연구」, 『한국 근대 농촌사회와 농민운동』, 열림원, 1988, p.72.에서 재인용)

험하고 계급의식을 고쳐시킨다는 서사구조를 갖고 있는 「山家」에서 인용한 예문이다.

1931년 만주사변 이후 준전시 체제로의 돌입으로 야기된 군수산업 발전의 필요에 의해 기계·화학 공업이 크게 발전했으나 이전 시기의 방직·식품 공업 생산도 계속 진전되었다. 이러한 단절적인 산업화 과정에서 1930년대는 당시의 공업 발달 수준으로 보아 다소 불균형적인 기술 집약적 공장의 설립으로 인하여, 도시의 자본주의적 부문에서의 고용 흡수는 미미했고, 각종 행상·잡업 등의 고용 형태가 증대했다.[184]

특히 방직·섬유·고무신 공업 등은 식민지의 풍부한 원료와 저렴한 임금을 바탕으로 여성과 유년 노동이 집중되어 있었던 대표적인 부문이었다. '창건'이 '병신 팔'을 해가지고 낙향하게 된 원인에는 이러한 일제 강점기 하의 상황이 함축되어 있는 것이다. ②는 '창건'의 울분에 찬 어휘로 재생된 창건의 내면심경인데, 기생적이고 소비지향적인 일제 강점기 사회구조에 의해 더욱 심화된 계급 혹은 계층간 갈등 양상의 일단(一端)이 제시되고 있다.

그런데 같은 낙향의 이유를 제시하고 있는 ①과는 서술양상에서 차이가 드러난다. 특히 ①의 '부자집 따님들의 몸치장거리'와 ②의 '낯도 모르고 성도 모르는 계집년들의 호사감'에서 나타나는 어휘의 차이는 지각의 주체가 누구냐에 따라 달라진 표현이라고 할 수 있다. 즉 서술자의 지각과 인물의 지각이 각기 다른 어휘로 서술된 것이다. 인물에게 지각된 내용이 인물의 어법에 영향을 받아 서술된 ②는 인물이 가지고 있는 울분의 감정

---

184) 정진성, 「인구변동과 도시화」, 『한국사회사의 이해』, 文學과知性社, 1995, pp. 365-366.

이 그대로 배어나고 있다. 그에 비해 ①은 서술자가 낙향의 이유를 전지적 시점의 입장에서 서술하고 있다.

따라서 '부자집 따님들'의 표현에서 묻어나오는 비아냥의 가치평가적 어조는 작중상황에 대한 서술자의 태도를 읽을 수 있는 근거가 되는 것이다. 그리고 ③에서는 공장법과 같은 최소한의 법률적 제재조차 없었던 일제 강점기 하의 산업 구조 상황에서 자행되었던 여성노동자와 유년노동자에 대한 비인간적 착취상이 암시되고 있을 뿐만 아니라 '창건'의 의식을 고취시켜 주고 위자료 문제를 해결해 준 '상수'는 이미 노동 운동[185]에 개입하고 있는 인물로 비쳐지고 있다.

3)의 예문이 다른 작품의 예문과 다른 점은 공장 노동자가 낙향하여 농촌의 실상과 그 실상의 원인을 계급적 차원에서 인식해 간다는 점이다. 물론 '창건'이의 도시에 대한 인식이 그렇다고 그 원인에 대한 대응자세가 행동으로까지 이어져 실천되는 것은 아니다. 계급의식의 고취에 머물고 있을 뿐이다. 창건에게 도시는 노예적 노동, 물질적 박탈과 결핍 그리고 인격적 모멸과 굴욕에 의한 울분의 시학적 공간임이 암시되어 있다.

---

185) 1920년대에 들어오면서 임금 노동자의 수가 전반적으로 증대되었던 것을 배경으로 1920년 4월 조선노동공제회의 창립을 전후하여 전국 각지에서 '노동회', '노우회', '노동친목회', '노동조합', '노동계' 등의 이름을 내건 노동 단체들이 활발하게 조직되었다. 일제의 통계에 의하면, 1920년에 30여 개에 지나지 않던 전국의 노동조합 수는 1920년대 중반 100여 개에 이르렀으며, 1928년에는 거의 500여 개에 육박할 정도로 비약적 증대를 보였다. 이러한 추세는 이후에도 지속되어 1930년 무렵에는 무려 560여 개의 노동 단체가 조직되었다. 이러한 노동운동의 노동조합 조직의 형태가 20년대 초반의 지역별 노조와 직업별 노조에서 20년대 후반 산업별 노조로의 이행, 30년대의 노동운동은 산업별 조직 방침을 채택하여 비합법적 형태, 즉, 볼셰비키적 전위당의 재건설과 밀접한 관련을 지닌 혁명적 노동조합 운동으로 이어진다. (김경일, 「노동계급의 형성과 노동운동」, 『한국사회사의 이해』, 文學과知性社, 1995, pp.429-440.)

4)는 서울 사람으로서 여자전문학교 선생으로 있는 '남'이라는 사람이 궁촌에 있는 '그'의 집에 휴양차 내려와 있으면서 궁촌에서 '오십 년간 갖은 풍화를 겪으면서도 꾸준히 땅만 파고 살아오는 농군' 문춘갑의 고명 딸 '금례'와 혼인하기로 작정하고 '그'를 내세워 허락해 줄 것을 간구하지만, 문서방이 서울에 있는 '남'의 집을 아무도 모르게 찾아가 본 후 너무 처지가 다른 환경을 확인하고는 자신의 딸을 순소작인 '장돌'이에게 시집을 보내고 만다는 「사위」에서 인용한 예문이다. 문서방은 자신 스스로가

> 「금렌 인저 아무 데 내놔두 구길 덴 없을 게다. 내게 치어났으니
> 더 할말 없지. 암만 큰 광작(大農)집에 간대두 막힐 거라군 없으리
> 라……」

고 호언할 정도로 금례를 '물이못나게 달구'쳐 '어려서부터 손톱이 닳도록 일에 들볶이었던' 것이다. 때문에 어떤 농사일과 가사에도 부족함이 없는 처녀로 성장할 수 있었고, 열 여덟의 혼기를 맞고 있었던 터였다. 문서방네 가정경제는 '지주한테 뜯기고, 마름한테 긁리우고, 장리벼다 곗돈이다 물다보면' 타작과 동시에 양식 걱정을 해야 하는 소작농에 불과했다. 그런 그가 식자(識者)에다 '고래당 같은 기와집'을 가진 '남'의 간청을 거절하고 소작인과 혼인을 시킨 것은 경제적 격차에 대한 심리적 부담이 가장 큰 원인이었을 것이고 전통적·규범적 관계로부터의 영향도 작용했음을 예문을 통해 알 수 있다.

농촌사회계층의 특성은 ① 사회 전체적 측면에서 중 내지 하층 중심의 구조, ② 전통적 또는 규범적 관계로부터의 영향, ③ 계층의 단순성, ④ 토지소유를 중심으로 한 계층구성 등을 들 수 있다.[186] 사회경제적 측면에

서 열등한 위치를 차지하고 있는 입장에서는 자기 분수를 지키려는 의식이 보다 강하다고 할 수 있다. 그리고 농촌계층은 전통적·규범적 관계와 밀접한 관련을 갖고 있다. 즉, 전통적인 인간관계, 규범, 또는 관습과 보다 밀착되어 있어 신분, 혈통이 큰 영향력을 갖는다. 따라서 농촌은 직접적인 대인관계가 중심이 되므로 계층에 대한 상호인식이 보다 명확하다. 이 때문에 농민 서로간의 상호관계를 통한 평판이 큰 영향을 준다.

문서방이 '남'의 청혼을 거절한 이유는 이러한 농촌사회계층의 특성과 함께 '장돌'이와의 동질감 때문으로 볼 수 있을 것이다. 문서방 자신이 '부지런키로도 유명하지만 근실하기로도 궁촌서 손꼽히는 농군'이다. 이러한 문서방의 평판은 문서방이 '장돌'이를 사위로 맞이하게 된 동기와 그 궤를 같이 함으로써, 동질감에 의한 신뢰가 큰 몫을 차지했다고도 볼 수 있으며, 반자본주의적 또는 반도시적 선택의 결과라고도 할 수 있을 것이다.

결국 문서방이 갖는 도시 또는 도시인과의 거리, 즉 인식의 양상은 농촌사회계층의 특성으로 말미암는 것이고, 특히 전통적인 가치관이나 생활양식의 지속성과 밀접히 관련되어 있다고 볼 수 있다.

예문 5)는 노농(老農)인 권서방이 서울에서 이른바 출세를 했노라는 '삼성'이의 권유에 따라 마을 사람들의 부러움을 한몸에 받으며 상경하였으나, 서울에서의 생활 중 가치관과 규범의 차이로 겪게 되는 도시생활에서의 불안한 삶을 통해 도·농간 삶의 양식의 차이로 인해 야기되고 있는 갈등 양상을 구체적으로 드러내고 있는 장면이다.

---

186) 홍동식, 앞의 책, p.233.

이 작품에서 권서방은 상경한 이래 가치관이나 규범, 그리고 생활의
양식에서 오는 차이로 인하여 삼성이 부부와 잦은 마찰을 빚거나 도시의
제도나 생태에 대해 적지 않은 불만을 드러낸다. 이러한 마찰과 불만의
표출은 도시생활의 부적응으로까지 이어져, 급기야는 장앳말로 귀향하여
상경할 때 춘식에게 소작을 주었던 토지를 다시 되돌려 받아 농사일을
시작하려고 한다. 그러나 그 토지는 삼성이가 이미 권서방 몰래 춘식에게
처분한 뒤였다. 이 사실을 알게 된 권서방은 춘식에게 머슴, 즉 농업노동
자[187]로 고용해 줄 것을 눈물로 간청하기에 이른다는 서사구조를 지니고
있다.

이 작품의 제목인 「두더쥐」는 육십 평생을 땅을 파며 살아온 권서방을
은유화한 문학적 장치이다. 이 작품에서도 물론 권서방은 전통적인 한국
농민상의 이름값에 값하는 인물로 제시되고 있다. 권서방은 '삼성'이의
'약게는 굴지만 남을 휘감아 먹는 버릇'을 늘 경계하여

> 「다른 것이 도둑놈이 아니니라. 씨 안 뿌리고 추수해 먹자는 심사가
> 바루 도둑놈의 심사! 공짜 바라는 게 바루 도둑놈이란말야……」

하고 타일렀던 것이다. 권서방은 한국농촌의 전통적 가치관과 규범에

---

187) 농업노동자층은 머슴과 근대적 농업노동자의 두 개의 집단으로 나눌 수 있다.
머슴은 전통적 농업노동자의 성격이 강한 것으로서 지주나 부농의 직영지에서
가족노동력 부족의 보충 양식으로 존재하였으며, 일제치하에서는 소작지를 잃고
토지에서 완전히 분리된 이전의 소작농이나, 또는 극소면적인 소작지를 경작하
고 있지만 도저히 생계를 유지할 수 없는 영세소작인이 소작지를 포기하고 평
야지대를 유랑하면서 농번기에 경작과 이앙과 수확 등 농업노동에 고용되어 마
침내 농업노동자층을 형성하게 되었다. (신용하,『한국근대사회사』, 일지사, 1987,
p.330.)

입각해 정직하고 우직하게 삶을 이끌어 가는 동시에 삶의 이치나 세상 이치를 밝혀주며, 농토에 대해 집착을 버리지 않는 권위적 인물인 것이다.

예문 1)과 2)가 일제 강점기 경제 구조 하에서의 근대화와 소작농의 갈등양상으로서의 거리감을 보여주었다면, 예문 5)는 한국전쟁 이후 현대화의 과정에서 빚어졌던 가치와 규범에 있어서의 都·農間, 新·舊世代間의 괴리 현상에 초점이 맞추어져 있다. 3인칭 제한적 전지 시점을 택하여 '권서방'을 초점주체로 하여 권서방에게 지각되는 서울에서의 생활을 객관적으로 제시하고 있는 것이다. 물론 서술자는 권서방의 외면과 내면을 넘나든다.

서울 생활에서의 경험을 바탕으로 권서방이 겪게 되는 고통, 즉 가족과 노동으로부터의 소외, 소비지향적이면서도 쾌락추구적 생활 태도, 자동차로 달리기와 두다리로 걷기와 같은 생활 양식의 차이에서 오는 이질감, 일확천금을 노리는 도시인들의 허영심과 출세를 위한 아들의 간교성 등의 부각은 이무영의 지속되는, 현실에의 관심이 건져 올린 문학적 성과라고 할 수 있다.

평생을 농촌에서 살아온 노농의 지각을 통해 도시의 생활 양태를 해부케 하여, 삶의 방식이나 태도를 개진해 보려는 작가의 의도는 곧 30년대 한국문학의 가장 현저한 구조적 특질의 하나인 '都市와 자연의 변증법'[188] 양상이 50년대 이후의 상황변화에도 유용함을 나타내 주고 있는 것이다. 흙과 소, 아스팔트와 자동차의 관계에서 생성되는 거리감이 권서방의 의식 속에 내재하는 도시와의 거리감인 것이다.

---

188) 이재선, 앞의 책, p.317.

(2) 도시를 배경으로 하는 작품 속의 시·공간

- **두 訓示**(1932.5) : 상철의 방안, 개천, 종로, 태평동, 넝마전, 남대문, 조선은행, 삼청동, 안국동, 인사동-호떡집, 파출소, 종로서 / 상철-고무공장에서 해고당한 노동자 / 10일 이내

- **蒼白한 얼굴**(1934) : 나의 방안, 거리, 영등포, 제사공장 앞, 깜깜한 방안, 식당, 토사운반 공사현장 / 나(장군:소설가-룸펜), 정균(법과→문과 : 문학자) / 몇 개월

- **乳母**(1936.7) : 나의 집, 도림동, 잡지사, 논단사, 팔판동, 화동으로 빠지는 골목, 구멍가게, 천변, 삼청동 막바지, 산기슭, 산등성, 유모의 집 / <논단>지의 편집인 / 2-3개월

- **龍子小傳**(1937.2) : 나의 집, 서울(개명 앞, 화신, 종로서), 안양 / 나-문학청년, 용자-의전시험 패스

- **明日의 鋪道**(1937.6) : 市區整理의 C주(소도시/영주의 집)-삼랑진-낙동강 연안-경성역, 부산부두, 인천, 경성(종로, 조선호텔, 명치정M그릴, M백화점, 퇴폐적인 찻집, S그릴), 남촌의 어촌 / 일구-미두, 한승-화가, 영주-이화전문 지망, 소연-기생출신의 영주 모친, 상훈-화가 지망생 / 초가을-가을-봄

- **어떤 아내**(1939.12) : 인왕산 막바지의 다섯 간의 외가(집안), 광화문, 종로거리 / 장진수-평론가, 소장학자, 아내(인애)-여자전문졸, 주부 / 여름-가을

- **이름없는 사나이**(1940.3) : 서울(집), 문단, 화단, 교육계, 술집 / 한인수-철학전공, 교원, 철학자, 윤명희-동경여자대학교 졸업, 가계에서 활

동 / 1년 미만

• 閔權(1940.8) : 경성(화신상회, 카페, 광교앞 천변, 극장) / 권-매약회사 외판원 / 1년 미만

• 宏壯氏(1946.12) : 상·하동 삼백호의 구읍, 석굴, 서울 / 박굉장씨-감투 좋아하는 기회주의 속성의 인물 / 해방 후 2-3년

• 長靴(1949) : A읍(사법대서 사무실, 거리, 도청, 명월관, 동해루, 천일관, 화산옥) / 김달영-사법대서사 / 해방직후 1-2년

• 戰記(1950.2) : 서울(관청, 검찰청, 훈의 집, 고창공작주식회사(영등포 브레이크 라이닝 공장) / 훈-대학교수, 민-라이닝 기술자 / 해방직후 몇 개월

• O型의 人間(1953.6) : 오성근의 집안 / 오성근-통계학의 권위자(미국유학), 박선희(아내)-주부 / 하루

• 榮轉(1954.6) : 서울(남북전력회사), C주의 지점 / 박탁-과장대리→C주 지점장 / 늦봄의 며칠

• 異端者(1955.2) : 극장 안, 서울 집안 / 준-지성인(룸펜), 아내-생활인→계주 / 며칠

• 淑卿의 境遇(1955.2) : 숙경의 집(방, 서재), 박여사네 집, 요정 / 한달

• 또 하나의 僞善(1955.2) : 서울(훈의 방안) / 훈-중학교 선생→룸펜, 아내-속물근성의 생활인 / 겨울

• 幻(1955.11) : 서울(다방, 가회동 술집, 중아청 네거리, 안국동, 창덕궁, 원남동, 동소문, 대학통, 종로 삼가, 을지로, 해군본부 앞길, 동화백화점) / 성준호(청년;최고학부졸업, 국제회사 상무의 아들) / 1년 미만

• 三年(1956) : 시모노세키 역 구내의 풍경, 연락선, 온양, 옥인동과 사직

동 사이의 명주네 집, 남산 밑 적산 집, 성심병원 / 한흥수-친일의
거부, 명주-한흥수의 딸, 동경유학, 인태-의사, 최일-사회주의자, 손발
-민주주의자, 규홍-명주의 오빠, 아버지의 강권으로 성전에 참가했다
가 불구가 됨, 숙경-인태의 아내, 최일의 애인, 태임-사회주의자→전
향 / 1945년 9월-겨울-봄
- **屍身과의 對話**(1957.3) : 서울(병원, 거리, 열두 평의 후생주택, 신촌버
  스 종점, 다릿목, 서대문 / 장교수, 아내 / 겨울
- **孤獨**(1957.8) : 교수 연구실 / 강군-대학생, 훈교수 / 몇 개월
- **季節의 風俗圖**(1958.11~1959.7)
- **罪와 罰**(1959.9) : S극장(안과 밖), 퇴계로, 성당, 면회소, 신부 방, 바오
  로의 집 / 늦더위가 걷히기 전의 몇 개월

이상의 분석을 통해 볼 때, 이무영 작품의 공간적 배경은 시종일관하게
그 자신이 생활하고 있는 곳과 밀착되고 있음을 알 수 있다. 작가의 생활공
간과 작중인물의 활동공간이 완전히 일치하고 있는 것이다. 시간 역시
당대를 벗어난 일이 거의 없다. 결국 이무영은 '여기', '지금'으로 한정되는
리얼리즘계의 소설의 원칙에 전적으로 합치되는 경향을 지니고 있는 것이
다. 다만 농촌을 배경으로 하는 작품의 시·공간과 비교해 볼 때, 도시를
배경으로 하는 작품에서는 공간적 배경이 넓어진다는 특징이 있다. 농촌
소설의 경우 한 마을에 국한되었던 것에 비해 도시를 배경으로 하는 작품
의 경우 주동인물의 행동공간이 동(洞)에서 동(洞)으로 이동한다든지, 여행
의 노정(路程)이 제시되기도 하는 것이다. 또한 구체적인 洞名이나 地域名
이 언급됨으로써 현실성을 띠는 地誌的 공간으로 제시된다.

　도시의 시공간성을 지닌 이무영의 작품은 1930년대 이후 40년대를 거쳐 50년대에 이르기까지 계속 발표되었다. 그런데 '도시'를 배경으로 하는 이무영의 소설에는 대부분 지식인이 주동인물로서 등장한다. 이러한 작품들은 대부분 '지식인의 삶과 고뇌의 문제를 집중적으로 또는 본격적으로 다루어 가위 知識人小說(novel of the intellectuals)이라 할 수 있는'189)성격을 지니고 있다. 특히 지식인의 가난 문제, 또는 지식인이 목도하게 되는 하층민들의 궁핍화 현장, 그런가 하면 위선적 행태들을 서슴지 않는 지식인들의 이중성 문제들을 주로 관심있게 다루고 있다. 또 하나 애정윤리를 다루고 있는 작품들 또한 이 범주에 포함된다.

　30년대 도시를 배경으로 한 작품들은 대부분 도시의 보편적인 삶의 양식이라고 할 수 있는 가난이나 범죄, 쾌락과 소비지향적 삶, 인간관계의 생태적인 마찰과 심리적인 긴장, 소외감 그리고 개인적인 분열증상은 물론 폐쇄된 식민사회의 축도로서의 도시 분위기가 지배적으로 제시되고 있다. 이러한 작품들 속에서 단연 두드러지게 등장하는 인물들이 바로 '지식인'층이라는 점이다. 지식인을 주인공으로 하는 작품들이 눈에 띄도록 증가한 이유는 '우선 당대 작가들의 自己省察에 대한 욕구가 그만큼 높아졌음을 시사한 것'이고 소설의 양식을 그만큼 무게 있는 것으로 인식, '지식인을 등장시켜 삶, 시대, 사회, 사상 등의 문제를 검토해 보는 것도 필요하지 않느냐는 자각이 두드러졌'기 때문으로 볼 수 있다.190) 요컨대, 이들 작품은 일제 강점기 하의 도시적 질서에서의 경제적 및 지적인 갈등에서 그 발생론적 근거가 있다.191)

---

189) 조남현, 『한국 지식인 소설 연구』, 일지사, 1984, p.134.
190) 조남현, 위의 책, p.135.

30년대 한국의 도시화는 우리 사회의 내부적 발전이나 요구에 의해 이루어진 것이 아니라 일본의 요구와 필요에 의해 주로 일본인 거주지를 중심으로 이루어진 특색을 지니고 있다. 따라서 전통적 도시화로부터의 단절은 그 중요한 일차적 결과였다. 30년대 전반까지의 도시화는 도시의 산업화보다는 농촌의 해체가 주요인이 되어 진행되었으므로, 농촌에서 밀려난 농민들이 인근 도시로 이주하는 형태가 많았다. 농업지역을 배경으로 한 신흥도시의 인구가 급증한 것도 이러한 도시화의 요인과 무관하지 않다. 30년대 후반부터는 전시 체제하의 공업화의 효과가 나타나기 시작하여 공업도시로 인구가 몰리기 시작했다. 흡인 효과가 더욱 커지기 시작한 것이다. 농촌 각지로부터 원거리 이동이 본격적으로 시작되어, 대도시에는 토막촌이 생기는 등, 과잉 도시화 현상도 나타나기 시작했다.

이와 같이 한국 근대화에서 근대의 시작은 불가피하게 식민성을 수반할 수밖에 없었으며, 그것은 일본으로 표상되는 근대 혹은 서구에 의한 전통과 민족의 철저한 예속과 멸시, 나아가서는 궁극적 말살을 의미하는 것이었다. 이 와중에 연속과 계승 대신에 단절과 대조가 자리잡았으며, 새로운 것에 대한 선호의 분위기는 한편에서는 낡은 것에 대한 멸시나 혐오와 함께 전통에 대한 감정적이고 맹목적인 추종을 다른 한편에서 낳게 되었다. 특히 근대적 공장 제도가 자리잡은 도시 지역은 기본적 생계조차도 보장되지 않는 저임금의 단순 육체 노동자나 농촌에서 도시로 이주해 와 부랑민이나 도시 빈민으로 된 사람들로 넘쳐났다.

또한 기생적이고 소비지향적인 식민 구조는 도시에서 또 다른 거대한

---

191) 이재선, 앞의 책, p.321.

노동 계급의 범주를 만들어내었다. 상업 및 서비스, 일용 노동 등의 범주가 바로 그것인데, 상업 및 서비스에서는 가사 사용인이 가장 많고도 흔한 범주였으며, 이 밖에도 점원이나 보조원, 외판원, 요리점이나 음식점의 하인과 하녀, 관청이나 회사 등의 급사 등도 일정한 비중을 차지하였다. 대개의 경우 이들은 현실 순응적이고 온정적이며 때로는 체념적인 성격을 가지는 경우가 많았다. 항상적으로 고용을 확보하지 못하고 그때그때 일자리를 찾아 어렵게 끼니를 이어가는 유동적인 날품 노동을 하였던 일용 노동자는 고용의 불규칙성과 불안정성으로 도시 빈민의 주류를 이루던 층이었다.

1) 이해도 다 저물어가는 섣달 중순이었다. 나는 그날도 밥거리가 없어서 번 듯이 누워있었다. 박한테 손을 내밀면 떼지 않겠지마는 맡겨두기나 한 것처럼 그럴 수도 없다. 나는 굶을 수 있는 데까지 굶으리라 하였다. 뻣뻣하게 뻐드러질 때까지 참으리라 하였다.

   구수한 설렁탕의 국물이 나의 미각을 유혹하지 않는 지도 벌써 오래다. 나는 음식에 대한 유혹까지 느끼지 못했다. 음식이란 나와는 인연이 먼 물건처럼 생각이 된다……

   나는 이날처럼 돈이란 물건의 위력을 깨달은 때는 없다. 그렇게 먹고 싶어 한다건만 국물 한모금 안 주던 그들이 은전 한푼을 보고는 눈이 번해서 말 떨어지기가 무섭게 밥을 날라 온다. 돈! 돈! 나는 눈이 부시게 은전을 노리고 보았다. 그러자 쓴웃음이 입언저리에 뱅뱅 돌음을 가만히 깨달았다.

   이튿날 아침이다. 나는 새벽에 일어났다. 찬물에 세수를 하고 일터를 향하여 줄달음을 쳤다. 그러나 첫 번에 쥐어진 곡괭이는 나에게는 너무도 무거웠다. 그대로 나는 팠다. 꽝! 꽝! 팠다. 마치 땅 속 깊숙이 묻힌 진리(眞理)를 파듯이! 오랜동안 막혔던 이따위 룸펜 인텔리의 갈 새길을 뚫기나 하는 듯이…… <「蒼白한 얼굴」, 163-164쪽, 권5>

일반적으로 문학과 문화에 있어서 시간은 역사적이고 전기적이며, 공간은 항상 사회적이다.[192] 예문 1)에서의 대학을 졸업한 '나'는 '한 장에 십 전도 못되는 원고를 써서 팔아먹'는 소설가로서 아내마저 아직 어려서 '어미의 젖통으로 파고 들던' 애를 데리고 도망갈 정도로 궁핍한 생활에 시달리는 인물이다. 그런데 이 '나'에게는 법과에서 문과로 옮겨 문학에 심취한 '정'이라는 친구가 있는데, 이 친구 또한 대학을 졸업한 후에도 문학의 정열로 활발한 활동을 통해 문단의 중추로 성장은 하지만 '나'의 예상대로 '나'와 함께 직장을 구하느라 거리를 전전하며 결국은 궁핍의 굴레에서 헤어나지 못하는 처지에 놓이고 만다. 그런데 이렇게 직업을 찾아 거리를 싸대면서, '나'는 '굶주린 강시(僵屍)가 거리에는 구른다. 전선 보다도 원한을 품은 거지떼……'를 목격할 정도의 비참한 일제 강점기 하의 사회상을 목격한다. 이러한 '나'의 궁핍과 '거지떼'는 30년대의 초상 이자, 시공간성의 전형이다. 시공간성은 플롯 속에 포함되어 있지 않고 오히려 전형적인 플롯을 형성하도록 이끈다. 시공간성에 의해 플롯의 전형성이 드러난다는 것이다.

한편, '나'는 결국 절필을 하게 되는데, 비록 생계수단으로서의 소설쓰기는 아니지만 최소한의 생계유지도 담보가 안 되는 조선의 현실, 그로 인한 자신의 창작활동에 대한 회의가 그 이유였다. 그러면서 극한의 궁핍에 시달리면서도 외형과 형식에 얽매이며, 구루마 채를 잡는 막노동이나 신문배달과 같은 육체노동을 꺼리는 지식인들의 체면주의의 자신을 비판하기에 이르른다. 물론 자신의 비판뿐만 아니라 당대 지식인들의 생리를

---

192) 여홍상 엮음, 『바흐찐과 문학이론』, 文學과知性社, 1997, p.159.

비판하고 있는 것이다.

이 작품은 1인칭 서술자가 자신의 체험을 서술하는 자기 직접 서술의 일인칭 시점의 서술 양식을 택하고 있다. 따라서 초점주체의 내면서술이 효과적으로 제시된다. 이러한 서술양식은 한 개인의 일상적 삶 속에 포함된 내밀한 의미를 드러내는 데 매우 효과적이기 때문이다.

> 대학생복에 네모진 모자를 쓰고 거리를 휩쓸던 대학 시대의 신기루같이 허황되고 무지개같이 힘차던 모든 이상을 여봐란 듯이 팽개치고 흙구루마의 채를 잡으려는 정군! 그는 모름지기 우리와 같은 인텔리 룸펜의 새길을 개척한 사람이다. 그의 눈에는 새 정열이 불타고 있으련만 돈이라는 괴물은 나의 눈조차 빼어간 터라 그것마저 알아볼 길이 없었다. (161)

친구인 '정'이 '토사운반(土砂運搬)'이라도 해야겠다는 결심을 알아낸 후의 '나'의 내면서술이다. 대학졸업자로서, 문사로서의 지식인임에도 불구하고 체면과 형식의 겉치레를 과감히 벗어버리고 현실적 문제를 타결해 보고자 하는 '정'의 적극적 삶의 자세와 아직도 삶의 방책을 세우지 못하고 궁핍과 씨름하고 있는 '나'의 고달픔을 교차하여 서술하고 있다. 물론 친구 '정'에 대한 서술은 간접화된 서술 방식을 취함으로써 문과를 택하며 의기 양양하던 '정'의 모습에서부터 궁핍화의 길로 빠져드는 처참한 생활상 그리고 토사운반의 노역에 점점 초췌해지는 장면들이 '나'의 관찰과 그 관찰에 대한 '나'의 견해가 곁들여져 극적으로 제시되고 있다.

위의 예문은 극한의 궁핍상과 일제 강점기 지배 사회 구조하에서의 자본주의화에 대한 현실인식과 더불어 '룸펜 인텔리의 갈 새길'로서 '나'

역시 토사운반의 노동에 참여하는 장면이다. 지식인으로서 이러한 선택과 실천적 행위는 조남현의 지적처럼 '지식인의 映像을 육체노동을 기피하고 경제 관념을 외면하고 일견 選民意識을 지향하는 그런 선비의식과 분리해서 파악하려 한'193) 결과라고 할 수 있다. 이는 결국 지식인의 신분 하향이 동의 플롯을 통해 귀족의식의 미망에서 헤어나지 못하는 당시의 지식인들을 빗대어 야유한 것일 수도 있는 것이다.

그런가 하면 지식인의 입장에서 남편은 지게꾼 날품팔이요, 아내는 '십 오원'에 젖을 팔아 생계를 유지해야 하는 하층민의 궁핍한 생활을 목격하면서 유모와 그의 자식과의 관계를 들어 나름대로 궁핍의 모순을 규명하고 있는 작품의 예문이 2)이다. 여기서도 유모를 구한 집의 가장인 '나'는 <논단>이라는 잡지의 편집일 맡아보며 '술덤벙 물덤벙 살아오던' 지식인이다. 그런데 학술잡지인 <논단>을 사장이 대중문화 잡지로 출판 방향을 바꾸자는 경영방침에, 저급한 독자의 인기에 영합할 수 없다며 적극적으로 반대하고 나서는 S의 의견에 따라 사직을 해야 된다는 양심과 '처자'를 생각해야 하는 현실적 과제 사이에서 갈등하는 소시민적 의식의 지식인이기도 하다.

> 두드러지게 내세울 만한 것은 아무 것도 없다고는 하면서도 계급적으로 보아 추호만큼도 대중에게 기여함이 없는, 아니 되레 악영향을 주는 대중 취미 잡지에 이름을 내걸기가 괴롭다고 처자를 거리에 내동대이 치는 것도 괴로웠지마는 그렇다고 처자에게 얽매어서 양심의 가책을 받으면서도 꾸벅꾸벅 돈 사십 원에 얽매인다는 것도 괴로운 일이었다. (172)

---

193) 조남현, 앞의 책, p.212.

이러한 와중에 유모의 젖이 처음처럼 나지 않게 되자 아내는 다른 곳에 또 젖을 대이는 모양이라며, 유모를 바꾸어야겠다고 성화다. 친구들과 재단을 만들어 떳떳이 낯을 들고 해 나갈 수 있을 만한 잡지를 발간키로 의논을 하고 친구의 집에서 나오다 '담배 꼬바리 속같이 꾸민 구멍 가게'에서 어린 것을 걸린 지게꾼과 아이를 들처업은 유모를 발견하고, 그들을 따라 가 그들의 생활상을 확인하고 젖을 먹을 권리를 빼앗긴 유모 자식의 입장에서 '모순된 교환 조건'에 대해 초점주체이자 서술주체인 '나'의 내면의식을 드러내 주고 있는 서술이 예문 2)인 것이다. 그러면서 자신들의 유모에게 품었던 권리 주장이 잘못되었음을 깨닫고, 벌써 써야할 사직원이 백지대로 있는 자신의 상황이 유모의 상황과 똑같다고 생각하며 자신에 대한 증오에 휩싸인다.

2) 삼청동 막바지에서 그들은 비탈을 타고 산기슭으로 올라간다. 나는 허리끈을 잡힌 사람처럼 무한정 따라갔다.
   산등성이에 올라서니 거기는 난가게처럼 거적과 양털 조각으로만 지은 집이 사오십 채 있었다. 나는 그제서야 말로만 듣던 빈민굴이 여기든가 했다. 그것은 할 일 없이 석유궤를 세워논 것 같은 심하게 말한다면 돼지 울 그대로였다. 이십세기 문명의 자랑이라는 전기가 여기까지 올 리도 만무했지마는 석유불이나마 안 켠 집이 많았다. 불은 켰대도 불빛이 새어나올 창도 없는 집도 그중에는 있는 것 같았다. 유모의 일행이 들어간 곳도 이집 중의 하나였다.
   나쁜 짓이라고는 생각하면서도 그대로 내려오기는 싫었다. 그래서 나는 발이 가는 대로 따라갔다. 그것은 이 부락의 맨끝이었다. 희미해서 잘 보이지는 않았지마는 이 부락에서도 제일 날림으로 꾸민 헛간이었다. 벽은 모두가 가마니짝이었다. …
   제 자식을 살리자고 유모를 구하는 아내의 모성애나 이 세상에 나올 때 어엿한 제 젖을 가지고 와서 부모의 가난 때문에 남에게 빼앗기고 골골하는 자식을 불쌍히 생각하는 유모의 심정이나 자식에 대한 애정임에는 다름이 없지 않을까? 여기에서 젖을 뺏긴 쪽을 따진다면 그것은 유모의 젖먹이가 아니라 나의 딸년이었다. 유모의 어린 것이 제 젖통을 빨라고 하는 것은 부여된 권리었다. 십오 원, 그러나 이것은 한 호의에 대한 사례였다. 호의란 것은 베풀 수는 있는 일일지라도 결코 그것을 강요할 성질은 아닐 것이었다. 그러나 지금의 경우는 주객이 전도된 셈이다. 당당한 주권을 가진 유모의 어린 것은 강요할 성질이 못되는 호의를 받고 그 대가로 권리를 빼앗긴 것이었다. 유모의 어린애로서 볼 때에 그것은 심히 모순된 일일 것이다. 그리고 무엇보다도 더 큰 모순이요, 더 억울한 것은 자기의 자유의사에서 생긴 교환이 아니요, 부모의 자유 의사, 아니 돈이라는 야릇한 물건에 정복된 부모의 무능이 그것을 강요한 것이다. 그리고 이보다도 더 큰 모순은 그네들만 한대도 이렇게 모순된 교환 조건을 달게 받기는 하나마 결코 바라지는 않았다는 것이었다. 저쪽에서 줄 권리는 있을 지 몰라도 이쪽에서 달랄 권리는 없는 유모의 젖꼭지였다. <「乳母」, 176, 178쪽, 권5>

다양한 종류의 문학 장르들이 '한 인물의 이미지'와 역사의 과정, 그리고 사회의 역학을 개념화하는 데 쓰일 수 있다.[194] 예문의 전반부는 서술주체인 '나'의 시각이 지각하고 있는 유모의 주거환경이 객관적으로 제시되어 있는 장면이다. 일제하 도시 빈민층 중 細窮民에 해당되는 토막민의 전형적 주거환경이다.

토막민은 농촌과 도시의 하층민이 경성을 비롯한 각 도시, 혹은 그 외곽의 하천이나 제방·山林·다리밑 등의 國有地, 혹은 民有地의 遊休地를 無斷占居하여 거기에 소주택을 이루어 살다가 점차 고착하여 이른바 토막 생활을 하게 되는 것을 말한다.[195] 그러니까 '토막민'이라는 일상어

---

194) 여홍상, 앞의 책, p.159.
195) 토막민은 농촌과 도시의 하층민이 경성을 비롯한 각 도시, 혹은 그 외곽의 하천
　　이나 제방, 산림, 다리 밑, 등의 국유지 혹은 민유지의 유휴지를 무단 점거하여

는 그들의 생활 상태의 두드러진 외양을 이루는 주거 상태에서 연유된 말이다. 일제하의 도시 빈민의 문제는 일상적으로 흔히 토막민의 문제로 인식될 수 있을 만큼 이들은 도시 사회의 최하층에서 비참과 혼잡과 불결을 특색으로 하는 소위 토막부락을 이루어 살고 있었던 것이다.

이러한 유모의 주거환경과 그들의 생활상을 통해 '나'는 나와 유모 사이 맺어진 교환 조건의 모순성을 인식하고 있는 것이 두 번째 문단이다. 원래 이 작품은 한 평자가 "병든 자기의 兒孩에게 메기는 것을 生活困難으로 팔지 않으면 안될 乳母와 女主人과 그 主人男子 등 사이의 데리케트한 心理描寫 그어느 便에도 偏見치 안으면서 어느 인물도 그 유니크한 타입을 가장 리알하게"196) 그린 무영의 名篇에 속한다. '나'의 심리묘사가 객관적으로 장면화되어 나타나고 있는 것이다. 물론 여기서도 서술자의 눈은 유모에게 따뜻한 동정의 태도를 잊지 않는다.

그런데 여기서 '나'가 인식하고 있는 교환조건의 모순성은 비단 유모와 '나'의 처자와의 관계만으로 볼 수 없는 은유적 속성을 지닌다고 할 수 있다. 즉 무능한 부모와 자기의 자유 의사와는 상관없이 그 무능으로 인해 젖 먹을 권리마저 빼앗긴 어린 자식, 얼마 간의 호의를 베풀고 그 아이의 권리를 빼앗은 '나의 딸년'의 관계는 분명 30년대 일제 강점기 경제 구조 하에서의 강요된 교환조건, 곧 철저히 자신들의 이익에 따라 지배와 예속을 일삼은 일제 식민지 경제 정책과 사회 구조의 은유적 표현으로 읽힐

거기에 소주택을 이루어 살다가 점차 고착하여 이른바, 토막생활을 하게 되는 것을 말한다. 토막이란 이와 같이 이들이 건설하는 소주택을 일컫는 것으로 땅을 파고 온돌을 놓아, 거적 등으로 지붕과 출입문을 만드는 데서 연유한 것이다. (김경일, 「일제하 도시 빈민층의 형성」, 『한국의 사회신분과 사회계층』, 文學과知性社, 1986, p.205.)

196) 韓植, 「李無影氏의 文學에 對하여」, 『朝鮮文學』 제14집, 1937.8, p.38.

수 있는 의미적 유사성을 갖고 있는 것이다. 이 작품에서의 '나'는 결국 식민 치하에서 빈민층의 생활상과 함께 모순된 교환 조건의 경제 구조를 인식하고 자각하는 지식인의 모습을 보여 주고 있는 것이다.

한편 이무영의 도시의 시공간성이 드러나는, 이른바 지식인 소설에는 지식인들이 갖는 허위의식이나 위선적 행태, 또는 정체성 상실 등의 비판을 노정하고 있는 작품들이 있다. 다음에 제시되고 있는 예문의 작품은 순진한 아내의 시각을 통해 모순적이고, 이기적이며 위선적임과 동시에 태만하기까지 한 문학적 지식인을, 순진한 아내가 냉소하는 어조로 그려내고 있는 「어떤 아내」이다.

중학교 삼학년부터 여자 전문을 졸업하기까지 문학에 도취하여 이디오피아를 한 입에 삼킨 못솔리니-보다도 가장 위대한 인물로서 배움을 받은 로마교황(敎皇)보다도 소설을 쓰고 시를 짓고 논평을 가하는 문사를 가장 위대하고 가장 경건한 존재로 여겼던 아내 '인애'는 아버지 권참사의 반대에도 불구하고 문예 평론가요, 소장 학자로 이름이 나 있는 '장진수'와 결혼을 하지만, 얼마 못되어 장진수가 보여주는 태만과 이기주의 그리고 자기 합리화, 자신에 대한 성의 도구화와 같은 위선적 행태들을 발견한다. 결혼 후 제대로 된 글 한 줄 못 쓴 처지에 장진수는 남의 글쓰기에 대해 무조건적으로 비판을 가하는 교만함까지 드러낸다.

생활비가 없어 옷가지를 잡혀가며 연명하는 데도 술타령만 일삼는 장진수의 무능함에 인애는 환멸을 느끼며 경멸하기까지에 이른다. 그런 와중에서도 남편 장진수는 자신의 단처(短處)는 아랑곳하지 않고 오로지 아내의 순종만을 강요하며 아내를 무시하는 남성우월의식에서 헤어나질 못한다.

3) ①남편은 오직 밤거리의 방랑자였고 낮에는 소대성의 역을 맡아 한다. 그는 생활비를 대는 것도 아니요 걱정도 않는다. 어쩌다 몇 푼이 손에 들어오면 거리로 나간다. 그가 남편으로서 충실을 다하는 것은 오직 육체적으로뿐이다.

그러나 남편은 친구들이 오면 곧잘 말한다.

「요새 쓰는 것들은 구역이 나서 읽을 수가 있어야지. 통 공부를 안 해노니까, 요전달 김택원의 뭐든가 - 응, <딸기>, 그게 뭐야. 자기딴엔 모파상 흉낼 내잔 게지만 모파상은커녕 핫자줄에도 못 갔으니! 그걸 갖다가 장군은 또 본격 소설의 대두라고 그랬던가.」

내 남편은 저런 거짓말쟁이였던가…… 아내는 부엌에서 밥을 짓다 말고 우두커니 서서 생각하는 것이었다.<214쪽>

②남편은 생각한다. 쥐꼬리만한 지식이 병이라고. 부덕의 전조목은 정숙이다. 양보다도 순해야 한다. 내 아내는 그것이 없다. 현재 여성의 공통된 흠을 이 여자도 못 떼어 버린다. 남편을 섬길 줄을 모른다. 남편 더러 섬겨 달란다.

여자에게 이론이란 개발에 편자다. 여성의 미는 이론을 캐는 데 있는 것이 아니고 이론을 무시하는 데 있다. 이론이 있는 데 복종이 없다. 내 아내에게는 그것이 없다. <217쪽>

③내 남편은 얼마나 이기적인가? 얼마나 그 녹슨 관념에 사로잡혀 있는가. 그리고 얼마나 위선적인가. 또 얼마나 교만한 사나인가.

그이는 얼마나 많은 사람한테 경멸을 당하면서 그것은 모르고 도리어 얼마나 많은 사람을 경멸하는가. 참 이기주의자인 돈키호오테여!

가장 진보적인 사상을 가진 척하면서 얼마나 완고한가. 그러면서도 진보적인 사상을 얼마나 남에게 고취하고 또 얼마나 자랑삼는가?

또 얼마나 무기력한가? 옛날 같이 일하던 친구가 수차 책과 엽서의 차입을 간청하는데도 그이는 얼마나 냉정했던가? 그이는 벌벌 떨기만 했다. <「어떤 아내」, 218쪽>

①에는 남편의 태만과 무책임, 교만함에 대해 갖는 아내의 실망이 제시

되고 있다. ②는 남편의 이율배반적 사고의 한 단면을 제시하고 있는 서술
된 독백으로서 직접내적독백의 장면이다. 특히 여성에 대한 남존여비의
그릇된 여성관이 구체적으로 제시됨으로써 자유주의자를 표방하고 다니
는 남편의 허위의식이 강조되며 자기합리화에 골몰하는 위선적 지식인의
면모가 한껏 부각되는 효과를 거두고 있다.

③ 역시 아내의 서술된 독백이다. 남편에 대한 아내의 태도가 어떠한지
를 가늠케 한다. 결국 남편은 자신의 무능을 회복하기 위해 환골탈태의
노력을 보여주는 것이 아니라 오히려 처가의 덕을 보기 위해 장인과 타협
할 것을 은근히 제안하는데, 여기서 인애는 '남편의 무기력, 태만, 그 서담,
그 비굴 그 간사를 마음껏' 증오하며, 남편과 헤어질 것을 결심, 친정으로
떠나는 구조로 결말을 맺고 있다. 더욱이 순진한 아내는 이러한 남편의
이중적 인격을 통해 무지보다는 지식이 더 불행하다는 결론에 이르러 무
지한 여성들의 행복을 부러워하는 아이러니를 제시한다.

이 작품 역시 이무영이 즐겨 사용하는 3인칭 제한적 전지 시점을 사용
하고 있다. 서술자는 초점주체를 따라 서술함으로써 초점주체와 자주 혼
유되면서 인물들의 외부적으로 드러나는 모습과 심리적 국면을 드러내고
있다. 아버지의 반대에고 불구하고 자신의 이상에 따라 결혼한 순진한
아내를 초점주체로 설정하여 초점대상인 지식인 '장진수'의 위선적 행태
를 포착해 냄으로써 서술의 객관성197)을 꾀하고 있는 것이다. 지식인인
남편의 이러한 위선적 행태들에 대해 순진한 아내 '인애'가 갖는 경멸의
눈초리는 결국 당대 일부 지식인들이 가지고 있었던 똑같은 행태들에 대

---

197) 노먼 프리드먼, 「소설의 시점」, 『현대소설의 이론』, 대방출판사, 1986, pp.355-
365.

한 이무영의 비판적 시각을 반영한 경우라고 할 수 있다.

위의 작품과 거의 같은 구조를 담고 있는 작품이 「O型의 人間」이다. 이 작품은 서간체 양식의 소설이다. 여기서도 아내는 '오직 하루 세끼 맨밥으로 족한 여성이요 광목 당목으로 조촐히 살만 가리면 그것으로 만족한' 양심적인 인간상으로 제시되고 있다. 그러기에 남편의 박봉만으로 근근 목숨을 이어가는 깨끗한 생활에 만족을 느끼며 십 이 년 간이나 살아온 것이다. 이러한 아내가 일년간 통계학을 연구하고 미국에서 돌아오는 남편의 기회주의적이면서도 출세 지향적이고, 몰인정한 위선적 행태에 환멸을 느껴, 그러한 남편을 비판하고, 자신은 남편의 거짓으로부터 남매를 지키기 위해 그 둘을 데리고 떠난다는 스토리 층위로 이루어진 서간체 소설이다.

3)　①고학 온 사촌 시동생에게 대한 상식을 벗어난 학대, 이해 없는 친척과 친구간에는 일전 한푼에 발발 떨면서도 자기의 교장과 교무주임한테 아첨하기 위해서는 약혼반지까지도 빼어다 잡히어 술을 사다가 진상을 하는 것이며 한번 교무주임인 일인을 집에 청해다가 이십여 원어치나 청요리에 맥주에 먹이고는 같은 조선 사람인 수학 교수를 모해하던 일-이런 일에 내가 뭐라고 의견을 말하면,

「네까짓 것이 뭘 안다구 나서? 세상은 요령이 있게 살아야 하는 게야.」
「남을 욕하는 게 요령일까요.」
「뭣이? 너 그 윤가놈하구 사돈의 팔촌이 되느냐? 아니면 옛날 애인인 게로구나!」

당신은 이런 일들을 기억이나 하고 계시는지요?(293)

②O형의 인간이시여.
이만하면 내가 어째서 당신으로부터 떠나가게 되었는지를 알아주실 줄 믿습니다. 아니, 또 한 가지 믿는 것이 있습니다. 그것은 내가 이렇게

당신으로부터 떠나가는 것은 당신이 미국 유학을 가 있는 일 년 동안에
바람이 나서 그런 것이라고 선전하리라는 것도 말씀입니다. 아니 선전
뿐이 아니라 당신 자신 그렇게 믿을는지도 모를 일이지요. 당신은 거짓
속에서만 살아온 사람이니까.
　　그러나 당신이 뭐라고 생각하든, 믿든, 또 세상에 전하든 내게는 조
금도 관심이 없읍니다. 나는 오직 당신으로부터 떠나고 싶을 뿐이요
천진난만한 경남이와 경희 남매를 당신의 거짓으로부터 지켜야겠다는
오직 일념뿐입니다.　<「O型의 人間」, 298쪽, 권5>

　　서간과 일기는 일인칭 서사의 본질적 양식의 하나다.[198) 그런데 서간
소설에 있어서의 서술상황은 서술상의 거리감이 감소되거나 지양된다는
점에서 본래적 일인칭 소설의 그것과는 구별된다.[199) 이로 인하여 독자들
은 인물들의 체험이나 감정, 그리고 내면의 생각들을 친근하게 받아들이
는 것이다. 그리고 자신의 일을 자기 스스로에게 진술해 나아가는 일기체
나 정해진 어떤 대상에게 자신의 일을 이야기해 나가는 서간은 서술주체
와 초점주체가 일치하여 본질적으로 직접서술이라는 특성을 지닌다. 그러
나 서간은 서술 대상을 이인칭의 인물로 하므로 독백이라는 폐쇄적인 일
기와는 달리 개방적이며, 자신의 내면 세계를 드러내기보다는 외면적 사
건의 서술에 초점이 놓인다.

　　이러한 서간양식은 독자들과의 친근성을 유발하는 관계로 시공간성과
서술내용이 신빙성을 획득함과 동시에 사건에 대해 갖는 서술주체의 시각
을 보다 분명히 독자들에게 전달할 수 있다는 강점을 지닌다. 특히 시공간
성에 있어 서술주체의 체험을 직접 고백하거나 수신자의 체험을 간접적으

---

198) 최병우, 「한국 근대 일인칭 소설 연구」, 서울대 박사, 1992, p.36.
199) F. Stanzel, 『小說形式의 基本類型』, 안삼환 역, 탐구당, 1996, p.74.

로 전달하기 때문에 시공간성이 구체적이면서도, 그 시공간 안으로 독자들의 상상력의 방향을 시점 안으로 끌어들이는 효과를 가져다 준다.

서간양식은 행동의 현장에 대한 강한 직접성과 감정묘사, 영혼의 움직임, 사건에 대한 밀접성과 자기 확증성, 그리고 즉석 묘사(instantaneous description)[200] 때문에 어느 다른 양식보다도 신뢰감을 주는 한편, 행동의 고백이나 정신적 경험의 강조에 유익할 수 있을 것이다[201]. 한편 서간체에서 느끼는 신뢰감은 서간체 소설의 어법에서 기인된다고 할 수 있다. 서간체 소설의 어법은 대개 보고적 기법으로 이루어지며, 속에 담겨진 내용도 주로 내면적인 감정이나 정서적 또는 비밀적인 범죄의 고백, 미결적인 사건이나 원인의 해명 또는 자기 변명으로 이루어지며, 또 그러한 생의 단면과 깊이 결합되어 있는 것이 보통이다.[202]

더욱이 대상 작품에서는 십 삼년을 함께 살아온 '아내'가 경험자로서 남편의 기회주의적이면서도 출세지향적인 속물근성을 고발하고 있다. 이때 경험자에 의한 서술은 독자와 경험자 간의 심리적 거리를 좁히는 결과를 가져온다. 따라서 독자들은 자연스럽게 서술자와 초점주체(경험자)를 동일한 인물로 인식하게 되고, 한정된 지식과 체험을 가진 서술자임에도 그의 서술특권을 받아들이고 인정하는 것이다. 더욱이 경어체의 사용으로 말미암아 신뢰감이나 직접성의 효과를 창출하고 있다는 점도 이 작품이 지니고 있는 서술상의 가치라고 할 수 있다.

이 작품의 구조는 남편의 비인간적 행태들이 각각의 유형, 즉 남편의

---

200) F. Stanzel, 위의 책, p.75.
201) 이재선, 『韓國短篇小說硏究』, 일조각, 1997, p.153.
202) 이재선, 위의 책, p.153.

권위적 태도, 자신의 안일을 위한 배신적 근성, 이기심, 몰인정, 기회주의적·출세지향적 속성과 물욕의 속물근성 등으로 나뉘어져, 그와 관련된 남편 '오성근'이 보여주었던 행태들을 아내인 '박선희'가 보고 들었던 대로 서술하는 형태를 취하고 있다. 일종의 삽화 제시 형식으로 구성되어 있는 것이다. 그런데 삼인칭 서술과 달리 일인칭 서술에서 과거의 회상은 특별한 의미를 지니고 있다. 그것은 임의로 선택한 어떤 것이 아니라 일인칭 서술자의 기억 속에 재구성된 것이다. 즉 일인칭 서술에서 기억은 관습적으로 지나간 것을 영상화하고 생생하게 제시하는 의미도 있지만, 현재의 상황과 대조되는 과거의 상황이나 인물됨을 절대화시키려는 역할을 하고 있다. 서간체 소설임에도 불구하고 객관적 묘사까지도 가능하게 하는 것이다.

스토리 층위에서 오성근은 지금 '그 오매불망하던 미국유학을 마치고 금의환양한 날'인 것이다. '금의환양한 날'과 과거의 속물적인 모습이 교차됨으로써 인물의 허위성과 위선성이 절대화되고 있는 것이다. 예문 ①에서는 몰인정함과 출세지향적이며 기회주의적인 남편의 속물근성이 그대로 드러나 있다. 그리고 ②는 남편의 위선적이고 허위의식적인 인간성을 다시 부각시키는 데 초점이 맞추어진 아내의 주의환기적 서술내용이다.

여기서 제목 'O형의 인간'에서 'O형'은 남편 성의 '오'를 알파벳으로 사용한 것이 아니라 '인간성 내지 진실성이나 참이 영'이라는 뜻으로 사용하고 있음을 아내는 편지 후반부에서 밝히고 있다. 지식인이 갖게 되는 이러한 병리적인 현상은 현대화와 산업화의 과정에서 필연적으로 수반될 수밖에 없는 물질주의와 개인주의에 근거한 자기소원(自己疎遠)으로서의 의미를 내포하며, 이무영은 이러한 자기소원의 소외현상을 지식인의 가장 큰 문제점으로 인식하고 있는 듯하다.

그런가 하면 「이름없는 사나이」에서는 「△전문 강사」, 「△고보 국어 교사」, 「소장 철학자」로 불리는 지식인 '한인수'가 머리를 싸매고 '항전'하는 아버지의 반대에도 불구하고 무식하지만 복종심이 강한 삼 남매의 어머니인 조강지처를 버리고, 젊고 아름다운 외모를 지니고, 화가이자 문장가이며 당대의 인텔리인 윤명희라는 여성과 재혼을 함으로써, 윤명희의 명성과 뒤치닥거리에 자신의 정체성을 상실해 간다는 내용을 담고 있다. 제목에서의 '이름'은 자신의 고유성과 정체성을 상징하는 문학적 장치인 셈이다. 따라서 자아를 상실해 가는 현대의 자기증명 부재와 자기상실적인 삶의 한 보편성을 寓意化한 작품인 것이다. 당대 지식인들 사이에 널리 퍼져있던 안이한 결혼관이나 사랑관을 비판하려는 작품으로서의 의의를 지니는 작품이라고 할 수 있다.

4) 무엇보다도 군정 고관을 만나지 않으면 안되었다. 그래서 그를 만나려고 사흘을 쫓아다녔다. 그러나 어떻게 알았는지 비서는 가는 족족 따고 면회를 시키지 않는다. ……
　　민은 매일 검찰청을 드나들며 윤을중이가 나타나기를 기다렸으나 윤이 나타날 리도 없었고, 윤이 만나자던 동화 백화점 식당에를 하루에도 몇 번씩, 어떤 때는 온종일 지키기고 하는 모양이었으나 통 꼴도 볼 수 없다는 것이었고, 그러는 동안에 마씨 일파는 미인들의 소개장을 가지고 각 관계 당국자를 달고 쳐서 신청서를 접수시키게에 성공을 하고 말았다. 몇몇 관계자들이 맹렬히 반대는 했으나 한번 노오 하면 그만이었다. 효과는커녕 신변이 위태할지도 모른다고까지 수군대고들 있는 판국이니 이쪽을 더 두둔해달랄 계제도 못되었다.
　　「인제 도리가 없나보오. 단념하고 고향으로 돌아가보시지요. 난 다시 학교로 가고……」
　　훈이가 이렇게 권하는데 민은 펄쩍 뛴다.

「뭐시라꼬요? 내사 못 가갔십니더. 이 꼬라질 해갖고 뭐시라고 집에
들어가겠십니꺼.」
　「그럼 어떡하시오. 맥없이 서울서 밥 사먹구 다니겠소?」
　「웬걸 직공할랍니더.」
　「직공?」
　「예이다. 미인 최고 고문의 비서가 끼었시면사 인제 보조도 안할까
시리. 그런다문 기계두 돌 게구 내사 직공이니까, 직공 노릇 할랑기요!」
<「戰記」, 270-271쪽>

　해방 이후 1948년의 건국전야에 이르기까지 3년간의 군정체제하는 政
商輩와 謀利輩의 횡행, 각종 정파의 난립, 치열한 주도권 쟁탈, 좌우 이념세
력간의 극단적 대립관계, 한탕주의풍조의 심화와 만연 등으로 온갖 부정
부패가 자행되어 한국인들의 윤리의식과 가치관에 적지 않은 부정적 영향
을 끼친 시기였다. 특히 미군정청 고위직들을 둘러싸고 벌어졌던 통역관
들의 부정적인 역할과 미군정청의 한국인 관리로서 잔류하고 있는 친일관
료들의 문제가 소설에 많이 제시된다. 그만큼 미군정 시대는 부정부패의
온상이었다. 위의 작품은 그러한 시공간성을 반영하고 있는 작품이다.

　돈과 권세가 있어야만 일이 수월할 터인데 이건 돈도 권세도 없이
적산 공장을 접수 하려는 판이니 군정청이다 관재총국이다 서울 관재
소다 이로 관계 관청의 설움을 기억하기에도 어수선한 정도인데, 같은
관청 안에도 조사원이다 계장이다 과장 국장이 있고, 그 장 밑에는 또
차장이 있는데다가 계장은 누구 사람이요 과장은 또 누구 계통이며
국장은 무슨 정치 단체의 앞잡이인데 조사 과장은 서북 계통이다. 웃대
가리를 쫓아다니어 겨우 이야기가 될 만하면 저 밑에서 뜻하지도 않은
계장이 서류를 돌려주지 않는다. <265쪽>

인용문은 당대의 사회상, 특히 관청, 관료들의 파벌주의와 부패, 부처들의 이기심이 얼마나 심화되었나를 보여주고 있다. 서술자가 서술주체지만, '민'을 돕기 위해 백방으로 뛰어다니고, 부딪히며 경험한 내용을 '훈' 자신의 어휘와 어조로 서술된 내용이다. '훈'이 초점주체로서 작용하고 있는 것이다. 서술자의 존재는 거의 의식되지 않고 있다. 따라서 독자는 '훈'이 자신이 겪은 경험을 직접 이야기하고 있는 것과 같은 느낌을 갖게 되므로 그만큼 신뢰감을 갖게 된다.

한 사건을 위한 장소로서 작용하는 어떤 한 특정한 장소 혹은 사건은 특정한 시공간적 아우라를 획득하게 되는데 그 아우라는 '장르적 전체의 반향'이며 그 속에서 사건은 전형적으로 등장한다.[203] 이무영의 작품에서 도시는 태만과 무능, 위선, 이기심, 물질주의, 몰인정, 부정부패와 같은 몰가치의 시공간적 모티프와 그것이 동반하는 비정과 연민의 아우라를 형성한다. 이는 인용된 작품에서도 그대로 드러난다.

'훈'은 대학교수로서 '민'이 되찾으려는 브레이크 라이닝 공장의 관리권을 되찾으려는 데 물심양면으로 도와주고 있는 입장이다. 삼십 년 동안 브레이크 라이닝을 제작해 온 기술자로서 고창 공작 주식회사의 관리인으로 있다가 관리인 자리를 탐하는 세력의 모함으로 그 직에서 파면을 당한 '민'이 다시 그 자리를 되찾겠다는 일념으로 공장의 관리를 재신청한다. '민'이 관리직에서 물러난 뒤 이삼 년 동안에 네 사람이 부정사건에 연루되어 파면될 정도로 권력과 이권이 작용하는 자리이기도 한 것이다.

심의 결과 관리권을 빼앗기 위한 모략으로 밝혀져 민에게 다시 관리권

을 주기고 결정하고 계약을 체결하려는 아침에 갑자기 그 계약건에 제동이 걸린다. 군정 정부에서 파견한 임시 관리인인 마춘구에게 관리권을 주라는 적산관리 책임자인 미인 고관의 압력과 마춘구의 모략 때문이었다. 군정통치의 무분별성과 무원칙성을 시사하는 의미를 내포하고 있는 것이다. 이러한 무분별성과 무원칙성의 배면에는 통역관이라는 친미적 기회주의형의 인간상이 존재한다. 예시 작품에서도 암시되듯, 이들은 상호 의사 전달의 매개나 문화교류의 매개자 기능을 하기보다는 권력의 영향력을 가진 이익추구의 역할, 부정한 삶에 주로 관련되어 적산가옥이나 재산을 확보하는 이권에 개입함으로써 사회의 정의로움과 역사적인 심판이 그 효용을 잃어버린 시대의 비리에 대한 환유나 제유로 작용한다. 위의 작품 역시 미군의 절대적인 권력을 배경으로 개인적인 안락과 영달에만 급급했던 세력의 사회적 실상에 대한 소설적인 투영이라고 할 수 있다.

훈은 우연히 친구집에 들렀다가 민이 비록 일자 무식이나 남북 조선을 통틀어 고창 공작의 브레이크 라이닝에는 오직 둘밖에 없는 기술자 중 한 사람이라는 것을 알고 의분을 일으켜 민을 돕기로 한 것이다. 그런데 미인 고관의 비서 처남인 마춘구에게 넘어가게 된 것이다.

위의 예문 4)에서는 적산 공장의 관리권을 뒤찾기 위한 민과 훈의 노력이 결국 허사가 되고 있음을 나타내 주는 장면이다. 여기서도 미인들을 끼고 자신들의 사리를 채우기 위해 온갖 모략과 술수를 동원하는 政商輩들의 추태가 합법한 절차에 따라 관리권을 취득, 브레이크 라이닝을 생산하여 이 나라의 경제에 기여하겠다는 '민'과 '훈'의 순수한 의지와 대립되어 부각되고 있다. 분노와 연민의 아우라가 형성되고 있는 것이다. 더욱이 '민'은 관리권을 획득하지 못하더라도 그 공장의 직공으로라도 들어가겠다는 의지를 불태운다. 삼십 년 동안 브레이크 라이닝만을 만지며 보낸 장인정신의 발현인 것이다. 이들은 결국 뜻을 이루지 못하고 훈은 다시 학교로, 민은 고향인 진주로 낙향하고 만다. 그 사이 나라 경제의 일익을 톡톡히 담당할 고창 공작의 기계는 케케 녹이 슨 채 또 어떤 정당 사람과의 이권다툼에 휘말려 있는 것이다.

모리배와 정치세력의 협잡이 선량한 한 기술자의 순수한 의지를 좌절시킴으로써 환멸의 구조를 띠고 있다. 이러한 시공간은 해방 이후 2년 11개월 간 군정의 통치 등 외세와 깊이 연계되어 있었던 정치, 사회적 상황의 문제와 직결된다고 할 수 있다. 물론 결말 부분에 가서는 삼년 간의 영어(英語)정치가 끝나고 우리의 정치 시대를 맞으면서 '훈'에게 고창 공작 주식회사에 복귀할 수 있는 길이 열린다. '훈'이 그러한 사실을 알리기 위해 '민'에게 편지를 쓰는 것으로 끝을 맺는다. 온갖 모리배와 정치세력으로 혼탁하면서도 완강한 세계에 이무영은 달걀로 바위 치듯이 선량한 양심세력의 전형이라 할 수 있는 교수인 '훈'과 장인정신이 배어나는 '민'을 등장시켜 보여주고 있는 패배 짙은 結構는 결국 윤리의식과 가치관을 새롭게 고취해 보고자 의도한 것으로 해석할 수 있을 것이다.

한편 도시적 행태를 다룬 작품 가운데 애정 윤리를 추구한 작품들 또한 이무영의 초기 작품 활동부터 1950년대까지 지속적으로 창작, 발표되었다는 점에서 주목의 대상이 된다. 그런데 애정과 그 윤리 문제를 다루고 있는 작품들을 그가 즐겨 사용한 시점과 관련해 볼 때, 3인칭 제한적 전지 시점을 통해 인물들의 내면서술에 초점을 맞추고 있다는 특징을 지니고 있다. 사람 상호 간의 감정 사이에서 교차되는 감정의 유희인 만큼 사랑의 표현은 예민하면서도 섬세한 촉수로써 변화무쌍한 심리 변화를 포착해야 할 필요성을 인식한 결과일 것이다.

그런데 이무영의 애정 윤리를 추구한 작품들의 공통점으로 정절을 강조하며, 만일 그 정절이 훼손되었을 때는 죽음(자살)으로써 오욕에서 해방된다는 점을 지적해 볼 수 있다. 유교적 애정 윤리에 그 탯줄을 대고 있는 것이다. 애정의 윤리 문제를 다루고 있는 작품들은 당대의 사회 풍조와 매우 밀접한 관계를 맺고 있다. 이는 당대의 애정관을 반영함과 동시에 애정의 윤리나 가치관을 올바르게 정립해 보려는 작가의 의도에서 비롯되었다고 할 수 있다.

장편 「明日의 鋪道」는 인간의 욕망과 애증이 交織되어 있는 작품이다. 이 작품에서 주동인물은 영주와 한승, 상훈이다. 그리고 부인물로 영주의 어머니 소연, 한승의 아버지 일구가 등장하여 각자의 욕망과 애증으로써 서사구조를 형성하고 있다.

이 작품은 두 개의 축을 형성하고 있다고 할 수 있다. 일구와 소연의 관계망에서 빚어지는 타락한 삶과 그로 인한 한 인간의 파멸의 결과를 가져다 주는 기성세대에 의한 삶의 축이 그 하나이다. 또 다른 축은 첫 번째 축에서 보여주었던 타락과 파멸의 삶이 가져다 준 충격과 불신, 그리고 갈등의 서사를 극복, 화해해 나가면서 새로운 미래를 지향한다는 젊은 이들의 우정과 사랑의 축인 것이다. 위와 같은 서사구조를 통해서 인물들이 추구하는 삶의 행태와 그 속에 스며서 나타나는 애증의 관계를 추론해 낼 수 있다. 먼저, 이 작품에서 첨예하게 대립하는 인물이 바로 일구와 그의 아들 한승이다. 한승은 특히 자신의 아버지인 일구의 탐욕스럽고, 불순한 처세술, 돈을 앞세운 권위의식을 매우 못마땅하게 여겨 경멸하기까지 한다.

어버이로서의 존엄을 잃지 않기 위해서인지 말소리와는 동이 뜨게 일구는 의자에 턱 버티고 섰다. 한승은 아버지의 얼굴을 쳐다보았다. 억지로 꾸민 위엄은 어색다 못하여 우습기까지 했다. 그것은 마치 교양 없는 사람한테 점잖은 옷을 입혀놓은 것같이 보였다. 그 장부연하는 아니 지사연(志士然)하는 늠름함이라든가, 두툼한 입술과 민춤한 아래 턱만은 확실히 후덕한 인상을 주는 얼굴이었다. 그런데다가 장대한 체구와 황금이 길러준 위엄, 아니 거만이 다소 조화를 시키기는 하나마 매발톱을 연상시키는 그 코라든가, 탐욕에만 발달이 된 두 눈, 억세디억 센 그 까칠한 윗수염, 이런 것들이 갖은 노력을 다해서 가꾼 위엄과 인자성(仁慈性)을 여지없이 깨뜨리는 것이었다. <279-280쪽>

예문에서는 일구의 부자연스런 외모를 통해, 그의 위선적인 삶의 행태 라든지, 배금주의적이면서도 탐욕적인 인간성이 암시되어 나타나고 있다. 특히 한승의 시각에서 자신의 아버지가 걸어온 삶의 행태들이 일구의 외 모에 투사되어 전경화되고 있는 것이다.

바로 이러한 위선성과 탐욕성은 그의 처세술에서도 그대로 드러난다. 일구가 처음에 영주 모녀에게 접근을 했던 것은 한승이를 그들 모녀로부 터 떼어놓기 위함이었고, 다음에 그들 모녀를 돕기로 한 것은 순전히 자신 의 인자함을 과시하기 위함이었다. 결코 한승이가 바라는 과거청산의 의 미, 즉 건혁을 사상적으로 배반한 자신의 죄를 속죄하고자 하는 의도에서 가 아니었던 것이다. 이러한 위선적인 그의 인간성은 급기야 자신이 맺어 준 친구의 아내를 겁탈하는 지경에까지 이르게 한다.

일구는 「오입 한번 못하는 사내는 코 베인 사내」라는 것이 한 도덕처럼 일컫던 가정에서 태어나서 이래 삼십년 간을 두고 허다한 계집과 가까이 해온' 처지였지만 여성을 대하는 일구의 생각은 단순하면서도 순박함을

넘지 않았다. 그는 주로 돈으로 여자들을 휘어잡았던 것이다. 따라서 여성
에 대한 그의 욕망 또한 탐욕적 근성이나 성욕 충족에서 비롯되고 있음을
알 수 있다.

> 일구의 이성에게 대한 감정은 흔히 세상에서 말하는 「애정」이라든
> 가 「사랑」이라든가, 「연정」이라든가 하는 그런 말로 표현될 성질의
> 것이 아니었다. 그가 이성에게서 느끼고 보고 깨닫고 하는 것은 오직
> 한가지였다. 여자의 머리에서 느끼는 감정이나 치마에서 느끼는 감정
> 이나 다 같았다. 그만큼 단순했다. 순박하다면 순박도 했다. 따라서 그
> 에게는 「미」에 대한 인식도 적었다. 절구통에 치마를 둘러봐도 그만이
> 었다. <400쪽>

일구의 여성관을 제시하고 있는 서술자의 전지적 입장에서의 서술내
용이다. 그런데 이러한 일구가 소연에게 '「애정」이라든가 「사랑」이라든
가 하는 말로 표현할 성질의 감정을 처음으로 느낀' 것이다. 그러한 사랑의
감정이 절대적 승화의 과정을 거칠 수 있는 가능성은 처음부터 그 출구가
막혀 있었다. 일구는 즉물적 인간이기 때문이다. 아들 한승이 아버지 일구
를 비난하거나 경멸하는 이유 중의 하나는 배금주의이다. 일구는 은행을
경영하는가 하면 미곡에도 손을 대는, 철저히 자본시장에 개입하고 있는
인물이다.

일구의 이러한 생업과 관련한 시공간성을 상정해 볼 경우, 일구는 분명
시장과 교환가치의 특징인 '무차별성'과 '양가성'[204)에 의해 전도된 가치
관을 지닌 인물로 평가할 수 있을 것이다. 문화적 상징의 양가성, 즉 모든

---

204) Peter V. Zima, 『소설과 이데올로기』, 서영상·김창주 역, 문예출판사, 1996,
pp.25-26.

고유한 성질들이 그 반대의 것으로 바뀌어 버리고 대립물들이 지양되는 과정은 마침내 가치들의 무차별성 및 그 가치들을 지칭하는 낱말들의 무차별성으로 귀결된다[205]. 따라서 일구에게 있어 소연과 한승이 지향하는 유교적 가치관과는 언제나 충돌할 수밖에 없다. 그 결과

> 「네, 기적입니다. 아버지 심경에 기적이 나타나거나, 제 심경에 기적이 나타나거나-전 집을 나온 후로도 여러번 생각해보았읍니다. 그러나 제가 탈을 쓰기 전에는 아버지를 존경할 수가 없읍니다. 아버지의 그 배금주의나 그 불순하신 처세술에 제가 융화가 되거나, 아버지가 제 심경에 공명을 하셔서 모든 것을 청산한다거나 하지 않는다면 영원히 전 아버지를 존경할 수도 없을 것이고 아버지한테……」
> 「청산이란 뭘 의미하는 것이냐?」
> 「이건혁씨 무덤 앞에 가서 사죄하시는 것이지요.」

와 같이 갈등을 야기할 수밖에 없는 상황으로 빠져드는 것이다. 일구에게 있어 자신의 행위는 자기합리화에 의해 정당화되며, 자신을 비난하며 가치관의 변화를 촉구하는 아들 한승의 언행을 무례함으로 인식, 가부장적 권위로 억누르려는 자가당착의 모습을 보이고 있다.

일구가 소연을 겁탈한 사건은 결국 선대의 약속마저 파기시킴과 동시에 친구인 건혁과의 사이에 빚어졌던 사상적 배반의 죄과에다, 그 친구의 아내마저 죽음에까지 이르게 하는 죄악을 범한 것이다. 더욱이 그의 겁탈은 자신의 아들 한승과 건혁의 딸 영주와의 사랑을 결별시키는 결정적 원인으로서, 삼대에 걸친 인연을 악연으로 이끄는 단초로 작용하는 것이다. 여기서 소연이 보여주는 자살의 결심과 실천은 유교적 가치관에 따른

---

205) Peter V. Zima, 위의 책, p.26.

선택적 행위라고 볼 수 있다. 그런데 그 가치관은 '이러한 경우에 놓여진 여성들이 매양 취하는 길이 자살이 아니면 복수다'는 서술자의 가치판단적 서술에서도 드러나듯 전통적 유교관에 입각한 일부종사의 정조관념의 계승이라는 의미를 지닌다.

한편, 영주와 한승, 상훈이 벌이는 애정 관계는 상대방에 대한 배려, 내지는 교양과 이성에 입각해 양보와 희생에 의해 사랑의 가치가 발현되는 양상을 보여주고 있다. 먼저 영주와 상훈의 관계를 살펴보면 영주와 상훈의 관계는 처음 영주의 아버지 건혁이 상훈을 극진히 아꼈기 때문에 영주 또한 상훈을 의무로서 맹목적으로 사랑하고 아끼는 관계에 지나지 않았다. 아버지가 사랑하고 또 아버지를 존경하는 사람으로서 친근감에서 오는 사랑의 마음이었던 것이다. 그러다 영주가 김일구네 집안과 인연의 약속이 있었다는 사실을 안 후, 자신의 어머니가 편지를 보냈으나 아무런 답장이 없자 분노하여 복수심으로 서울로 올라 가기로 결정하고 건혁의 묘를 찾았을 때 상훈이 보여준 태도는 영주가 상훈의 진정한 사랑의 마음을 발견하게 하는 계기가 된다. 물론 영주의 상경 계획은 한승의 방문으로 실행에 옮겨지지는 않는다.

> 상훈이는 잠자코 서 있다. 백지장처럼 무표정하던 그의 얼굴은 차츰차츰 움직이기 시작하더니 갑자기 무덤 위에 털썩 주저앉으며 두 무릎에 팔꿈치를 얹고 그 위에 얼굴을 파묻고는 흑흑 느끼고 말았다.
> 그것은 사나이의 울음이었다. 수만 년 간 땅속에 묻어두었던 화약고가 폭발하는 것 같은 울음이었다. 오덕산이 들썩들썩하는 것 같은 울음이었다. 미루봉도 울음 소리에 사태가 나지 않나 싶었다. <224쪽>

상훈이 영주를 생각하는 마음은 속물근성에 의해 왜곡되고 전도되는 애정행각과는 사뭇 의미가 다른 것이다. 그렇기 때문에 한승이라는 새로운 인물이 나타나자 비록 '실로 오랫동안 원망, 질투, 위협, 적의, 이런 성질의 용어로 표현될 성질의 감정을 그대로 그 얼굴'에 노출시키기는 하지만, 영주가 상훈과 한승의 사이에서 갈등하다 한승을 따르기로 선택하자 영주의 본의를 거듭 확인한 후, 한승을 찾아가 영주를 사랑하는 한승의 진의를 파악, 영주 모녀의 앞날을 부탁하는 진정한 사랑의 정신을 구현한다.

> 「김형에 한해서는 절대로 그런 일이 없으리라는 것을 나는 믿습니다. 일생을 통해서 영주씨의 마음이 변하리라는 것을 나는 생각해볼 용기가 없습니다. 만일 일후에 어떤 불행이 두 분께 온다면 그 책임은 전적으로 김형이 지어야 할 것입니다. 내 말을 패배자의 원한으로 듣지 마십시오. 나는 순정입니다. 영주씨가 그것을 요구한다면! 김형! 영주씨의 행복이 나의 목숨을 요구한다면 나는 기꺼이 희생할 만한 각오가 되어 있습니다. 그렇다면 내가 가지고 있는 정열, 순정, 그것을 그대로 형한테 강요하지는 않습니다. 김형은 순정을 잃어버린 도시의 청년입니다. 그리고 허다한 여성과 접촉도 했고 문견도 많아서 이지적(理智的)으로도 많이 발달된 청년입니다.」 <250쪽>

영주에 대한 자신의 사랑을 순정으로 표현하고 있는 반면, 한승을 순정을 잃어버린 도시의 청년으로 대조시키고 있는 데서 당대 도시에서의 복잡한 애정관계의 실상을 읽어낼 수 있다. 또한 자신의 사랑이 순심의 발로에서 우러나온 것임을 강조하고 있는 것이다. 이에 비해 한승은 아직 영주에 대한 사랑의 확신이 서 있지 않음을 솔직하게 시인한다. 즉 영주에 대한 관심은 일종의 호기심에서 비롯된 것이고, 자신의 아버지가 지은 죄과에 대한 반감이 크게 작용한 결과임을 고백하는 것이다. 그러면서 영주를 사랑하는 마음이 도저히 상훈에게 미칠 수 없음을 고백하고 상훈의 마음을 존중할 뜻을 전달한다. 여기서 주목해 할 점은 이들이 보여주고 있는 문제해결 방법이나, 이들의 논리적 논쟁, 이들이 사용하는 언어의 층위가 기성세대인 일구와 소연의 관계에서 일구가 보였던 탐욕과 반인륜적 행위, 그의 서술된 독백이라든지 대화의 논쟁과 언어의 층위가 현저히 다르게 구사되고 있다는 점이다. 이들이 전문학교 이상의 학력을 가진 인물이라는 점을 고려할 수 있을 것이다. 때문에 문제 해결을 위한 은폐된 논쟁이 벌어질 때마다 자신들의 '교양'이나 '이성'을 강조하며 합리적인 해결 방법을 찾고자 노력하는 과정을 통해 젊은이들의 진지성을 발견할 수 있는 것이다.

한편, 한승은 점점 영주를 사랑하게 되는 자신을 발견하고 내적 갈등에 시달린다.

「내가 영주를 사랑하는 걸까?」

그는 모자까지 쓴 채로 뒷짐을 지고 방 가운데 서서 가만히 자기 자신에게 물어보았다.

「사랑?」

한승은 어쩐지 그것이 믿어지지 않았다. 인생의 한 고비를 넘긴 사람이 애련한 연정을 느낀 때와 꼭 같은 심경이었다. 그럴 리가 없지……하고 그는 부인도 해보았다. 그러면 그럴수록 가슴속에서는 찬바람이 일었다. 그는 자기도 모르게 방안을 거닐었다. 세 간밖에 안되는 방안에서 그는 몇 번이나 오라가락했다.

「기분이다. 일시적인 호기심이다. 나는 지금까지도 그랬거니와 영주를 누이동생처럼 여겨야 한다. 아버지가 속죄(贖罪)를 그들 모녀를 돕는 것으로 벗어야 한다. 단순히 그뿐이다…… 내가 지금 그를 사랑한다고

생각하는 것은……일주일만 더 지나면 완전히……」 <259쪽>

한승의 내적 갈등이 극적으로 제시되고 있는 장면이다. 한승은 어디까지나 자신의 아버지가 영주 아버지 건혁에게 지은 죄과를 속죄하기 위해서라도, 그리고 자신도 그러한 맥락에서 영주를 누이동생으로 여기고 그들 모녀를 도와야 한다는 생각을 가지고 있는 것이다. 그러나 영주를 누이동생으로 여겨야 한다는 직접내적독백은 영주에 대한 자신의 사랑의 마음을 애써 거부하려는 자기 부정에 다름 아니다. 점점 영주를 사랑하고 있음에 대한 반어적 표현이라고 할 수 있는 것이다.

이렇듯 영주와 한승, 상훈 그리고 한승과 상훈 사이에서 벌어지는 사랑의 관계는 탐욕적이면서도 배금주의에 사로잡힌 일구의 욕망과 계책으로 반전을 거듭하는 가운데 그들의 심리가 예리하게 서술되고 있다. 결국 일구가 영주 어머니 소연을 겁탈함으로써 영주는 한승을 단념할 수밖에 없게 되며 한승 역시 조금도 자신을 속임없이 영주를 상훈에게 맡기기로 결심하고 상훈이 그간의 사정을 말한다면 이해할 것이라는 믿음을 가지며, 그 결심에서 오는 기쁨을 즐긴다. 그러면서 자신이 처음 생각했던 대로 영주의 오라비가 되어 영주를 평생 도와 주려는 마음에 행복을 느끼게 된다.

　　①「일은 아니지만 가서 그런 사정만 말한다면 상훈도 그것을 거부하지는 않겠지?」
　　② 한승은 오랫동안 두고 싸워온 전쟁에서 손을 떼고 마음의 평화를 찾아가는 노장군의 마음처럼 유쾌했다. 그것은 거의 행복에 가까운 심정이었다. 아니, 그것은 행복, 그것이었다. <421쪽>

①은 상훈에게 영주를 맡기기로 하고 상훈의 마음을 헤아려 보는 한승의 직접내적독백이다. 그리고 ②는 영주가 C주에서도 약 삼십 리 떨어진 두메로 들어가 조촐한 삶을 살기로 결심하고 그 계획을 말하자 그 동안 남편의 주먹에 시달리며 살아온 어머니와 도회에서 상처를 받은 여동생 한순과 함께 자신도 동행하기로 결정한 뒤의 마음을 서술자가 전지적 입장에서 서술하고 있는 내용이다. 아버지와의 기나긴 반목과 대립, 영주와의 관계에서 겪어야 했던 갈등 등을 청산하고 治癒와 反省的 삶의 세계, 또는 화해의 시간으로의 침잠을 앞둔 한승의 내면이 한결 가볍고 여유롭게 그려지고 있다. 이는 사회윤리적인 가치의 환기라는 예술과 문학의 기능에 값하는 주제를 암시하기도 하는 것이다.

「만약에 어머니께서 안 가신다고 하면 어떡해요?」
「어머니가? 그럴 리가 없지. 어머니란 분도 그지없이 마음이 어진 분이시지요. 그렇게 어진 마음이 그렇게 악한 마음과 타협이 될 리가 없지요. 지금까지 어머니가 참아왔다는 것은 어머니가 그만큼 지나치게 착했던 탓이지요. 어리석었던 탓이지요. 하나 모르시지요. 그런 데 가서 얼마나 참으실는 모르지만 가시기는 가실 겁니다. 그러나 그 점에선 우리도 마찬가지지요. 우리의 상처가 다 아물고 감정이 정돈되면 우리도 또 나와야죠. 자연의 패자인 태양과 싸우던 그 정열과 그 몸으로 나와야죠.」
한승은 어느 결에 흥분이 됐던지,
「지금까지 밟은 죄의 길을 씻기 위해서라도 나와야죠! 생각하면 김일구 한 개인과 이때까지 싸우고 있었다는 것은 부끄러운 일이었지……」
한승은 찢어지도록 싱싱한 사과를 껍질째 한 입 딱 물어떼었다……
<421-422쪽>

서사체의 결말은 '내포작가의 주제적 의도와 그 개성적 표현 방식'은 물론 '내포작가의 세계관이나 작품 자체에 대한 태도 즉 선행 발화에 대한 메타-발화로서의 기능 및 메시지 전달 도구로서의 소설 장르에 대한 안목까지 확인할 수 있는 방법론적 타당성'을 확인시켜 준다.[206] 위에 제시된 결말 구조는 각자의 욕망과 애증의 관계가 인간다운 가치를 지키고 지향하려는 젊은이들의 노력에 의해 인간지향적인 해결, 즉 화합의 전기를 가능케 하고 있는 것이다. 어머니 윤씨의 순응적 착한 심성과 아버지 일구의 악한 마음이 서로 타협될 리 없었다는 점, 그리고 타협되지 않은 것은 어머니의 착한 심성에서 비롯된 것으로 파악하면서, 그 어진 마음을 어리석음으로 인식하고 있다는 것은 악에 대해서는 적극적으로 대처하는 삶을 살겠다는 의지의 내포적 표현으로 볼 수 있을 것이다.

특히 김일구 한 개인과의 싸움이 부끄러웠다는 고백 속에서 일제 강점기의 시공간성을 염두에 둔다면 또 다른 집단과의 적극적인 싸움의 의지를 암시하고 있기도 하다. 이러한 의지가 '찢어지도록 싱싱한 사과를 껍질째 한 입 딱 물어떼었다'는 문장에 의해 더욱 굳건하게 느껴지며, 그 인물들의 미래를 긍정적으로 신뢰하도록 고무시키는 역할 또한 이 문장에 의해서 이루어지고 있음은 작가의 개성적 표현 방식이 가져다 주는 감동의 효과라고 할 수 있다.

이 작품에서 구성상에서나 인물창조, 그리고 시공간성에 따른 리얼리티 구현의 측면에서 약점을 발견할 수 있겠는데, 예를 들면 선대에서 이루어진 약속이 그리 설득력을 갖추지 못하고 작위성으로 비쳐지고 있다는

---

206) 金顯, 앞의 책, p.17.

점, 인물창조에 있어 한승의 현실적 위치, 즉 자신의 아버지와 반목·대립
의 관계에 있으면서도 자신의 생활에서의 치열성과 독립성이 보이지 않는
점, 그리고 영주의 선택권이 철저하게 한승과 상훈에 의해 제한되고 있다
는 점 등이다.

물론 이 작품에서는 공간적 배경이 '경성역-낙동강연안-삼랑진'으로
이어지는 과정에서는 구체성을 띠지만 정작 영주와 그녀의 모친 소연이
사는 곳은 'C주'로 명명됨으로써 작품의 사실성을 크게 훼손하고 있다.
더욱이 영주 모녀와 한승의 관계에 개입하는 일구의 계략과 한승과 상훈
의 관계, 상훈과 영주의 관계가 다소 통속적이며, 특히 이 작품의 가장
큰 결점은 플롯의 작위성 내지는 우연성이라고 할 수 있다.

그러나 일본의 식민지로서 일본 자본주의를 위한 식량공급지, 공업
원료 공급지, 상품 시장으로 기능하며 일본 자본주의에 완전히 예속된
1930년대 후반, 물질주의와 속물근성의 인간군들을 일구라는 인물로 전형
화하여 제시한 점, 그리고 사랑의 윤리가 점차 파괴되어 가는 과정에서
그 가치를 제시하고 있는 점은 분명 1930년대 후반 시공간성에 대한 인식
의 산물이라고 할 수 있다.

한편, 애정의 윤리를 추구하고 있는 작품 중에「淑卿의 境遇」가 있다.
이 작품은 1955년에 발표된 작품으로서, 1937년에 발표되었던 위의 작품과
동일한 자살모티프를 지니고 있다. 결핵을 앓는 '숙경'과 결핵균의 최고
권위자요 국립결핵 연구원장인 '현'과의 사이에 불륜의 관계가 맺어지면
서 이들의 갈등관계가 치밀하게 묘사되는 한편, 당대의 문란한 성 풍속도
를 제시하면서 과연 올바른 성의 윤리가 무엇인가를 나름대로의 관점에서
보여주고 있기도 하다.

물론 앞에서 살펴본 「明日의 鋪道」에서 '일구'의 탐욕과 순박함로 인해 야기된 '소연'의 자살은 '중핵'[207]이자 '결합된 모티브'[208]로서 해석적 코드의 부분으로 기능한다. 그녀의 자살은 자신의 철저한 정조관념의 표출임과 동시에 세 젊은이들 사이에 형성되었던 사랑의 관계, 또는 인간관계를 다시 수정해야 하는, 운명의 변화를 야기시키고 있을 뿐만 아니라 이들의 애정관에도 직접적인 영향을 미칠 수 있는 근거로써 기능하고 있다. '소연'의 죽음이 무엇을 의미하며, 그 죽음이 빚어낸 결과에 따라 플롯이 발전되고 있는 것이다.

이에 비해 「淑卿의 境遇」는 해방 후 문란해진 성 풍속도의 시공간성으로부터 성 윤리를 천착한 작품으로서의 의미를 지니고 있다.

남편이 자신의 병을 고치기 위해 '미영 각국의 결핵병원 시설 시찰차' 미국 방문 중에 있는 '숙경'은, 환자들이 보편적으로 겪는 고적함과 허전함에 주사를 맞고 싶은 충동에 의사인 '현'을 자신의 집으로 부르게 되고, 치료의 과정에서 숙경은 현에게 이끌려 자신이 먼저 현을 유혹하게 되고 현의 반응에 따라 그들의 부정이 저질러지고, 그로부터 그들의 내·외적 갈등이 첨예화된다. 숙경은 두 아들과 딸 하나의 어머니요, 극진히도 그녀를 사랑해 주는 남편 'ㄷ'씨의 아내였고 현 역시 아내가 있는 입장이었다.

---

207) Seymour Chatman은 서사적 사건들은 연관의 논리뿐 아니라 <위계hierarchy>의 논리도 지니고 있다는 전제하에 개개의 주요 사건, 즉 서사구조내에서 생략되면 논리가 파괴되는 요점들을 '중핵'이라고 하며 논리를 파괴하지 않고 생략 가능한 부차적인 플롯의 사건들을 '위성'이라고 부른다. (Seymour Chatman, 앞의 책, pp.61-62.)

208) Tzvetan Todorov는 한 작품의 모티프들의 성격을, 서술되는 사건들 사이의 인과 관계 때문에 생략할 수 없는 모티프를 '결합된 모티프', 생략해도 사건들 사이이 시간적, 인과적 관계를 손상하지 않는 모티프를 '자유로운 모티프'로 구분하고 있다.(Tzvetan Todorov, 『構造詩學』, 곽광수 역, 文學과知性社, 1978, pp.102-103.

그러기에 그들의 갈등은 자살까지 생각할 정도의 깊이를 가지고 있었던 것이다. 먼저 문란한 성 풍속도를 통해 자신들의 죄의식을 희석시켜 보려고까지 몸부림을 치고 있는 장면을 통해 갈등과 고통이 얼마나 심각한 것인가를 암시해주고 있다.

① 숙경이가 간 때는 주안상이 떡 벌어졌었다. 모두 한다하는 부인들이었다. 화제가 계였고 댄스였다. 이야기뿐이 아니었다. 음악도 없는데 서로들 끼고 돌던 것이다.
칙칙칙 칙칙칙.
숙경이도 몇 번인가 본 광경이기는 했다. 그러나 상상 밖이었다. 모인 부인들의 거의 전부가 그 길로 또 몰려가던 것이다. 누구는 잘 추고 인물은 어떻고-모두가 남자들 이야기였다. 그 중의 둘은 딴 남자와 사건을 일으키고 있던 것이다.…… <60쪽, 권5>
「세대가 변한 것이다. 나만이 이렇게 괴로워할 필요는 조금도 없지 않은가? 이 죄에 대한 의식이 나를 또 다시 현한테로 달려가게 만들던 것이 아니냐. 옛날에는 이런 죄를 짓고는 못살았다. 목을 매서 죽거나 양잿물을 먹었다. 그러나 그런 여성은 오늘날은 없지 않은가? 이혼도 그렇다. 헤어지면 그만일 것이다.」 <61쪽, 권5>

② 「……주인 몰래 남의 과실을 하나 뚝 따먹고서 입을 쓱 씻듯 남편 몰래 딴 남성과 접촉을 하고서 언제 그런 일이 있었더냐 싶게 싹 돌아서서 아양을 피울 그런 여성은 못되십니다. 물론 많지요. 나도 그런 여성의 한둘은 압니다. 고명한 분의 부인 중에도 그런 사람을 알고, 대학 교수, 실업가 여럿을 알고 있어요. 게다 파아티에나 몰려 다니는 여성들의 거의 대부분이 남편 몰래 딴 남자와 밀회를 하는 것이 오늘의 현실이지요. 첫째, 놀라지 마십시오. 접땐 그런 말을 않았었지만 내 아내까지가 그랬습니다! 내가 숙경씨 이야기를 하자 내 아내도 실은 자기에게도 그런 남성이 있으니 잘되었다는 것이었습니다.…… 전에는 생각도 못하던 이야기가 오늘날 우리 나라의 애정의 윤리처럼 일반화해 있는 것은 사실입니다.……」

①은 숙경이 지각주체임과 동시에 초점주체로서 기능하며 서술자가 서술주체인 시점 양상을 보이고 있다. 그러니까 숙경이가 보고 들었거나 알고 있는 내용을 서술자가 서술하고 있는 것이다. 이러한 서술양상을 통해 드러나고 있는 시공간성이 바로 문란해진 성풍속이라고 할 수 있다. 이는 연합군의 진주와 군정 실시, 그리고 한국전쟁으로 말미암은 이방의 외국군대 주둔과 그로 인한 잘못된 서양풍조의 유포가 몰고 온 가치에 대한 충격과 동요 및 변화의 한 양상이라고 할 수 있다. 50년대 소설은 주로 분명 비인간적인 전쟁에의 반응과 피해의식 및 희생, 가치붕괴의 전쟁이 주는 의식의 변질, 내성화된 후유증의 환기, 전후의 암담함과 방향 상실·혼돈 등을 제시하는 데에 경주될 수밖에 없었던 것이다.[209] 특히, 서양풍조의 만연은 전통적인 문화가치의 규준에 대한 충격을 야기시키게 되었고, 가치의 붕괴체험은 결국 삶의 양식 자체를 바꾸어 놓는 파괴력으로 우리의 삶을 손상시켰던 것이다.

이러한 가치전도의 발생론적 근거를 통해 숙경은 자신의 죄의식으로부터 벗어나려는 필사의 노력을 기울인다. 심지어는 이혼이 일반화된 세태를 자신의 괴로움을 잊기 위한 심리 기제로 삼으려는 갈등을 보이기도 한다. 그러면서 '인간성이 완전히 무시된 고뇌'의 나날을 보내게 된다. '훈' 역시 숙경이 원한다면 미칠 수도 있고 자살을 할 수도 있다는 극단적인 사랑의 감정을 표출하면서 ②에서 볼 수 있듯이 성의 가치전도 현상을 들어 자신들의 사랑이 진실된 사랑임을 강조한다.

①「……두 생물이 생명을 교차시킨 우리의 진실한 사랑이 물로써

---

209) 이재선, 앞의 책, p.84.

　　그렇게 간단히 씻어질 수 있는 것이었다고 한다는 것은 곧 우리가 동물적인 욕망에 휩갑이 되어서 일시 야합을 했다는 것을 시인하는 말이 될 것입니다. 우리는 지성인입니다. 교양도 가졌습니다. 자존심을 가질 수도 있는 위치의 인간입니다. 그러한 우리가 우리의-명예를 위한다하더라도 그것은 어떻게 시인할 수 있을까요? 동물적인 일시적 야합이란 것을 시인하기보다는 나는 죽음을 택하겠습니다. 내가 자살을 한다면 우리의 사랑이 그런 불명예로부터는 분리가 되어 줄 것이니까요. 정말입니다. 진정입니다.……」

　　② 공포 이외의 아무것도 없는 하룻밤이 지났다. 새벽녘에서야 잠시 눈을 붙였던 모양이다. 눈을 뜨니 방안이 화안하다. 숙경은 질겁을 해서 이불을 뒤집어썼다. 빛이 무서웠다. 어둠보다도 무서운 빛이었다. 숙경은 떨고 있었다. 학질 들린 어린애처럼 떨려 온다. 나는 죽어야 하는가? 했다. 죽어야 한다는 결론이었다.
　　「죽지 않고서 이 괴롬에 견딜 수는 없다!」
　　그것이 착한 남편에게 대한 의리라 했다. 아내의 도리라 했다. 땅에 떨어진 윤리에 항거하는 지성의 의무라 했다. 그럼으로써만 더러워진 자기의 피가 정화되느니라 했었다.

　　이 작품은 앞에서도 언급했듯이, '숙경'과 '훈'의 심리가 주초점 대상이다. 물론 초점대상을 드러내는 방식에서는 약간의 차이를 보이고 있다. 숙경의 심리는 주로 직접발화에 의한 내적독백과 간접화법적 맥락에 속하는 서술된 독백에 의해 내적 초점화됨으로써 갈등의 심리적 국면이 좀더 사실적으로 제시되고 있다. 그에 비해 '훈'의 내면은 숙경을 설득하거나 자신의 심경을 고백하는 대화의 서술을 통해 제시되고 있다. 인물의 말 자체를 독자에게 직접 전달시킴으로써 서술자의 존재와 간섭으로부터 자유로운, '객관성'을 획득하고 있는 것이다. 반면에 상황 또는 세계에 대한 한 인물의 개인의 사고와 인식의 폭과 깊이를 감지할 수 있게 하기 위해서는 대화의 형식보다는 독백의 형식이 훨씬 효율적이다. 한 인물이 상황이나 세계를 어떻게 인식하는 지를 내적 초점화에 의해서 생생하게 재현시켜 주는 역할을 하기 때문이다.

참담한 고뇌의 과정을 거쳐, 결국 죽음으로써 자신들의 행위가 결국 진실한 사랑이었음을 증명하려는 '숙경'과 '훈'의 비극적 결말구조가 암시하고 있는 것은 무엇일까? 여기서 죽음의 해석적 코드는 두 가지의 의미로 해석이 가능하다. 그것은 먼저 사랑이란 고뇌의 과정없이는 결코 미화되거나 합리화될 수 없다는, 또는 죽음으로까지 승화시킬 수 있는 진정한 사랑의 정신의 구현, 또한 서술자에 의해 서술된 숙경의 서술된 독백에서도 드러나듯 가치 붕괴, 혹은 윤리적 파탄에 경종을 울리려는 한 지성의 준엄한 깨우침에 다름 아닐 것이다. 또 하나는 죽음을 통해 자신의 부정에 대한 죄과를 속죄하려는 의미로도 그 해석이 가능한 것이다. 죄의식에 대한 속죄의 의미인 것이다.

어떻든 자신들의 행위에 대하여 또는 둘의 관계에 대하여 보여주고 있는 고뇌와 갈등의 치열성은 문란한 성풍조에 편승한 애정행각은 결코 진정한 사랑의 정신과는 양립할 수 없다는 知的 覺醒을 보여주고 있는 것이라 할 수 있다.

이무영 작품에 제시되어 있는 애정의 윤리는 전통적인 유교관에 입각해 정절을 중시하는 윤리관을 지향하고 있다. 이러한 윤리관으로 인해 순결이 훼손되었거나 파괴당한 사람은 곧 죄의식의 나락으로 떨어지고 죽음으로써 죄값을 치르는 성격적인 전형이 가능한 것이다. 문학이 그 시대의 갈등과 고뇌의 삶과 꿈을 반영한다는 반영론적 시각을 굳이 가져오지 않더라도 이러한 애정 윤리는 문란한 성풍조의 시공간성이 그 발생론적 기반인 것이다. 그런데 애정윤리를 문제 삼는 작품들은 모두 그 배경이 도시로 설정되어 있다. 또한 주동인물들은 거개 지식인에 속하며, 중류계층 이상의 생활수준을 유지하고 있는 인물들이다. 이는 당대, 특히 50년대 한국전쟁 이후 성의식의 개방화 혹은 성윤리의 파탄 현상이 농촌보다는 도시에서, 그것도 서울을 중심으로 하는 대도시에서 확산되었고, 그에 편승한 일단의 계층을 주목하는 것으로 서사구조의 원리를 삼은 것이다.

앞의 분석내용에서도 확인할 수 있듯이 그의 도시 소설 거의 전작품이 서울(경성)을 배경으로 하고 있고 또한 주동인물이 교수와 같은 지식인들이 주로 등장하고 있다는 점은 그의 거주지가 농촌에서 도시(서울)로 옮겨졌다는 사실, 그리고 대학 강단에 서게 된 직업과도 밀접한 관계를 맺고 있음을 알 수 있다. 그의 거주지와 직업이 작품 형상화의 사회적·인격적 토대가 되고 있는 것이다.

이렇듯 이무영의 서술기법에서 제시되고 있는 시공간적 좌표는 이무영의 전기와 일치한다. 그의 실제 삶이 도시와 농촌에서 이루어졌기 때문에 배경의 당대성과 근접성은 도시와 농촌, 그리고 이무영의 경험적 시간과 일치하는 것이다.

V. 서술기법과 주제의식의 상관성

서술 층위와 구성 층위에 이어서 소설텍스트를 연구함에 있어 간과되어서는 안되는 요소가 작가의식의 층위이다. 그런데 지금까지 서술 층위와 구성 층위에서는 작가의식이 배제되어 왔다. 소설은 어디까지나 작가 자신의 개인적인 가치 기준이 작용하는 장르라고 할 수 있다. 서술 층위에서 서술자와 인물 등 모든 작품 내적 발화 주체들에게 발화를 배당하는 조종 주체로서, 혹은 구성 층위의 어떤 국면에서 어떤 인물로 하여금 발언하게 만드는 것이 바로 작가라는 점을 인정한다면, 소설텍스트의 담론분석에서 결코 주제의식을 포함한 작가의 관념적 태도가 배제되어서는 안되는 것이다.

현재 통용되고 있는 소설 이론은 작가와 그의 위상, 작가가 바라보는 역사적 지평을 완전히 제거해 왔다. 그리하여 이같은 상황의 부분적 양상으로서 밀접한 관계를 맺고 있는 상이한 결과들이 시종일관 나타난다. (1)경험적 작가는 그의 대리인이라 할 '서술자'에 의해 억압당한다. 양자 사이의 투영 관계는 이론에서 고려되지 못한 채 남아 있다. (2)소설 문학은 단지 완성된 작품의 수준에서만 시야에 들어온다. 작품의 창작 과정은 주의를 끌지 못한다. 결과의 배후에 그 전제들은 어둡게 잠복해 있다.[210]

---

210) J. Schramke, 『현대소설의 이론』, 원당희 · 박병화 역, 문예출판사, 1995, p.25.

위르겐 슈람케(J. Schramke)가 위에서 언급한 내용은 서술자에 의해 작가의 관념적 태도가 완전히 배제되는 시점 유형학이나 서사학에서의 시점 논의에 대한 근본적인 문제제기라고 할 수 있다. 사실 작가는 작품을 효과적으로 쓰기 위해 서술자와 그의 역할로 나타나는 시점을 고안해 내는 것이며, 보다 근본적으로는 서술자를 통해 작가의 관점과 세계관 또는 이데올로기가 직접적으로든 우회적으로든 드러나는 것이다. 부드는 "실제 작자의 원형대로 사랑이나 미움의 감정이 작품에 나타난다면 그것은 거의 언제나 치명적이다. 그러나(……) 그 인식 때문에 소설에서 작자의 애증의 감정이나 그러한 감정의 기초가 되는 판단을 제거할 것을 작자에게 요구하게 되어서는 안된다. 바로 이것을 나는 밝혀내고 싶어 하는 바이지만, 내포작자의 감정과 판단이야말로 위대한 소설이 만들어지는 재료다"[211]라고 하여 작가의 관념적 태도를 시점 개념에 포함시키고 있다. 또한 1920년대 말 도스토예프스키 소설을 톨스토이 소설과 비교하면서 연구한 미하일 바흐찐은 시점을 작가와 인물들이 세계를 보는 특수한 방식[212]으로서의 이데올로기와 연결시키고 있다.

소설을 산출하는 사회적 역사적 맥락이 소거된 채 실제 작가 대신 이론적 구성물인 서술자가 이론 구성의 주요한 인자가 될 경우, 작가가 그 작품을 쓸 때의 구체적인 상황이 재구될 수 없고, 설사 재구된다 하더라도 그 타당성을 증명할 수 없게 된다.

이렇게 볼 때 담론분석은 서술 층위와 구성 층위와 같은 담론 장치를 고안해 낸, 텍스트 생산 주체로서의 작가가 위치하는 사회적 역사적 맥락

---

211) W. C. Booth, 앞의 책, p.114.
212) W. Martin, 『소설이론의 역사』, 김문현 역, 현대소설사, 1991, p.218.

을 고려해야 하며, 실제 작가의 관념적 태도 역시 감안해야 하는 것이다.

(1) 현실인식의 제양상

　먼저 농촌과 농민의 삶의 실상에 대한 작가 이무영의 인식은 서술자나 인물에 의해 제시되고 있는데, 주로 '경제적인 시각'[213]에서 이루어지고 있지만, 전통적인 한국의 농민들이 그러하듯, 농민들의 체험에 의한 소박한 관점에서, 즉 농민들이 초점주체가 되어 초점화한 장면을 서술자가 서술하는 경향이 많다. 3인칭 제한적 전지 시점을 주로 사용하고 있는 것이다. 이 시점의 사용을 통해 작가의 관념은 서술자와 주인공과의 심리적 친근성에서 나타나는데, 그 친근성은 어법이나 시공간성에 의해 더욱 강화된다.

　그런데 작가의 관념적 태도로서의 그의 현실인식은 지배 이데올로기라든지 정치 이데올로기와는 다소 거리가 있다. 즉 작가 개인의 태도나 의향 등을 통해 드러나는 일상적인 신념이 이데올로기로서 정착된 의미를 지닌다. 그런데 이 문제는 그의 시점 의식과 관련이 매우 깊다. 앞장에서도 거론했지만 이무영은 3인칭 제한적 전지 시점을 주로 사용한 작가이다. 특히 '농민소설'의 경우, 서술자가 초점화하고 있는 인물이 '소작농'이며[214] 이 소작농에 의해 농촌과 농민의 삶이 초점화되어 나타나고 있다.

---

213) 임영환, 앞의 논문, p.40.
214) 「제일과 제일장」과 「흙의 奴隷」는 도시에서 생활한 지식인 '수택'의 농민화 과정이 주초점대상이지만, 주동인물인 '수택'에 의해 초점화되는 인물, 즉 그의 아버지인 老農 김영감의 한 평생을 통해 농촌과 농민의 궁핍한 현실이 구체적으로 제시되어 나타난다.

이러한 서사 전략에 의해 소작농이 인식하는 농촌과 농민의 삶이 그들의 내면과 함께 소설의 핍진성과 리얼리티를 구축하고 있는 것이다. 이른바, 소박한 리얼리즘의 수준에서 제시되고 있는 이유가 바로 이러한 시점 전략 내지는 시점의식에서 말미암는 것이다.

> 육십 년 간의 긴 노동에 자기도 모르는 동안에 그의 육체는 성한 데가 없이 좀먹고 있는 것이다. 그래도 지금까지는 강단으로 버티어 왔다. 살려는 욕심과, 살 수 있을 것 같은 희망과 당장 일하지 않으면 조석 끼니가 간데 없다는 무서운 긴장으로 버티어 온 것이다.
> 그것은 실로 오랜 동안의 긴장이었다. 그러나 지금 그 긴장이 일시에 확 풀려버린 것이다. 땅도 이미 남의 손에 넘어갔고 작권까지도 잃어진 오늘날 긴장은 그 자신의 심신을 파괴시키는 이외에 다른 아무런 성능(性能)도 갖지 못한 것이기도 했다. <「흙의 奴隷」, 150-151, 권2>

소설이라는 문학 장르는 "현실을 재현하는 능력에 의한 것이 아니라, 삶에 끊임없이 새로운 조건들을 재창조하기 위해, 삶의 요소들을 재분배하기 위하여 삶을 자세히 검토하는 능력"[215]에 의해 다른 문학 장르, 또는 다른 예술과 구분된다고 할 수 있다. 무영의 작품에서 서술자에 의해서든, 인물에 의해서든 초점화되어 나타나는 궁핍의 현장과 그러한 삶은 재현의 의미보다는 현실상황과 삶의 양상에 대한 인식, 검토의 성격으로 볼 수 있다.

위의 인용문의 서사 단위는 평생을 농투성이로 살아온 '김영감'의 비극적 삶의 궤적이 전지적 관점에서 분석·요약적으로 서술되고 있다. 인용

---

215) Marthe Robert, 『기원의 소설, 소설의 기원』, 김치수·이윤옥 역, 文學과知性社, 1999, p.35.

된 부분은 물론 서술주체와 지각주체를 따져본다면, 그 두 주체를 분명하게 구분할 수 없다. 즉, '김영감'의 아들인 '수택'이 지각하고 있는 내용을 서술자가 서술한 것일 수도 있고, 서술자가 지각하고 서술한 것일 수도 있기 때문이다. 어떻든 서술자든 인물인 '수택'이든 '김영감'의 한평생을 궁핍으로 인한 고달픔과 땅의 상실이 가져다 준 절망감으로 제시함으로써 일제 강점기 하에서 농가 경제의 재생산이 불가능했던 농촌의 피폐화된 현실을 드러내고 있다. 이는 삶과 현실의 재현이라기보다는 농촌과 농민들의 삶에 대한 문제제기적 성격을 강하게 내포하고 있는 것으로 보는 편이 더욱 타당할 것 같다.

그런데 삶을 자세히 검토하는 이러한 능력은 독자들이 "體驗하지 못한 事實의 眞實한 世界를 作家가 먼저 體驗하고서 그 體驗한 實感을 三者에게 體驗시키는 것이다. 이 實感의 移植의 成, 不成이 곧 그 作家의 力量의 尺度가 되는 것이며 그 作品의 價値를 決定"216)한다는 작가적 신념의 소산이라고 볼 수 있다.

그는 유난히 체험을 강조한 작가이다. 체험을 통해 독자에게 실감 혹은 진실을 체험시키고자 하는 것, 곧 '實感移植'을 작가의 의무이자 책임으로 삼았던 것이다. 그러한 작가의 관념이 주로 3인칭 제한적 전지 시점을 사용하게 된 동인이라고 할 수 있다. 송하춘은 1920년대 소설의 성격유형과 서술양식에 대하여 논하는 자리217)에서 '1920년대 소설이 1인칭 소설의 서술자만 작가를 대변하는 게 아니라 全知的 作家敍述 소설의 주인공까지도 작가를 대변하는 경향이 많다'고 지적한 바, 이러한 사실은 1930년대

---

216) 이무영, 『小說作法』, 啓進文化社, 1954, p.12.
217) 송하춘, 앞의 책, p.214.

이후 이무영의 소설에서도 드러나는 서술적 특징이다. 이무영은 그의『소설작법』의 시점론[218]에서 시점을 '一元的 視點'과 '多元的 視點'으로 나누어 설명하고 있다. 이 설명에서 눈에 띠는 특징은 독자를 크게 의식하고 있다는 점이다. '事件處理'나 '心理 解剖'에 있어 독자의 수준을 능가해야만이 작가로서의 의무를 다하는 것이라는 지론은 그가 얼마나 소설의 기법을 중요하게 생각했었는가를 알게 해 주는 대목이다. 그의 서술이 전략적으로 이루어지고 있음을 시사해 주는 증거이기도 하다.

> 창복이 부자의 억척, 닷 섬말이나 서 마지기서 떨었으나 거기에, 또한 억척이 남아 있었다. 받으려는 윤참봉의 억척은 타작마당에서 도지 두 섬 일곱 말에 장리벼 열말 먹은 것이 열 닷말 박참봉이 용안장터 금융조합원 감사인 관계로 조합돈으로 나머지를 제하고도 오히려 이십칠 원이 부족이 되었던 것이다.
>   이리하여 만보 영감이 벼르고 벼른 며느리의 생일날을 청어 꽁댕이 하나 구워 보지 못하고 그나마도 저녁에는 멀건 죽국물을 마시지 않으면 안되었던 것이었다. <「만보영감」, 263, 권2>

서술자의 분석적 목소리를 통해 소작 빈농인 만보영감네 가족의 궁핍상이 구체적으로 나타나 있다. 이는 농가 경제의 재생산 악화, 수탈적 농업 정책 등으로 결국 농민들의 삶은 결국 추수 후에도 식구들이 연명할 곡식이 없고 오히려 빚만 늘어가는 농촌의 참담한 실상이 부분적으로 만보영감의 목소리에 서술자의 발화가 겹쳐 제시되고 있는 것이다. 그런데 고율의 소작료와 장리벼 이율, 금융조합의 부채 등에 그 궁핍의 원인이 있음을 서술자의 분석적 서술이 암시하고 있다. 결국은 소작농을 착취하는 경제

---

218) 이무영, 앞의 책, pp.185-191.

구조적 모순이 만보영감과 같은 소작농의 삶을 피폐화시키고 있음을 여실히 보여 주고 있는 것이다. 또한 이러한 궁핍이 대물림되고 있음을 만보영감의 '인생이라고 태어나서 마음놓고 밥 한 번 배불리 먹어 보지 못하고 호미와 낫을 든 채 논두렁을 베고 죽는 자기네 인생…… 자기의 아버지가 그랬고 자기가 그랬고 또 자기의 자식이 같은 일생을 마치고 있다.'와 같은 내적 초점화 서술을 통해 제시함으로써, 농민들의 삶이 체념적일 수밖에 없음을 강변하고 있기도 하다.

이러한 현실인식의 양상은 바로 이무영의 시점의식을 반영한 것이고, 이는 그의 관념적 태도에서 비롯된 것이라고 할 수 있다. 이무영이 즐겨 선택한 3인칭 제한적 전지 시점의 서술에서 서술자는 인물들과의 다양한 관계맺기를 통해 자신의 세계관을 드러낸다. 이는 곧 서술자와 인물들간의 거리가 갖는 중요성을 말하는 것으로, 이 거리에 따라 소설의 구조, 전달된 허구적 현실요소의 선별, 독자의 연민의 정도가 달라지게 된다.[219]

여기서 초점화의 문제가 대두되는데, 특히 삼인칭 서술에서 초점화는 서사적 구조의 문제이면서 동시에 특권의 축과 연결된다. 즉 초점화는 초점주체 혹은 초점자가 누구인가에 따라 그리고 서술자가 어떤 인물을 선택하여 보여주는가에 따라 그 효과가 달라진다. 이런 점에서 외적 초점자는 내적 초점자보다 관념의 전달자로서 더 큰 권위를 가지게 된다. 반면 외적 초점자가 초점화된 인물에게 서술의 역할을 넘길 때 초점화한 인물이 믿을 만한 모방적 권위가 있다면 비초점화된 인물보다 권위가 있다고 할 수 있다. 이러한 시점의식에 의한 현실인식의 태도는 다음 작품에서도

---

219) Franz. K. Stanzel, 『소설의 이론』, 김정신 역, 탑출판사, 1990, p.77.

그대로 유지된다.

> ① 물길 닿는 논에 심은 올심기는 <u>벌써 꺼무스름하게 약이 올랐고</u>
> 보리 이삭도 뜨물이 엉기기 시작하도록 하늘은 물 한 방울 뿌려주지
> 않았고 <u>그렇게 눈이 빠지게 기다리는</u> 인석이한테서는 어떻다는 소식
> 한 마디가 없다. 날씨가 그러니 곡식 가진 사람도 없기는 하지마는 잔뜩
> 들 움켜쥐고서 옆집에서 굶어 죽는대도 거들떠보려고도 않는다. 구호
> 미가 나온다는 말도 있었고 절량 농가에 배급을 준다는 말이 돈 지도
> <u>벌써 달포가 가까이나 되건만, 요새 와서는 염치들이 없는지 그런 말조</u>
> <u>차도 없다.</u>
> ② 「망할 놈들, 제 뱃대지들이 부르니까 백성들 굶는 사정이 통할
> 리 없지!」
> 「하늘하구 짜구서 하는 노릇인가. 비두 날마두 올 듯 올 듯, 구호민지
> 꼬리 아홉 달린 여운진 몰라두 그것두 날마다 온다 온다-그럴 마련이면
> 돈 거둬 간 거나 내줄 게지, 구호미에 무슨 놈의 수수료가 그렇게두
> 많더람!」 <「麥嶺」, 26-27, 권2>

이 예문 역시 ①은 엄격히 말하면 외적 초점화의 서술이다. 그런데
지각주체는 인물인 '춘보'에 더 가깝다. 다시 말하면 인물지각의 표현이다.
서술자의 목소리는 거의 들리지 않는다. 그렇다고 서술의 주체를 인물로
볼 수 있는 문제도 아니다. 서술자와 인물간의 가치와 어조가 완전히 일치
하여 그들의 목소리가 하나로 융합되었다고 볼 수 있다. 그만큼 서술자와
주동인물의 거리는 아주 가깝거나 소멸되는 양상을 보이고 있는 것이다.
사실 위의 작품만 하더라도 전체 이야기의 진행과정이 전지적 서술과 제
한적 3인칭 서술이라는 두 개의 상이한 서술태도에 의해 교차적으로 진행
되고 있다.

또한 그 개별적인 서술 속에 서술자의 태도와는 구분되는 인물의 독립

적인 지각을 다양한 정도로 포함하고 있어서 인물의 지각과 서술태도간의 관계가 작품의 가장 전경화된 소설의 구성 요소임을 드러내주고 있다. ①의 밑줄친 부분은 지각주체인 '춘보'의 어휘로써 그의 답답함이 그대로 반영되어 나타나고 있다. 즉, 지독한 가뭄과 제대 날짜가 지났음에도 아직 소식이 없는 아들에 대한 기다림, 사나워진 인심, 구호미의 사적 전유화로 인한 생계 곤란의 상황 등이 제시되고 있다. 작가의 현실인식이 춘보의 지각을 통해 드러나고 있음이 ①에서 검출되고 있는 것이다.

　②는 대화를 통해 농촌과 농민들의 궁핍한 생활상을 객관화시켜 주는 역할을 하고 있다. 이렇듯 작가의 현실 인식은 작중 인물인 '농민'의 체험과 그 의식에 의해 제시되고 있는 것이다. 이러한 농촌과 농민의 삶에 대한 비관적 혹은 절망적 인식은 해방 이후, 50년대의 농민소설들, 「農民」(50년), 「農軍」(53년), 「農夫傳抄」(54년), 「祈雨祭」(57년)」, 「두더쥐」(59년), 등에서도 계속 이어지고 있다.

　이는 농촌과 농민에 대한 그의 현실인식이 체험을 바탕으로 농민의 지각과 관점에서 얼마나 사실적으로 제시하고 있는가를 엿볼 수 있는 징표들이다. 농업정책이 부재한 농촌과 생계유지에 급급해야만 하는 농민들의 궁핍한 삶을 이렇듯 심층적으로 인식한다는 것은 또 다른 차원의 문제제기적 의미를 내포하고 있는 것이다. 이러한 인식의 바탕 위에서 '진정한 농민문학은 농민작가에 의해서만 이루어질 수 있'음을 상기시키고, 당대의 농촌을 '인간의 不毛地'로 규정하면서 농민문학을 재흥시키기 위한 근본적인 해결책으로 '우리 농촌을 부흥시키고 재건하여 지식인도 훌륭히 농촌에서 생을 영위할 수 있는 환경을 만들어 주는 것'과 '우리 농촌의 피폐는 지식층의 청년들에 의해서만 재생할 수 있다'고 전제, '지식청년층

이 농촌으로 들어가 多角榮農으로 개편함으로써 농촌이 재생될 수 있고, 우리 농민들도 민주주의를 깨우치어 인간의 존엄성도 찾게 될 것'이라는 제안을 내놓기에 이르른다.[220]

한국의 농촌과 농민이 걸어야만 했던 해체와 생존위기의 역사적 삶의 현장 한가운데에 그가 서 있었던 것이다. 농촌과 농민에 대한 그의 관심과 애정이 바로 농촌과 농민의 삶을 사실적으로 인식할 수 있도록 했음은 두 말할 나위가 없다.

한편 그의 현실인식은 연민(동정)이나 비판의식을 수반하기도 하는데, 특히 도시와 도시적 삶의 행태에서 발견되는 '가난'한 삶의 인물에 대해서는 인간적 연민(동정)의 정(마음)을 보태고 있으나, 쾌락적 소비지향의 생활, 또는 가치 일탈의 물질주의나 출세지향주의와 같은 가치 지향의 역할이 전도된 삶의 양식에 대해서는 비판적 태도의 작가의식이 두드러지게 나타난다. 비판적 태도의 대극에는 처절하리만치 순수한 인간애와 윤리의식을 담은 일군의 작품들을 발표함으로써 새로운 인간관과 윤리관을 모색하려는 자신의 관념적 태도를 드러내고 있다.

나는 나 자신을 비웃었다. 확실히 우리 것이 아닌 것을 잘 알고 있으면서도, 제 것을 제가 먹자고 애를 쓰는 아이를 나무란 나 자신을 조롱했다. 그리고 유아에게 맡은 젖통을 맡긴 당장에게 반환했다고 유모를 욕한 내자신의 어리석음을 깨우쳤다. 자식에게 대한 애정으로 아니 남의 것을 일시적으로 맡은 사람으로서의 임무를 다하기 위하여 그 먼곳을 무릅쓰고 하루에도 몇 차례씩 왕복한 유모가 아니었든가? 삼청동 막바지를 화동이라고 속여 가며까지 눈이 말똥말똥하니 산 자식들을 죽었노라고 꾸며가면서까지 자기의 맡은 임무를 다하기에 노력한 유모

---

220) 이무영, 「韓國의 農民文學은 어찌되었나」, 『女苑』, 59. 4, pp.66-70.

가 아니었든가.

　　이렇게 생각하자 나는 유모를 나무랄 용기가 다시는 안났다. 그때 유모에게 대한 나의 감정이라면 동정이었다. 마음속에서 우러난 정의 감이었다.

　　나는 제가 맡긴 젖을 달라고 그악을 떠는 어린 것을 떼치고 띵띵 불은 젖통을 움켜쥐고 삼청동 막바지에서 계동 꼭대기를 달려올 때의 유모의 심정을 이리저리 상상해 보았다. <「乳母」, 178, 권5>

　　인용문의 전체 스토리 층위는 앞장에서도 살펴 보았듯이 다음과 같이 구성되어 있다. 자기 아내의 젖이 신통하지 않자, 자신의 딸에게 젖을 먹일 유모를 찾아보던 중에, 같은 잡지사에서 일하고 있는 S의 소개로 유모를 구하게 된다. 그런데 날짜가 지남에 따라 젖의 양이 줄어들 뿐만 아니라 집에 들르는 시간도 늦어지자 아내는 유모가 다른 집 아이에게 젖을 또 물리는 것이라며, 다른 유모를 찾아보라고 성화를 댄다. 그러는 와중에 '나'는 우연히 구멍가게 앞에서 지게꾼과 어린 것 하나 그리고 그 옆에 아이를 해서 들처업은 유모를 발견하게 된다. 그들의 생활이 어떤지 알고 싶은 호기심 때문에 그들을 뒤따라 가게 되고, 그들이 토막생활의 극빈함에 시달리고 있음을 알게 된다. 더욱이 토막집에는 병이 난 젖먹이 하나가 더 있음을 발견한다.

　　위의 인용문은 유모의 그러한 극빈한 생활을 안 후, 당당히 젖 먹을 권리를 갖고 있는 유모의 젖먹이 입장과 십 오원의 돈을 주고 유모의 젖을 산 자신들의 입장을 비교하면서 젖먹이가 자신의 의사와는 관계없이 돈 때문에 자신의 권리를 빼앗긴 현실의 모순을 인식, '나' 스스로가 부끄러움을 느끼며 유모에게 동정을 보내는 자기 분석적 서술 내용이다.

　　1930년대의 일인칭 소설의 서술 방식에 변화가 나타나는데, "그 대표적인 양상은 자기 직접 서술의 빈도가 현저하게 늘어나면서 회고체와 자기 분석적 서술이 늘어난다"는 점이다.221) 그런데 "일인칭 인물이 사건의 한 가운데에 있지 않고 그 외곽에 머물 경우의 일인칭 서술상황이 특히 조장해 주는 것은 피서술 세계를 보는 시각을 날카롭게 하는 작용"이며, "서술자가 지니고 있는개성이나 인격의 유형이 관찰되고 있는 장면 위에다 독특한 광채를 투영시키게"222) 된다.

위 인용문에서 서술자 '나'는 유모의 생활상을 목격하고 인간의 의사와는 관계없이 '돈'에 의해 좌지우지되는 교환구조의 모순을 직시하고 있다. 그러면서 유모에게 한없는 동정을 표하고 있다. 이는 발행자의 의도에 따라 상업적으로 바뀌어 가는 잡지사의 경영방침에 불복하고 사표를 써 가지고 다니면서도 가정경제의 현실적 문제 때문에 사표를 제출하지 못하고 있는 서술자 자신에 대한 연민이 함께 투영되어 있다고 볼 수 있다.

일인칭 서술 양식은 표면적으로는 객관적 세계보다는 자아의 주관적 세계의 표현과 밀착되어 있다. 이러한 양식적 특성과는 달리 위의 작품은 도시 빈민층의 삶과 서술주체인 '나'의 삶을 대비, 또는 조응시키면서 구조적 모순을 안고 있는 사회상을 전경화하고 있다. 다루어지는 문제가 개인적이지도, 작가 개인의 삶을 문제시하고 있지도 않다. 이렇게 볼 때 일인칭 시점의 채택은 독자와의 거리를 단축시키고 서술을 용이하게 하기 위한 작가적 의도에서 비롯된 것으로 볼 수 있다. 구조적 모순으로 빚어진 당대의 궁핍상과 물질주의를 폭로함과 동시에 작가는 그러한 제상황에 놓인 인간을 연민의 시선으로 감싸고 있는 것이다.

---

221) 최병우, 「한국근대 일인칭 소설 연구」서울대 박사, 1992, p.89.
222) Franz. K. Stanzel, 『소설형식의 기본유형』, 안삼환 역, 탐구당, p.60.

한편, 「蒼白한 얼굴」 역시 '자기 체험 혹은 경험적 사건의 보고만이 가능한'223) 일인칭 서술 시점으로 이루어진 작품이다. 여기서도 물론 자기 체험이나 경험적 사건의 보고가 주관적 세계와 개인적 삶만을 문제삼고 있는 것을 의미하는 것은 아니다. 소설을 쓰는 '인텔리 룸펜'인 '나'와 문학에 심취해 법과에서 문과로 옮긴 친구 '정'이 구직난에 봉착하게 되고 그로 인해 극도의 물질적 궁핍에 시달리게 되자 인텔리가 갖기 쉬운 체면주의나 형식주의적 태도를 청산하고 '일공 육십 전'하는 토사운반으로 뛰어들면서, 노동이 생계 유지 이상의 어떤 가치가 있어야 함을 깨닫는 결말을 보여 주고 있다.

그런데 '나'와 내가 지켜보고 있는 '정'이 육체노동으로 轉身하기까지의 과정은 극도의 물질적 궁핍과 그 궁핍을 어떻게 타개할 것이냐는 문제를 놓고 갈등하며, 결심과는 달리 막상 노동판으로 가야할 때면 망설이고 주저하는 지식인의 나약한 속성을 제시하는 데 초점이 맞춰지고 있다. 스스로를 賣文士라고 비하시키며 절필까지 결심하게 되는 '나'는 먼저 지식인이 쉽게 가질 수 있는 체면주의 혹은 형식주의적 태도를 깨달음으로써 막노동판으로 향할 수 있게 된다. 내가 관찰하는 '정' 역시 활발한 문학생활을 통해 결국 자신이 지향했던 문단 생활에서 명성을 얻게 되면서 물질적 궁핍 따위와는 상관없듯이 생활하며 결국 자신도 형식주의적 속성에 물들게 된다. 그렇지만 그 대가로 얻은 것은 아내의 여름살이마저 '전당질'해야 하는 극도의 궁핍뿐이었다. 여기서 '정' 역시 지식인으로서 가졌던 일종의 선민의식으로부터 탈출을 꾀하게 된다.

---

223) W. Kayser, 『言語藝術作品論』, 김윤섭 역, 대방출판사, 1974, p.314.

① 금방 저녁 끓일 쌀거리 나뭇단이 없어도 훌훌 벗어붙이고 거리에
나가서 구루마채를 잡을 만한 용단이 없는 나 자신을 -지금까지 많은
인텔리 룸펜이 루스한, 아니 그보다도 못한 참담한 생활을 하면서도
넥타이의 빛이 발하는 데만 마음을 쓰던 그 근성이 나의 머리속에도
깊숙하게 뿌리를 박고 있음을 발견한 것이다. 신문배달쯤은 제 길을
찾기만 하면 못 얻을 바도 아니건만, 몇 번을 신문사까지 갔다가는 말도
못 꺼내고 돌아오고 말았다.

그날 밤 나는 늦도록 혼자 울었다. <「蒼白한 얼굴」, 159, 권5>

② 「장군! 나는 결심했네!」
「어떻게?」
정말이다. 이것이 우리가 어둠 속에서 바꾼 첫마디었다.
「나는 이 이상 이런 생활을 더 계속하고 싶지 않다. 이 사회는 나의
생을 거부한다. 나에게 생을 거부하는 이 사회에 대신하여 나는 단연히
도전을 한다. 미약하지만 이것은 나의 선전포고다! 오늘부터 나의 부모
는 나에게 밥을 주기를 거절했다! 부모에게 도전도 된다! XX에서 육십
원에 오라는 것도 나는 거부했다. 이것도 나로서의 도전이다.」
<「蒼白한 얼굴」, 161, 권5>

①은 자기 자신에 대한 내면분석적 서술이다. 지금까지 문학적 지식인
으로 자부해 오며 물질적 궁핍에는 아랑곳 하지 않고 체면과 형식에만
급급했던 자기 자신을 반성하는 장면이다. 더욱이 아내마저 궁핍에 시달
리다 참다 못해 가출해 버린 상황이다. 이는 자기 자신에 대한 반성적
의미도 있겠지만, 막노동이나 육체노동을 기피하거나 거의 금기로 알다시
피하는 당대 지식인의 생리를 비판하는 의도로도 읽을 수 있을 것이다.
이러한 각성은 결국 토사운반의 막노동판으로 뛰어들어 적극적 현실타개
의 의지를 행동으로 보여주는 삶의 진지성으로 이어진다.

②는 '나'의 친구인 '정'이 극도의 생활고에 시달리다 못해 노동판에라

도 뛰어들 결심을 하고 '나'에게 그 결심을 얘기하는 장면이다. 서술자인 '나'는 그의 결심에 담긴 강렬한 의지를 그대로 전달하기 위해 느낌표의 부호를 사용하고 있다. "어떤 텍스트를 자기 자신의 말로 다시 이야기하는 것은 어느 정도는 타인의 말에 대한 이중음성적 서술을 의미한다."[224] 때문에 '자기 자신의 말'이 다른 인물의 말이 갖고 있는 고유한 자질을 희석시킬 수도 있는 것이다. '정'의 결의에 찬 목소리는 느낌표 부호에 의해 재생된 강렬함의 어조로 인해 더욱 신념있게 들리는 것이다.

전체 스토리 층위에서 보면 '나'보다는 '정'이 먼저 노동판에라도 뛰어들어야겠다는 결심을 하게 되고, 그를 따라 '나'가 그와 함께 토사운반 노동현장으로 나가 막노동에 참여하게 된다. 그러니까 '정'이 먼저 육체노동에 기꺼이 종사하게 되는데, '나'는 점점 초췌해져 가는 '정'의 모습을 관찰함과 동시에 '정'을 통해 돈의 위력을 깨닫고 자신 또한 노동의 길로 전신하게 된다. 이러한 플롯, 즉 문학적 지식인이 경제적 고통을 이기지 못하고 스스로 막노동꾼으로 나선다는 플롯은 특히 文人을 주인공으로 한 소설들 사이에서 좀처럼 찾기 어려운 것으로, 이를 통해서 "이무영은 다른 작가들에 비해 지식인으로서의 체면이나 명분보다는 생활의 문제를 더욱 중시한 것"[225]이라고 볼 수 있다.

물질적 궁핍에 주목했던 1930년대 소설들 속에서 서술자의 내면분석적 서술과 인물의 대화로 짜여진 그의 소설담론에서 이무영은 궁핍화의 현실과 생활상을 재현하는 데 머무르지 않고 적극적 삶의 자세를 통해 극복의 방법을 제시하고 있는 것이다. 마지막 결론 부분,

---

224) 미하일 바흐찐, 『장편소설과 민중언어』, p.161.
225) 조남현, 『한국지식인소설연구』, pp.212-213.

> 지금까지의 우리와 같이 맥없는 노동을 한다는 것은 나 자신의 창자
> 시중을 드는 것 이외에 아무것도 아님을 깨달았던 것이다. 막다른 골목
> 에 선 인텔리 룸펜의 샛길을 개척하는 듯이 생각한 것도 쑥스러운 자아
> 도취인 것을 깨달은 것이다. (165)

라는 '나'의 내적 초점화된 서술 내용을 보면, 노동판에서 일인들의
감독자들에게 착취와 구타를 당하는 장면을 상기할 경우, 생계 유지 이상
의 어떤 가치를 지향하고자 하는 의도도 암시되고 있다. 또 한편으로는
형식과 체면에 갇혀서 헤어나지 못하고 있는 당대의 지식인들을 빗대어
야유함으로써 의식의 전환을 촉구하기도 한 것이다.

이러한 궁핍한 생활상과 그런 생활에서 벗어나고자 하는 의지에의
각성은 「두 訓示」에서도 나타난다. 3인칭 제한적 전지 시점을 택하여
서술자와 주동인물의 담론 조직 과정에서 작가의 관념이 제시되고 있는
작품이다.

> 남의 팔다리같이 고분고분하지 못한 몸뚱이를 겨우 가누어서 바로
> 누웠다. 여전하게 방안이 팽팽 돈다. 정방형의 방이 구형(矩形)도 되고
> 장방형도 된다. 그러다가는 타원형이 되어 뱅글뱅글 돈다. 목침이 돈다.
> 벽에 붙은 글씨가 제각기 돈다. 석유 궤짝이 위로 아래로 세로 제 마음
> 대로 뛰고 돈다. 승강기를 탄 것처럼 방고래가 치올랐다 가라앉았다
> 한다. 필경에는 방안에 있는 모든 물건이 한꺼번에 팽팽 돌았다. 삼각형
> 도 구형도 장방형도 모두 타원형이 되어 버린다. <u>타원형이 점점 변하더
> 니 원이 되어 상철을 축을 삼아 팽팽 도는 것이다.</u>
>
> <「두 訓示」, 72-73, 권5>

여섯 끼니를 굶은 '상철'의 내면의식이 내적 초점화되어 서술된 장면이
다. 이 작품은 전체적으로 '상철'의 내면분석에 초점을 맞추고 있다. 그런

데 밑줄친 부분만이 서술자의 존재가 드러나 있고 나머지 인용부분은 초점주체가 분명히 드러나 있지 않다. 물론 밑줄친 마지막 문장을 통해 보면 서술자의 전지적 입장에서의 서술이겠지만, 서술어의 시제를 보면 인물의 내면의식이 서술된 독백에 의해 재현된 것으로도 읽힐 수 있다.

이러한 담론 구성은 서술자가 인물과 감정이입되어 인물의 외양이나 행동 그리고 심리적 국면까지를 자유롭게 서술할 수 있다. 즉, 서술자는 인물의 내부와 외부의 잦은 시점 이동으로 인물의 의식 속으로 함몰되거나 동화되고, 전지화된다. 이러한 시점 의식은 작가가 어디에 초점을 맞추어 작품을 서술할 것이냐라는 작가의식과 밀접하게 관련되어 있다.

'상철'은 '스코치 저고리'를 팔아서 먹을 거리를 해결하고자 하지만, 온갖 굴욕만 당한 채 집으로 돌아온다. 다시 '사회주의 대의'라는 책을 들고 나가 구걸하다시피 하여 오 전 한푼에 그 책을 팔아 호떡을 사 먹게 되고, 채워지지 않는 배고픔으로 인해 호떡과 고기만두를 하나씩 더 먹음으로써 '배는 불룩해졌으나' 청인에게 봉변을 당함은 물론 무전취식으로 파출소로 끌려가 구타를 당하고 며칠을 경찰서에 유치되어 있다가 나오며 '상철'은 어떠한 결심과 희망에 부풀어 그 경찰서 마당을 걸어나온다. 어떤 결심과 의지인지는 자세히 언급되지는 않았으나, 궁핍에서 벗어나려는 나름대로의 적극적인 타개책인 것만은 암시되고 있다.

이렇듯 궁핍에 대한 현실인식의 양상은 주로 주동인물의 대화나 초점주체의 내적 초점화에 의한 내면의식, 그리고 서술자에 의한 인물의 행동 서술로 나타나고 있다. 이러한 담론조직상의 서술 전략은 객관성의 확보는 물론 신뢰감을 형성하는 데 주된 요인으로 작용하고 있다.

「山頂揷話」[226]에서 농조원 출신으로, 동리 지주인 '장갑성'네 터도지

를 안 물고, 또한 터도지를 현물로 물라는 지주의 말을 어기고 정부의
방침대로 돈으로 물었다는 이유로‘빨갱이’로 몰린 ‘김창우’라는 청년의
경우를 들어 당시에 횡행한 메카시즘의 정도를 예각화시키고 있다.

소설가 ‘박준’은 을사조약 때부터 해방되기까지의 어떤 머슴의 일생을
소설로 그리고자 구상하는 가운데 어린 시절 추억이 깃든 백용사가 있는
산에 올랐다가 우연히 그곳에서 밥을 해먹고 지내는 청년 김창우를 만나,
그가 자신의 첫사랑이었던 ‘현숙’의 아들이라는 점 그리고 ‘지주한테 반항
하다 빨갱이로 몰린’ 사연을 듣게 된다. 준은 그 청년에게 자수를 권하면서
자신이 그의 누명을 벗겨 줄 것을 약속하고, 지주에게 거액의 돈을 가져다
가 줌으로써 김군에게 걸려있는 ‘빨갱이’의 혐의를 벗겨준다. 김군이 소설
가인 준에게 자신의 억울함을 하소연하는 다음의 내용은 당시 횡행한 메
카시즘의 풍조를 잘 드러내주고 있다.

「아저씬 지금 폭도니 빨갱이니 하는 사람들의 전부가 정말 당원인줄
아십니까? 아닙니다. 다른덴 모르겠읍니다만 우리 동리를 예로 든다면
지금 저처럼 숨어 사는 사람이 모두 일곱명입니다. 그 일곱명중에는
정말 빨간 사상을 가진 사람은 단 하나두 없습니다. 그건 누구보다두
제가 제일 잘 아니까요. 그중 하나는 지주인 구장-순전한 소작농인 구장
은 드므니까요- 이 배급 비료 횡령한 것을 질문하고 힐난했다가 빨갱이
루 몰렸구 또 하나는 지주와 물쌈을 하다가 한번 논 구렁에 메다
친후로 슬몃이 반동으루 몰렸구 남어지 네사람이 저와 꼭 같은 사건이
구 한사람만이 삐라를 붙인 죄지요……」[227]

작가 이무영은 ‘김군’의 대화를 통해 ‘자기 마음에 들지 않으면서 좀

---

226) 『文藝』, 1949. 11, pp.12-27.
227) 『文藝』, 1949. 11, p.26.

거칠고 반항적인 사람들을 툭하면 빨갱이로 몰아 버리는 당시의 메카시즘의 풍조를 향해 커다란 의문부호를 던진 것이다. 또한 래디칼리스트나 반항적인 인간은 곧 좌익분자라는 해방직후의 한 도식적인 관념에 대해서도 이의를 제기한 것'[228]이라고도 볼 수 있다.

그런가 하면 시대의 흐름에 편승하기만 하는 무정견한 인간의 허상과 기회주의적이며 출세지향적인 인물의 위상을 통해 당대의 사회상과 인물을 풍자적으로 비판, 폭로하고 있는 작품에는 「長靴」, 「宏壯氏」가 있다. 또한 그의 작품 중 「戰記」와 「榮轉」에서는 권력이나 돈, 인맥 등을 동원한 몰이배나 속물근성의 인물에 의해 정당한 인물이 피해를 보거나 자신의 권리를 박탈당해야만 하는 시대의 부정과 부패를 고발하고 있다. 그리고 「異端者」와 「孤獨」, 「淑卿의 境遇」, 「계절의 풍속도」, 「逆流」는 물질주의와 윤리적 파탄이 횡행하는 세태에 적응하지 못하고 갈등하는 정상적 인물이나, 타락한 인물들의 입상을 통해 정당하고도 진정한 삶의 가치가 무엇인가를 반문케 하는 이무영의 佳作들이다. 이러한 작품들이 가지고 있는 공통점은 작가의 현실관찰의지가 냉철하면서도 진지하다는 점이다.

(2) 전통적 가치관

이무영 소설에서 서술자는 주동인물과 매우 밀착되어 있고, 그 주동인물이나 그 주동인물이 초점화한 한 인물에 대하여 평가적 태도를 보인다는 점, 그리고 주동인물의 직업이나 지적 능력, 환경 등이 작가의 전기적

---

228) 조남현, 『한국소설과 갈등』, 문학과 비평사, 1990, pp.302-303.

사실과 매우 흡사하다는 점을 통해 작가의 관념적 태도는 서술자와 주동 인물에 의해 제시된다고 볼 수 있다.

특히 '농민소설'에 속하는 작품에서는 주동인물과, 그 주동인물이 초점 화한 다른 한 인물을 통해 작가가 지향하는 삶의 가치관이나 인간성이 제시되고 있다. 곧 작품의 주제로 이어지는 것이다. 이 계열의 작품에서는 대개 3인칭 제한적 전지 시점이 사용되고 있는데, 서술자가 초점화하고 있는 주동인물이나, 또는 그 주동인물이 다시 어떤 한 인물을 초점화하여 그 인물의 삶의 자세나 가치관을 제시하고, 그 제시된 삶의 자세나 가치관 에 서술자나 인물이 동화되거나, 긍정적 태도를 견지함으로써 작가가 지 향하는 관념적 태도와 인간성이 구체화되어 나타난다. 한국적 농민상을 창조하는 작품에 이러한 경향이 두드러지게 나타나는데, 흙과 동화되는 진실한 삶이나 농본주의에의 신념(농사에의 집념), 공동체적 삶의 자세 등이 초점화된 인물의 권위적 담론으로 제시되고 있다.

① 「사람이란 흙내를 맡아야 하느니라. 대처(도회) 사람들이 암만 고량진미로 음식을 만든대도 시골 음식처럼 구수한 맛이 없느니라. 마 찬가지야. 사람이란 흙내도 맡고 된장맛도 나고 해야 구수우한 맛이 나는 게지. 음식이나 사람이나 대처 사람이 밝구 정오(경우)야 밝지! 허지만 사람이란 정오만 가지고 산다더냐! 일테면말이다. 내가 네 발등 을 잘못해서 밟았다고 치자꾸나. 그러면 넌 발끈할 게다. 허지만 우리 시골 사람들은 잘못해서 밟았나보다 하군 그만이거든. 정오로 친다면 야 남을 발을 밟은 사람이 긇지. 그래 이 많은 인총에 정오만 가지고 살려구 들어?」

<「第一課 第一章」, 565쪽, 권1>

② 「사람이란 법만 가지구 사는 게 아니니라. 법만 가지고 산다면야

오늘날처럼 법이 밝은 세상이 또 어디 있겠니. 법으루만 산다면야 법에
안걸릴 놈이 또 어딨단말이냐. 넌 법에 안 거리는 일만 하고 사는 상싶
지?그런 게 아니니라. 올 갈에두 면소 뒤 과수원에서 사괄 하나 따 먹다
가 징역을 갔느니라. 남의 것을 따는 건 나쁘지. 나쁘거야 하지만 그게
징역갈 쥔 아니지. 어젯밤 일을 본다면 너두 네 과밭에 실괄 따면 징역
보낼 사람이 아니냐. 너 어제 그게 누군줄 아냐? 모르네 체하긴 했다만
내 저 아버진 잘 안다. 알구 보면 다 알 만한 사람야. 시골서야 서로
모르는 사람이 어딨겠나. 모두 한 집안식구거든……사람 사는 이치가
다 그런 게란말야!」

<「第一課 第一章」, 566쪽, 권1>

　　소설을 소설로 만들어 주며 소설의 문체적 고유성을 보장해 주는 근본
적인 조건이 바로 '말하는 사람과 그의 담론'이라고 전제한 바흐찐은 소설
의 말을올바르게 이해하기 위해서는 다음의 세 측면을 주의깊게 구별해야
한다고 했다. 즉 (1) 소설에서는 말하는 사람과 그의 담론이 언어에 의한
(verbal) 예술적 묘사의 대상이라는 점, (2) 소설 속의 화자는 본질적으로
구체적인 역사에 의해 규정되는 사회적 개인이며, 그의 담론도 '개인적
방언'이 아닌 사회적 언어라는 점, (3) 소설 속의 화자는 언제나 어떤 정도
로든 이념인(理念人, ideologue)이며, 그의 말은 언제나 이념소(理念素,
ideologeme)들이라는 점이다.229) 특히 (1)에서 화자의 담론은 단순히 전달되
거나 재생되는 것이 아니라 예술적으로 묘사되는 것을 말하는데, 이는
곧 작가의 담론에 의해 묘사됨을 뜻하는 것이다. 이때 화자와 그 화자의
담론을 묘사하는 작가의 담론은 이미 언어에 의해 형성된 실제 체험으로
서의 의미를 지닌다. 곧 "체험은 받아들여진 언어이며, 체험의 인식은 분석

---

229) M.M. Bakhtin, 『*The Dialogic Imagenation : Four Essays*』, pp.332-333.

된, 해체된, 해석된 언어이다."230)

  위의 인용문 ①과 ②는 평생을 농투성이로 살아온 '김영감'이 그의 아들 수택에게 깨우침을 주기 위해 해주는 말이다. 여기서 김영감의 발화는 작가의 체험에 의해 채색된 언어라는 점이 간과되어서는 안 된다. 먼저, ①은 수택이 중학교를 다닐 무렵 고향에 돌아왔을 때 해주던 말이고, ②는 수택이 귀농하여 생활하던 중 집에 든 도적을 메어다쳐 잡았으나 오히려 김영감에게 종아리를 맞은 다음, 수택이 들어야 했던 김영감의 '설교'이다.

  서술자의 외적 초점화에 의한 김영감의 담화에는 흙에의 순화된 삶과 인정에 바탕을 둔 공동체 의식이라는 우리 농경사회의 문화적 약호가 전제되어 있다. 김영감의 발화는 도회지에 나가 교육을 받는 수택과 사회적 제도의 틀 안에서 생활하는 데 길들여진 수택의 의식과 담론을 비판적으로 해체시키는 권위적 담론이다. 이는 물론 작가의 의도된 발언이기도 하다. 구체적인 서술국면에서 서술자와 작중인물 등 모든 작품 내적 발화 주체들에게 발화를 배당하는 조종 주체는 바로 작가이기 때문이다. 결국 이 작품은 수택이 낙향하여 농민의 삶에 적응해 가는 과정을 그리고 있는 작품인데, 그 적응의 과정에서 김영감의 권위적 담론은 수택에게 삶의 지향성을 제시해 주는 계시로서의 의미를 갖는다.

> 생각하면 내가 흙의 포로같이 된 것은 작금의 일이 아닌 성싶다. 나의 아버지는 흙에서 나서 흙을 만지며 백발이 되셨고, 그러고서도 오히려 흙에 대한 연연(戀戀)한 미련을 품으신 채 흙으로 돌아가시고 말았다. -이 미련이 내게 유전이 되었음인지 나 또한 흙에 대한 연정(戀情)을 잊을 길이 없었다.

---

230) 미셸 제라파, 『小說과 社會』, 李東烈 역, 文學과知性社, 1989, p.94.

그러던 것이 최근 수삼년 내로 흙의 유혹이 부쩍 심해져서 급기야는
직업도 내던지고 지금 있는 궁촌(宮村)을 찾게 했던 것이다.……231)

　　궁촌으로 낙향하게 된 정신적 배경이 제시되어 있는 산문이다. 이 고백
은 위의 작품과 곧 이어 발표한 「흙의 奴隷」가 이 작가의 자전적 삶을
형상화한 것임을 다시 한번 확인해 주고 있다. 흙에 대한 애착과 함께
전통적 농촌사회에서 발견할 수 있는 순후한 인정미를 강조하는 김영감의
삶의 자세는 곧 작가 자신의 아버지를 통해 체득된 언어의 체험인 셈이다.
이미 이무영에게는 농촌과 농민의 삶 양식을 지향하고자 하는 경험적 결
정자가 내재하고 있었던 것이다.
　　이러한 작가의 관념은 서술자의 서술태도에서도 드러난다.

　　① -그러나 김영감은 역시 흙의 아들이었다. 아니 그는 비열할 만큼
충실한 「흙의 노예」였다. 제 땅을 남의 쟁기가 들어가 파 젖히는 것을
옆에서 바라보고만 있지 않으면 안 되는 농부에게는 참을 수 없는 그
굴욕(屈辱)도 며칠을 굶어가며 이를 악문 그 결심도 멀리 풍기어 오는
구수한 흙내만은 어쩔 도리도 없었다. 흙에서 받는 굴욕보다도 흙에서
풍기는 그 향훈이 몇 백 배 그에게는 즐거운 것인지 몰랐다.
<「흙의 奴隷」, 147쪽, 권2>

　　② 비록 땅은 팔지언정 김영감은 훌륭한 철학자였다. 그 자신과 같이
김영감을 업신여겨 온 모든 인간보다는 분명히 그는 위대했다. 오직
근면하고 오직 겸손하고, 그리고 오직 청렴한 일생애. 일 년 동안에
십전 미만의 용돈을 쓰면서도 「거지(乞人) 도갓집」이라는 별명을 일평
생 면치 못했으니만큼, 거지들의 시중을 든 일이며 자기 물건을 훔치러

---

231) 이무영, 「1. 霖雨-나의 失農記」, 『이무영문학전집』 6, 국학자료원, 2000, p.383.
　　　원래 이 글은 '동아일보' 1940년 7월 28일자에 실려있는 산문 형식의 글로서
　　　『이무영문학전집, 6』에 수록되어 있음.

온 도적을 때렸다고 자기 아들을 사그리 내려팬 사실이며, 하루 밥 세
끼를 끓이는 이외의 제물을 탐하는 것은 욕심이라 하고 모든 채권을
포기했다는 사실- 이런 모든 것은 지금 유식한 아들로 하여금 무식한
아버지를 재인식시키는 좋은 자료가 되어 있는 것이었다.

<「흙의 奴隸」, 151쪽, 권2>

예문 ①과 ② 모두 서술자의 가치평가가 개입되어 있는, 전지적 시점에
서 서술된 내용이다. 쥬네트(G. Genette)의 용어로는 '제로 초점화' 또는
'비-초점화'에 해당된다. 인물과 서술자가 완전히 밀착되어 있는 것이다.
그런데 서술자는 김영감의 일생을 '흙의 노예', '훌륭한 철학자'로 규정짓
고 있다. 이러한 규정은 흙에 대한 신앙적 애착과 흙에 순화된 근면 성실한
삶의 자세에 의해 그 근거가 확보되고 있다. 서술자는 곧 작가라는 등식이
성립될 정도로 서술자의 가치평가적 목소리는 작가가 갖고 있는 관념의
반향(反響)으로서의 의미를 지니고 있다.

그런데 이러한 농촌 지향 또는 농민의 삶에 대한 애착과 자긍심의 권위
적 담론은 주로 노농(老農)인 주동인물, 또는 주동인물이나 서술자에 의해
초점화되는 부인물에 의해 구성된다. 「靑개구리」(1940)의 '최첨지', 「文書
房」(1942)의 '문서방', 「歸巢」(1943)의 '김첨지', 「사위」(1949)의 '문서방',
「農民」(1950)의 '원치수', 「農夫傳抄」(1954)의 '윤서방' 등이 대표적인 인물
들이며, 모두 궁핍한 생활에서 헤어나지 못하는 소작인이면서도 땅에 대
한 애착을 버리지 않고 농민의 삶을 천명으로 아는, 이른바 '소극적 농민의
신화'에 속하는 인간상들이다. 물론 이러한 가치관은 농경사회에서 배태
되었거나 유교문화권에서 체험된 원리들이라고 할 수 있다. 일차적으로는
서술자에 의한 경험적인 것의 기호화이지만, 이는 결국 작가의 '모방적

권위성(mimetic authority)'의 표면화라고 할 수 있을 것이다.

이러한 노농의 인간상들을 긍정적으로 평가하고, 분석하는 전지적 입장의 서술자는 작가의 관념적 소산이라고 할 수 있다. 그는 근대화 · 상업화되어 가는 도회적 삶을 반인간적 또는 비인간적 삶의 양식으로 거부하며, 더욱이 그러한 도시적 삶을 지향하거나 선망하는 젊은 부인물들의 담론을 해체시켜 놓는다.

이렇듯 환경과 삶의 양식의 변화에 이무영은 "수평적 응전(應戰)의 방식을 제시하는 대신 '천명 사상'(天命思想)의 수직적 관계에 의존하여 '하늘 신앙'을 절대화하는 경향"[232]으로써 대응하고 있는 것이다. 이는 '현실을 부정하면서도 한 차원 높은 현실을 긍정하는 것으로 새로워지고 향상된 현실을 지향하는'[233] 유교적 가치관과 상통하는 것이라고 할 수 있다. 이러한 그의 가치관은 시대적 상황에 따른 다소 지향성의 차이는 있겠지만, 생활의 기계화나 물질주의의 기반 위에서 빚어지는 도시적 삶의 행태들을 극복하기 위한 대안적 성격으로도 읽힐 수 있을 것이다. 즉 도시적 삶의 현상이라고 할 수 있는 공동체의 붕괴, 이기심, 삭막함, 윤리 파탄, 소비지향성 등의 문제점을 농촌과 농민적 삶의 건강한 정신성으로 환원시키고자 하는 작가적 관념의 표출이라고 할 수 있다.

이러한 추론은 부정과 부패, 퇴폐가 만연했던 50년대 후반기를 '生의 질곡' 또는 '不合理와 非正常'으로 인식하고 이러한 세태에 대하여 新 · 舊世代가 책임만을 논할 것이 아니라, 新 · 舊世代를 논하는 핵심을 이러한 현상을 치료하는 데 두어야 한다며, 특히 신세대들이 "惡에 대한 善이오,

---

232) 김봉군, 「다시 쓰는 이무영론」, 『이무영문학전집 1』, 국학자료원, 2000, p.628.
233) 한승옥, 『한국 현대소설과 사상』, 집문당, 1995, p.43.

不義에 대한 正義感이며, 不法에 대한 合理性이며, 苦에 대한 극복"이라
할 수 있는 '고민하는 정신'으로 대처해야 한다는 그의 「世代論」234)을
통해 볼 때도 가능한 것이다

한편, 그는 인간의 본성을 문제 삼으면서 유난히도 '윤리의식'과 인간
애를 강조한 작가이기도 하다. 이러한 작가의식은 주로 주동인물의 내적
초점화에 의한 서술자의 서술된 독백 또는 주동인물의 내적 독백의 형태
로 형상화되고 있다.

> 인간 사회가 복될 수 있는 세상이란 인간의 위선이 인간 사회를 지배
> 하는 때가 아니라, 도덕이니 도의니 하는 위선이 없어지고 인간이 자기
> 네 본래의 자태로 돌아가는 순간일지도 모른다는 생각이었다. 동태처
> 럼 빳빳이 얼어 다니는 자기가 구제품이라고 해서 눈을 가리려드는
> 것이 반드시 자기의 본능은 아니라고 했다. 추워 떠는 인간이 외투를
> 보고 물욕을 일으키는 것이 되레 정직한 인간이 아닐까? 지금 훈이가
> 고아원에 갈 구제품들을 돌려빼고 있는 아내를 제지시키지 못하고 바
> 라다보고만 있는 것도 이 때문이었었다. 본능을 죽이는 것이 양심이냐,
> 속이는 것이 양심이냐? 속이는 점에서는 같지 않으냐 했다. 양심이란
> 본능을 속이는 것이오, 본능은 양심을 속이는 것이었었다.
> 「그렇다면 인간은 어느 쪽 위선자가 되어야 하는 것인가? 본능을
> 위선이라고 할 수는 없지 않은가. 본능이 위선이 아니란다면 양심이란
> 것이 본능에 대한 위선이 되고 마는 것이 아닐까? 본능에 대한 위선,
> 양심에 대한 본능의 위선?」
>
> <「또 하나의 僞善」, 486쪽, 권5>

인간 본성에 대한 탐구가 진지하면서도 치열하게 이루어지고 있음이

---

234) 이무영, 「世代論-舊世代의 倫理와 新世代의 良識-」, 『思潮 5호』, 1958. 10,
　　pp.123-130.

작중인물 '훈'의 서술된 독백에 의해 확인되고 있다.

이십 년 동안을 살아오면서 남의 물건에는 손 하나 대지 않던 아내였다. 특히 6·25 때와 같은 어려움 속에서도 남의 물건에는 관심조차 두지 않았다. 그런 아내가 교회 출입을 통해 남으로부터 도움을 받기 시작, 남편인 '훈'도 학교에 취직을 하게 되고 아내도 고아원의 책임을 맡게 됨으로 해서 가계가 펴나가기 시작했다. 이러한 과정에서 남편 '훈'은 철저히 속물적 근성으로 변모해 가는 아내의 모습을 목격하기 시작한다. 고아들을 위한 구제품들을 내다 판다든가, 계에 손을 대기 시작하면서 딸과 어머니 사이에서도 이자를 주고 받는 행위들을 경험하는 것이다. 위의 인용문은 그렇게 변모해 가는 아내의 모습을 보면서 양심과 위선의 문제로 갈등하는 남편 '훈'의 살풍경한 내면심경이다.

그런데 양심과 위선 사이에서 갈등하는 '훈'의 내면양상이 서술자의 말로 서술되는가 하면, '훈'의 직접적인 내적 독백으로 제시되고 있다. 원래 인용문은 훈 자신이 자신의 내면을 초점화한 내용이다. 그런데 '훈' 자신이 초점화한 내용을 서술자가 대신 서술하고 있기 때문에 표면적으로는 3인칭 서술로 나타나나 1인칭 서술상황과 같은 효과가 나타나는 것이다. 이러한 서술상황은 초점화 양상이 그대로 어법적 차원으로 연결되지 않고, 내적 초점화에서 이종서술로 이행된 경우라고 할 수 있다.

이러한 서술상황에서는 서술자가 인물의 말을 대신해 줌으로 해서 작가의 관념이 인물을 통해 제시된다. 모방적 담론에 작가의 이데올로기적 태도가 내포되어 있는 것이다. 더욱이 이런 갈등과 심적 혼란 속에서 주동인물인 '훈'이 추위를 모면하기 위해 아내가 내다팔려고 돌려빼고 있는 구제품 가운데 외투 하나를 걸치고 나감으로써 아이러니가 형성된다. 내포적 의미가 더욱 강조되는 것이다. 과연 양심과 위선의 정체가 무엇인가에 대한 진지한 성찰을 작가 이무영은 요구하는 것이다.

인간 본성의 탐구에 대한 그의 치열성은 그의 작품 「罪와 罰」에서도 드러난다. '훌륭한 선이 악으로 된 일도 얼마든지 있었고, 무서운 악이 위대한 선으로서 통한 예도 얼마든지 들 수 있다'<「罪와 罰」, 49쪽, 권5>는 '신부'의 서술된 내적 독백에서 드러나듯, 선과 악의 구별이 모호해지는 실존적 상황에서 과연 선과 악이 제대로 구별될 수 있는가를 작가는 독자에게 반문하는 것이다. 특히 고해성사의 내용은 발설해서는 안 된다는 계율 때문에. 고해성사를 통해 진범을 알고 있으면서도 그것을 밝힐 수 없어 범인의 누명을 쓴 자신의 동생을 구원하지 못하는 '신부'의 인간적 고뇌가 처절한 만큼 감동의 폭과 넓이를 지닌 작품이다.

이 작품도 위의 작품처럼 주동인물인 '신부'가 수행하는 내적 초점화의 내용을 이종서술자가 서술하는 양상을 띠고 있다. 작가의 관념적 태도가 전경화되어 나타나고 있다는 공통점을 갖고 있다. 또 하나 이러한 작가적 관념의 태도는 서술자가 인물과 시공간적으로 함께 위치하면서 인물의 어법으로 제시되고 있다.

「그래 당신이 다신 내장 속까지두 들여다볼 수 있다는 게요? 쓸데없는 소리. 그런 이기주의가 어디있소? 당신은 벌써 당신 한 사람의 존재만이 아니라는 걸 알아야 해. 당신은 남편이 있는 사람이고 일곱이나 되는 아이의 어머니야. 당신만의 고집으루- 그것두 지극히 비상식적인 판단에서 생긴 고집으루 그래 죄없는 아이들한테 어미 없는 자식 소리를 들리겠다 거요? 참 답답도 하오.」
「난 되레 당신이 답답해요. 이럴 땔수록 사람은 냉정해야 해요. 당신두 과학자면서 어째서 과학을 무시하러 드세요? 혹시라는 건 요행야요.

요행을 바라는 것처럼 비과학적인 이야기가 어딨대요.」

<「屍身과의 對話」, 458쪽, 권5>

　주동인물인 '장교수'와 아내를 통해 뜨거운 인간애의 의미를 되살려 주고 있는 작품이다. 지질학을 전공한 '장교수'는 '후생주택을 본뜬 열 두 평짜리' 집에서 '칠순이 넘은 어머님에다 칠 남매'와 더불어 박봉에 시달리며 어렵게 살아가지만 가족들을 위해 좋아하는 술조차도 함부로 마시지 않는 성실한 인물이다. 그런데 그의 아내가 암에 걸렸다는 판정을 받은 것이다.

　인용문은 암에 걸린 아내가 한사코 수술을 하지 않겠다고 고집을 피우자 남편인 '장교수'가 아내를 설득시키기 위해 갖은 애를 쓰는 장면이다. 그런데 아내가 수술을 거부하는 이유는 궁핍한 가정생활 때문이다. 자신이 수술을 할 경우 전세돈도 빼야하고 그러다 보면 아홉 식구가 길거리로 나앉아야 하는 처지이며, 수술을 한댔자 살아날 가능성이 별로 없다는 것이다. 그러나 남편은 아내가 수술을 하도록 백방으로 설득하는 한편, 이자돈을 얻기 위해 집문서까지 잡히는 노력을 기울인다.

　한편 장교수에게는 조생아로서 호흡도 제대로 하지 못하는 막내가 있었다. 고통에 시달리는 모습이 너무 애처러워 '장교수'는 '어린 것한테 그 무서운-뼈를 깎는 듯 싶은 그 무서운 고통을 연장하도록 강요한다는 것은 애정이 아니요, 죄악이라'(460쪽)하고, 어린 것이 죽기 전, 좀 더 그 고통에서 해방시켜 주기 위해 일찍 가게 할까 하다가도 어린 생명이나마 빼앗는다는 것은 죄악이라는 관념에서 헤어날 수가 없었던 적도 있었다. 장교수는 암에 걸려 시신과 다름 없는 아내 곁에서 '삼 년간을 시체와 살았는데 그것도 부족했던 모양'이라는 생각을 하게 된다.

아내는 아내대로 남편인 '장교수'와 가족을 끔찍히 생각하는 입장이다.
6·25때 아내는 전재산인 만환을 주어 남편을 남쪽으로 피신시켰다. 그리
고 지금에 와서는 자신은 죽기를 결심하고 남편과 가족을 살리려는 모성
적 인간애를 발휘하고 있는 것이다.

살아있는 가족을 위해 죽음을 준비하는 아내와 그런 아내를 어떻게
해서든지 수술을 시켜 살려보려는 장교수의 처연한 노력이 서사의 축을
형성하여 표층구조를 이루고 있다. 그리고 아내를 포기하지 않는, 생명의
연줄을 끝까지 놓지 않으려는 장교수의 아내에 대한 애착이 심층구조로
서사화됨으로써 뜨거운 인간애를 구현하고 있는 것이다.

이 작품은 인물들의 대화와 함께 서술자 태도와 인물의 지각이 혼합된
서술양상을 보이기도 하며, 인물의 내적 초점화 양상을 이종서술자가 서
술하는 모방적 담론이 우세한 작품이다. 작중인물인 장교수의 모방적 담
론과 장교수에 의해 이루어지는 아내의 외적 초점화로 주제의식이 선명하
게 드러나고 있다. '변화된 소재는 변화된 기법을 창출한다'235)는 명제는
비록 이종서술자에 의한 서술된 독백의 형태를 띠기는 하지만 내적 독백
의 기법은 인간 본성에의 천착이나 인간애의 신념과 같은 정신적 가치를
드러내주는 효과적 장치가 아닐 수 없다.

그런가 하면 아래의 예문에서는 애정의 참다운 윤리의식을 엿볼 수
있다.

네 선생님! 저 키스해주세요. 그러구 절 온통 가져주셔요! 정말 존경

---

235) J. Schramke, 『현대소설의 이론』, 원당희·박병화 역, 문예출판사, 1995, p.24.

하고 사랑하는 선생님이 가져주시지 않는 몸으로서 오 군과는 결혼할
수 없을 것 같아요! 이십칠년간, 이 존존히 가꾸어온 몸을 아무한테나
내어맡길 순 없지 않아요? 그러구선 전 일평생 위선의 탈을 벗을 수
없을 거야요! 평생 죽는 그 순간까지 위선자라는 강박감에 얽매여야
할 게야요! 선생님두 그러실 거야.…… 그러나 떠나는 이상, 떠나야
하기 때문에 전 선생님께 모든 것을 바칠 의무가 있다구 생각했어요!
이런 저의 사고방식을 세상에선 정반대로들 해석할지두 모르죠, 필시
그럴 거야요! 좋아요. 어떻게 생각하든-어떻게 생각하든- 전 다만 저
자신에게 충실하고 싶을 뿐야요! 이 자신에 대하여 극진한 충성을 아프
레루 해석하겠으면 하라 하라죠! 네, 선생님, 자, 제게 키슬해주세요!"
　　"귀여운 놈!"
　　……
　　안 박사는 자기가 정말 위선자라는 것을 깨닫고 있었던 것이다. 그러
나 그것은 역시 유쾌한 위선이었었다.
<「계절의 풍속도」, 426쪽, 국학자료원·권5>

　　이무영은 윤리의 파탄을 가장 경계하며 그 어떤 작가보다도 개인이나
사회, 국가 윤리의 정립을 강조한 작가이기도 하다. 특히 애정윤리를 모든
윤리의 근간으로 여긴 것이 아닐까라는 추측을 낳을 정도로 애정윤리에
있어서는 더욱 엄격한 태도로 일관했다. 이는 문단과 문학, 더 나아가 사회
에 만연하고 있는 퇴폐적 성문화와 관련하여 다음과 같은 그의 진술에서
도 저속한 성의 범람화를 그가 얼마나 경계하고 추방하려 했는지를 알
수 있다.

　　이 피란 三年간과 수복후의 二年간, 우리 文學人들의 원래의 위치로
돌아갈 겨를도 없이 이 진공상태를 비어잡고 저속한 문학이 우리 문단
에 침투해 왔던 것이다. 나는 이런 類의 문학은 「處女의 젖꼭지 文學」
또는 「成女의 허벅다리 문학」이라고 불러오고 있거니와, 전시하의 해

이된 취체를 악용한 惡德商人들이 密輸로서 국가경제를 좀먹는 것과
꼭 같은 수단방법으로 건전치 못한 문단에 통속의 씨를 뿌린 것이다.[236]

이러한 작가의 관념적 태도는 절절한 사랑의 감정에서도 결코 육욕의
포로가 되지 않는 절제의 미덕을 보인다든가, 순결을 잃은 인물들은 죄의
식에 사로잡혀, 치열한 내적 갈등에 시달리다 결국은 죽음을 택하는 행동
속에서 드러나고 있다. 전통적 유교관에 입각한 보수적 애정윤리를 당대
의 표상으로 제시했던 작가가 바로 이무영이었다. 그러한 작가의 관념적
태도는 인용문에서도 잘 나타나 있다.

의대 교수인 안태식 박사와 결혼을 앞둔 제자 양미리가 해인사에서
밤을 지새우게 되는데, 양미리가 평소 흠모해 오던 안태식 박사에게 결혼
하기 전 자기의 모든 것을 바치겠다는 적극적인 고백의 장면이다. 그러나
안박사는 끝내 극기와 절제의 정신성으로써 미리의 요구를 극복하게 된
다. 그러한 자기를 안박사는 본능을 숨긴 '위선자'로 인식함과 동시에 그것
은 '유쾌한 위선'이었음을 깨닫고 있는 것이다. 아이러니와 역설에 의해
주제의식이 강화되고 있는 것이다.

이튿날 저녁 차로 올라오면서 '위선이 선에 이긴다'든가, 미리가 지난
밤 자신의 행동이 어떤 용기에서 나왔는지 모르겠다고 하자 '그런 용기보
다도 잘 이겨낸 용기가 더 놀라웠지'라는 대화를 나누며 서로 웃으며 담소
하는 장면에 대한 서술자의 다음과 같은 평가적 개입의 서술에 의해 주제
의식의 선명성이 다시 한번 부각된다.

---

236) 이무영, 「우리 文學의 가는 길·가야할 길」, 『사상계』, 1955. 10, p.64.

　　이렇게 명랑하니 웃을 수 있었던 것도 둘이 다 그날밤의 무서운 시련
에 이길 수 있었기 때문이었을 것이었다.

<「계절의 풍속도」, 427쪽>

　　작품의 내적 구조는 외적 층위로의 치환이 가능한데, 당대의 보편적
삶의 구조는 항상 작가 이무영의 세계관에 의해 진전되고 조정, 정착되어
소설구조로 전이된다. 이무영은 서술자나 인물의 태도 그리고 주제의식을
통해 유교적 전통윤리의 가치관을 제시함으로써 윤리적 파탄으로 빚어졌
던 당대의 부조리와 인간성상실의 가치전도를 극복하려 했다. 사회구조나
삶의 가치체계의 붕괴와 변화에 대하여 유교적 윤리에 바탕한 정신가치의
회복을 역설하는 것으로 서사구조의 원리를 삼았던 것이다. 또한 그가
제시하고 있는 인간애와 인간본성에 대한 탐구는 생의 지향적인 지표와
가치가 어디에 있어야 하는가를 환기시켜 주고 있다.

(3) 민족의 보편적 인간상 추구

　　앞 장에서 살펴본 비판적 시각의 현실인식의 양상, 그리고 그가 형상화
하고 있는 가치관과 인간상을 통해 볼 때 그의 관념적 태도를 '신윤리주
의'[237]로 부르고자 한다. 이때의 '신윤리주의'는 우리의 전통적 가치를
다시 부활시킴으로써 서구의 삶의 방식에 대한 잘못된 인식으로 빚어지고

---

237) '新倫理主義'라는 용어는 이무영이 발표한 「우리 文學의 가는 길·가야할 길」-
　　「新倫理主義」文學論序說-에서 차용한 것이다. 이무영 또한 이 용어를 八峰 金基
　　鎭이 제창한 '新倫理主義 文學論'에서 가져왔음을 밝히고 있다. 이 글은 우리
　　문학운동의 방향을 모색한 글로서, 해방 후 10년을 회고, 반성하면서 우리의 문
　　학이 나아갈 길을 제시한 글이다. (『사상계』, 1955. 7, pp.58-67.)

있는 윤리의 파탄을 극복하자는 의미를 함축한다. 이무영 작품의 거개가 문제의식을 내포하고 있음이 '작품의 창작 과정'[238]을 통해 드러난다. 농민소설의 경우에도 시대상황에 따라 문제제기의 태도가 달라지는데, 작품의 주제에 종속되기도 하고 지배적이기도 하다. 특히 앞장에서도 살폈듯이, 도시적 삶의 생태를 다루고 있는 일군의 작품들에서는 그 서술태도가 문제제기의 의미가 전경화되고 있다. 이러한 서술태도를 작가의 '이데올로기적 시계'[239]와 연결시켜 보면 그의 문학적 지평이 윤리적 인간창조와 사회의 윤리정립을 지향하고 있음을 알 수 있다.

문학의 진로가 곧 민족문화의 진로며, 그 민족문화가 그대로 민족이 지향하는 바의 사조라는 전제 하에 새로운 윤리 정립을 모색하고 있는 것이다.

> 민족의 生態가 문학의 素材라면 작품은 그 素材로서 이루어진 예술품이다. 이 文學의 民族的인 보편성이 民族全員에게 즐거움을 줄 수 있는 要素요, 이 민족이 다 같이 즐길 수 있는 民族的 보편성이 다른 民族이 가지고 있는 人間性的 普遍性과 통하는 것이오 이 민족의 文學的 普遍性이 인류의 문학과 提携되는 요소다.[240]

---

238) 여기서의 '창작과정'이란 기존의 시점이론에서는 경험적 작가가 소거됨으로써 작품에서 작가가 바라보는 역사적 지평을 완전히 제거해 왔는데, 서술을 통해 표현된 서술시점은 작가를 둘러싼 현실의 내부로 환원되어야 함을 말하고 있다. '창작과정'에서 작가의 존재가 드러난다는 것이다.(위르겐 슈람케, 위의 책, pp.26-27)

239) '이데올로기적 視界'란 바흐찐의 개념으로서, '이데올로기적 지평' 위에서 주체의 특정한 입장이나 구체화된 관심을 드러내는 것이다.(M.M. Bakhtin, 『The Formal Method in the Literary Scholarship』, Harvard Univ. Press, 1985, pp.17-21)

240) 이무영, 위의 글, p.61.

위의 인용문을 통해 작가 이무영이 추구해온 문학적 지향점이 어디에 있었는가를 확인할 수 있다. '민족의 生態'를 '民族的 普遍性'으로 인식함과 동시에 그러한 요소가 바로 '민족의 文學的 普遍性'이며 이러한 보편성이야말로 '인류의 문학'과 제휴될 수 있는 요소라는 결론에 이르고 있다. 이는 우리의 문학적 자산과 가치의 발생론적 근거가 우리의 生態에 있음을 의미하는 것이고 이무영의 문학이 바로 우리 민족의 생태에서 배태되었음을 뜻하는 것이기도 하다.

먼저 그는 자신의 직접 체험을 통해 일관되게 농촌과 농민의 궁핍상을 재현해 왔다. 앞장에서도 언급했듯이, 주로 3인칭 제한적 시점의 서사적 기법을 통해 농민의 눈에 비치는, 농민의 마음에 자리잡는 농촌의 현실과 농민들의 실상을 작위적 여과없이 그대로 보여주고 있는 것이다. 그런가 하면 오랜 농경 사회에서 계승되어 온 전통이나 가치관, 즉 진실하고도 성실한 삶의 자세, 농본주의의 친자연적 생태로부터 체득한 유덕함, 공동체적 연대의식과 같은 정신적 가치들을 문학적 장치나 기법들을 통해 드러냄으로써 민족적 보편성 탐구의 전형적 자세를 보여주었다.

한편, 도시적 생태를 다룬 작품들에서는 물질주의와 출세지향주의, 태만과 허위의식, 서양의 삶양식에 대한 그릇된 인식으로 인해 만연되고 있는 타락적 행위, 사회의 각 분야에 뿌리깊게 퍼져있는 부정과 부패, 인간성 상실 등의 부조리와 모순 등을 소설사회학적 시학의 관점에서 서사화함으로써 개인과 사회, 국가와 민족의 윤리관을 정립하고자 했다. 따라서 궁핍의 실상을 내적 초점화하여 제시한 몇몇 작품을 제외한 대부분의 도시 생태의 작품들에서는 작가의 이러한 윤리의식을 정립하려는 작가의 의도가 주제의식이나 비판정신에 진지하게 반영되어 나타나 있다.

이러한 작가의 이데올로기를 텍스트와 관련시켜 볼 경우 '이데올로기는 어떠한 <형식>이나 일련의 형식들로 이미 표현된 어떤 의미작용 체계로서 텍스트에 제시되어 특정의 일반적인 구조적 관계들을 전개시킬 뿐만 아니라 구체적이고 결정적인 일련의 미학적 생산양식들과 생산메카니즘들을 텍스트에 제공'241)하고 있음을 알 수 있다. 즉 이무영이 형상화해 온 일련의 문학적 지향성들, 예컨데 궁핍과 그 대응 자세, 한국적 농민상의 창조와 농촌의 인간주의적 유대나 공동체로서의 연계의 질서 추구 그리고 관계가 공소한 도시의 비인간성 비판, 인간본성의 탐구 등은 서술태도와 인물들의 화법, 시공간성에 대한 인식태도라는 텍스트의 구조와 실천적 관계를 형성한다. 여기서 실천적관계란 문학텍스트는 자율적 구성체로서, 작가의 인식적 정향에 따라 이데올로기를 재구성하거나 미학적 생산 속에 이데올로기를 투사하고 변형하기 위하여 이데올로기를 탈구조화시키는 한편 그와 동시에 자기 스스로도 이데올로기의 영향에 의해 다양한 정도로 탈구조화됨을 의미한다. 따라서 텍스트와 이데올로기의 관계는 상호간 구조화와 탈구조화의 상호작용이라고 할 수 있는 것이다.

그런데 이무영의 전 작품을 일별해 볼 경우 그의 신윤리주의 문학론은 '국민의 도의와 인간적인 지조와 德義가 땅에 떨어지고 있는' 상황 속에서 각 분야의 윤리를 새롭게 정립할 필요성을 절감하며, 문학이 이 윤리관을 세워야겠다는 의지에서 비롯된 것이라고 할 수 있다. 전통적 가치관의 회복이 신윤리주의의 요체인 것이다. 따라서 농촌사회나 농민들의 삶을 형상화하면서 내보이고 있는 정의적 도덕관이나 가치관의 지향, 또는 도

---

241) Terry Eagleton, 『批評과 이데올로기』, 윤희기 역, 열린책들, 1987, p.149.

시인의 삶 속에서 묘파해 내고 있는 애정윤리와 인간애 등은 윤리적 인간의 형상화로서도 읽힐 수 있는 것이다.

이무영 문학을 도시와 농촌을 배경으로 하는 이분법적 구도로 규정짓고, 그러한 틀 속에서 바라볼 것이 아니라 그의 문학적 정신사가 어디에 맞닿아 있는가부터 꼼꼼히 읽어낼 필요가 있는 것이다. 그가 문학 작품의 서술 기법을 통해 서술자의 태도나 인물들을 통해 일관되게 추구해 왔던 긍정적 삶의 방식들, 예컨대 땅에 순화된 인정미나 성실성, 분열이나 분파적 또는 응징적 문제해결의 방식보다는 공동체의식의 고양이나 화해 지향적인 문제해결의 모색, 그리고 선과 악, 선과 위선의 문제와 같은 인간 본성에 대한 치열한 천착, 죽음까지도 막아 주려는 인간애와 함께 정신적 가치와 절제의 규범을 강조하는 애정윤리 등은 그의 관념적 태도의 일단(一端)이라고 할 수 있다. 그는 이러한 관념적 태도로써, 개인적 혹은 사회적 가치붕괴의 혼란을 극복함과 동시에 민족의 보편적 가치를 확립하여, 그것에 입각한 인간상을 구현하고자 한 것이다.

이러한 '주제의 지배소'242)나 비판정신이 곧 '道義心'과 '倫理觀' 확립의 전제적 조건이 되고 있음을 그의 소설텍스트를 통해 확인할 수 있다. 그는 이러한 윤리관의 확립이 사회 각 분야에서 이루어져야 할뿐만 아니라 바로 우리 문학의 각 분야에서도 이루어져야 함을 역설하고 있다. 그가 제창한 '新倫理主義'곧, 전통지향성은 결국 그의 관념적 태도로서, 그가 추구하는 문학적 지향점임과 동시에 민족적 보편성의 구현체이며 인간학이기도 한 것이다. 경험의 개별성이 중시되는 현대사회의 변화와 맞물려

---

242) 미하일 바흐찐, 『文藝學의 形式的 方法』, 이득재 역, 文藝出版社, 1993, p.259.

현대 소설에서도 유대란 單數的이고 잠정적이며, 비연속적으로 변화하는 가운데, '리얼리즘 소설이 필요로 하는 것은 진정한 의미의 공동체'[243]라고 할 때, 공동체 의식을 전제로 한 그의 이러한 문학적 지향점은 '역사적 상황의 고착된 표상과 선입견을 뛰어넘어서 세계에 대한 새로운 인식과 선취된 현실에로 인간을 유도해 갈 수도 있다.'[244]는 문학의 특수한 역사성으로서의 의의를 지닌다고 할 수 있다.

물론 그가 보여주었던 일련의 관념적 태도들, 이를테면 반기계적이며, 반도시적 또는 반문명적 지향성들, 그리고 지나친 운명론적 세계관 등이 역사적 전망의 부재를 초래하고 있음도 사실이다. 또한 전통적 윤리체계의 지나친 옹호가 소설의 문학적 장르가 추구하는 삶에 대한 진실(진리)의 발견을 너무 편협하게 한정지어 줌으로써 또 다른 문학의 교조적 이데올로기를 재생산하는 것은 아닌지 자문해 볼 일이다.

---

243) R. 윌리암즈, 「리얼리즘과 現代小說」, 『文學藝術과 社會狀況』, 유종호 편, 白樂晴 역, 민음사, 1991, p.163.
244) H. R. 야우스, 앞의 책, p.170.

Ⅵ. 결 론

지금까지 이무영의 소설텍스트를 작가와 독자 사이를 매개하는 소통의 매체라는 관점에서 텍스트 전체를 하나의 담론구조로 보고 그 구조를 형성하는 서술기법의 특성을, 서술태도 와 화법양상, 담론의 사회적 의미망 그리고 이러한 제요소(諸要素)와 작가의 관념적 태도와의 상관성 측면에서 규명해 보았다.

이무영은 농촌소설 쓰기를 자신의 신앙처럼 여겼던 작가이다. 그렇다고 농촌을 이상향으로 인식한 것은 결코 아니다. 일제의 경제적 침투와 수탈에 희생되어 삶의 터전을 잃어가면서도 인식이 모자라고 항거의 방도를 찾지 못하는 농민에게 작가 이무영은 깊은 애착과 연민을 가졌다. 또한 급속한 사회변동에 내재하는 도덕성의 경박화와 인간관계의 냉각화, 자연성의 거세화 등의 파국적 국면에 대해, 어리석게 살면서도 허위에 물들지 않는 농민들의 순박한 인심과 너그러움, 인고의 덕성으로 대응한다. 인간애와 윤리성에의 비전을 일깨워 주는 이무영의 문학적 성찰을 엿볼 수 있는 부분이다.

이무영의 소설담론에서 발견할 수 있는 서술기법상의 특징은 다음과 같다.

첫째, 서술자와 주동인물과의 거리가 근접되어 있으며, 인물들에 대하여 가치평가적이라는 점이다. 이는 3인칭 이종서술(이야기밖 서술-제로 초점화-남의 이야기)과 내적 초점화의 고정 초점화를 통해 수행되는데, 주로 주동인물이 내적 초점화되는 과정에서 서술자와 주동인물 사이의 시간적·정서적·도덕적 거리감이 일치하여 마치 일인칭 서술과 같은 모방적 서사의 효과를 객관적으로 구현하고 있다. 그리고 긍정적 인물에 대하여 매우 우호적이면서도 이해적인 태도를 견지하고 있는데 이는 작가의 관념적 태도의 한 반영이라고 할 수 있다.

둘째, 3인칭 제한적 전지 시점을 주로 사용하고 있다. 이러한 서술상황을 통해 서술자가 주동인물의 외면적·내면적 삶에 대해 직접적으로 접근하듯이 작중상황을 전개해 나감으로써 상황성과 핍진성이 자연스럽게 나타나며 주동인물의 뚜렷한 자기정체성 때문에 그만큼 독자들에게 호소력 있게 다가설 수 있다. 농민소설의 경우 노농(老農)의 입장에서 서술자는 인물의 행동을 관찰한다든가 그가 지각하고 있는 것, 그의 내면을 대신 전달해 주는 자유간접화법을 주로 사용함으로써 객관적 서술을 가능케하고 있는 것이다. 따라서 한 인물에 의해 또 다른 인물이나 상황, 사건의 흐름이 서술되기 때문에 그만큼 생동감과 객관성이 담보되는 것이다.

1910년대 후반과 1920년대는 일인칭 서술상황이 우세하다가 1930년대에 이르면 삼인칭 서술상황이 일반화된다. 물론 서술형식도 중요하지만 더 중요한 것이 서술태도나 화자의 행동방식이라고 할 때, 이무영이 1930년대 이후 주로 활용한 삼인칭 이종서술자에 의한 내적 초점화의 서술기법은 내면 서술의 객관성과 핍진성을 높여주는 데 효과적으로 작용했다. 그리고 건강하고 긍정적인 삶의 진정한 가치를 부각시키고 있다. 이 점은 당대 여타의 작가들에게서 쉽게 발견할 수 없는 특징이라고 할 수 있다.

도시를 배경으로 하는 작품 역시 이러한 시점 활용으로 궁핍상이나 부조리, 삭막함과 같은 도시의 병리적 현상들이 객관적으로 제시되고 동시에 문제의 심각성을 부각시키는 데 기여하고 고 있다. 더욱이 인간 본성에 대한 천착에 있어서 내적 독백의 서술은 인물의 심리를 예리하게 그려내는 데 적절하게 활용되고 있다. 이러한 서술기법은 결국 서술자와 주동인물, 서술자와 작가와의 관계가 근접되어 있음을 의미하며, 특히 서술자가 작가와 동일한 지위를 갖고 있음을 말해준다. 이로 인해 작가의 관념적 태도가 서술자의 가치판단에 그대로 반영되고, 서술 속에서 서술자의 가치평가적 개입이 가능하게 되고 있다.

셋째, 구성 층위에서 나타나는 인물들의 화법양상의 특징은 먼저 권위적 인물에 의해 '아버지의 말'과 같은 지배적인 담론이 조직되며, 그 권위적 담론이 주제형성에 기틀이 된다는 특징을 들 수 있다. 그런데 이러한 권위적 인물의 단일 논리적 화법은 주로 대화나 서술된 독백의 형태로 나타나고 있다. 이는 서술자가 주동인물이나 권위적 인물이 '아버지의 말(권위적 말)'로써 가치관이나 삶의 자세를 경험적으로 제시해 주고 있음을 의미한다. 그리고 그 '아버지의 말'이라고 할 수 있는 권위적 말이 내부의 다른 말들을 해체시켜 나감으로써 주제를 형성하고 있는 것이다.

그런가 하면 자유간접화법의 서술된 독백에 의해 인물들의 내면이 좀더 객관적이면서도 생동감 있게 서술되고 있다는 점도 간과할 수 없는 이무영 소설의 한 특징이라고 할 수 있다. 이점은 그가 얼마나 심리묘사에 관심을 갖고 있는가를 함축적으로 보여주는 실례이기도 하며, 인물창조에 고심한 작가적 역량의 한 예라고 할 수 있다. 인물의 언어에 서술태도와 인물지각이 혼재하고 교차하여 서술화됨으로써 서술자와 인물의 말, 즉 서로 다른 두 층위의 말이 역동적으로 작용, 사실성을 높여 주고 있기도 하다.

그러나 소설담론의 구조에서 종종 발견되는 도식성이나 작위성, 구성의 통속성, 그리고 인물의 명명법이나 지명에서 드러나는 추상성 등은 이무영의 소설 담론이 갖고 있는 약점들이라고 할 수 있다. 그러나 이러한 점들이 그의 문학적 가치를 상쇄시킬 수 있는 중요한 요인이 될 수는 없다.

넷째, 이무영의 작품에 있어 시·공간적 좌표는 담론의 형성뿐만 아니라 주제 구현에 절대적인 영향력을 갖고 있다. 시공간성(時空間性)에 따라 인물들의 삶의 방식, 또는 가치관이나 세계관 그리고 주제의식이 달라지기 때문이다. 농촌은 순화된 인정미와 공동체적 연대감 그리고 삶의 성실성이 지배하는 정의적(情誼的) 삶의 공간으로 나타난다. 이에 반해 도시의 삶은 몰인정스럽고 비인간적이며, 비도덕적 삶의 공간으로 제시되고 있다. 이러한 대립적 구도는 분명 이분법적 시각에서 비롯된 것으로서, 변증법적 차원으로 그 시각을 한 차원 끌어올린다면 인간과 삶의 가치를 구현시키려는 소설의 목적과 부합될 수 있을 것이다. 특히 리얼리즘계 소설이 추구하는 당대성과 근접성의 원리가 작가의 전기적 사실에 따라 충실히 지켜짐으로 해서 담론 구조에 핍진성을 더하고 있다는 점은 우리나라 리얼리즘 문학의 또 하나의 성과라고 할 수 있을 것이다.

다섯째는, 작가의 관념적 태도에 있어서 그의 '신윤리주의', 즉 전통지향성의 문학론으로 그의 모든 문학적 지향점이 수렴된다고 할 수 있다. 그가 농민소설의 서사적 공간에서 전통적 윤리의식이나 인간애의 정신, 연대감을 기반으로 하는 성실한 삶의 자세와 공동체적 삶 양식을 모색하고 지키려고 한 것은 도시의 황폐하고 부식된 삶의 상태를 치유하기 위한 건강하고 긍정적인 삶의 진정한 가치를 부각시키려는 관념적 태도의 축도라고 할 수 있다. 이러한 관점에서 도시적 생태에서 오는 가치관의 붕괴, 인간과 인간의 갈등, 사회의 각 분야에 걸쳐 만연되고 있는 불신과 부정·부패 등 사회 병리 현상에 대한 치유책으로서도 전통적인 도의심과 윤리관의 확립은 절대적 과제라고 할 수 있을 것이었다.

이렇듯 이무영의 대부분 작품에서는 텍스트 외적(extratextual)인 현실과 텍스트 내적(intratextual)인 담론 구조가 항상 상호텍스트적 전이와 갈등 관계를 형성하며, 주로 주동인물들은 작가의 세계관을 통해서 문화적·사회적 콘텍스트로 재창조된다. 개인적인 문제를 주관적 체험 이상의 객관적 현실로 전형화 시키고 있는 것이다. 그렇기 때문에 그의 인물들을 통해 우리는 우리의 역사적 혹은 현실적 삶의 보편적인 전형성 그 자체와 만날 수 있다.

객관적인 서술기법의 효과적인 활용, 사회적 사실이라는 반영론적 의미와 문학텍스트의 사회학적 의미 사이의 객관성 획득 등이 당대 여타의 작가들을 뛰어넘을 수 있는 이무영의 문학적 가치라고 할 수 있다. 그러나 이무영의 소설담론에서 발견되는 작가의 지나친 보수적 성향이라든가, 도시와 농촌, 정치적 이데올로기를 통해 보여주고 있는 이분법적 사고, 현실인식의 모호함 등과 같은 상상력의 경직성은 개방성을 생명으로 하는 산문정신과는 대치되는 것들이었다.

본 연구의 한계는 이무영의 작품과 당대의 다른 작품들에서 보여지는 서술기법과의 변별적 차이를 심도있게 규명하지 못했다는 점이다. 이 점은 앞으로의 연구 과제로 남겨 놓기로 한다.

소설담론은 항상 언어적 수행 과정에 있다. 완결될 수 없는 대화적 관계에 놓여 있는 것이다. 모든 문학작품은 언제나 사회적 소통이라는 조건하에서 모든 것을 관통하는 사회적 평가의 힘으로 과거를 당대에 융합시켜야 하기 때문이다. 이무영의 소설담론에 대한 좀더 심도 있는 논의와 연구가 필요한 것은 소설이 살아있는 담론체계를 갖고 있기 때문일 것이다.

＃ 考 文 獻

1. 기본자료

이무영, 『李無影代表作全集』, 신구문화사, 1985판
______, 『이무영문학전집』, 국학자료원, 2000판
______, 『文藝』, 1949. 11

2. 國內書

論文

김병욱, 「흙의 인간상과 작가의 고뇌」, 문학사상, 1975.7
김병걸, 「농촌문학론과 이무영 소설」, 문학사상, 1975.7
김봉군, 「다시 쓰는 이무영론」, 『이무영문학전집 1』, 국학자료원, 2000
김　준, 「한국농민소설의 특성」, 서울여대 14호, 1984
______, 「한국 농민 소설 연구」, 경희대 박사, 1990
김홍신, 「이무영연구」, 건국대 석사, 1985
신춘호, 「한국 농민 소설 연구」, 고려대 박사, 1980
우한용, 「소설구조의 기호학적 특성고,」, 국어국문학 93, 1985
______, 「채만식소설의 담론 특성에 관한 연구」, 서울대 박사,1991
유신호, 「이무영 소설연구」, 고려대 석사, 1976
이명우, 「한국 농민 소설의 사적 연구」, 동국대 박사, 1996

이상신, 「李孝石 文體의 記號論的 硏究」, 이화여대 박사, 1989

이인숙, 「최인훈 소설의 담론특성 연구」, 고려대 박사, 1998

임영환, 「1930년대 한국 농촌사회 소설 연구」, 서울대 박사, 1986

정한숙, 「농민소설의 변용과정」, 『아세아연구』 통권 제48호, 1972

조남철, 「일제하 한국농민소설 연구」, 연세대 박사, 1985

최병우, 「한국 근대 일인칭 소설 연구」, 서울대 박사, 1992

최현무, 「열림의 체계와 닫힘의 체계」, 『문학사상』 통권150, 1985

著書

姜萬吉, 『韓國現代史』, 創作과批評社, 1984

강인숙, 『자연주의 문학론Ⅱ』, 고려원, 1991

강인숙 편, 『한국근대소설 정착과정연구』, 박이정, 1999

고영복, 『현대사회심리학』, 법문사, 1974

구인환, 『소설론』, 삼지원, 1997

권영민, 『한국민족문학론연구』, 민음사, 1995

김상태, 『文體의 理論과 解析』, 집문당, 1993

김용재, 『한국 소설의 서사론적 탐구』, 평민사, 1993

김용직 외, 『現代韓國作家硏究』, 民音社, 1979

김욱동, 『대화적 상상력』, 文學과知性社, 1991

김종갑 외, 『서술이론과 문학비평』, 서울대학교출판부, 1999

김천혜, 『소설 구조의 이론』, 文學과知性社, 1990

김 현, 『문학사회학』, 민음사, 1996

______, 『현대한국문학의이론/사회와윤리』, 文學과知性社, 1991

金　顯, 『현대소설의 담화론적 연구』, 계명문화사, 1995

白　鐵, 『朝鮮新文學思潮史』, 首善社, 1948

宋河春, 『1920年代韓國小說硏究』, 고대민족문화연구소 출판부

신용하 외, 『한국사회사의 이해』, 文學과知性社, 1995,

신춘호, 『문학이란 무엇인가』, 집문당, 1996

신춘호 외, 『현대작가 작품론』, 집문당, 1998

王仁槿, 『農村社會學槪論』, 博英社, 1987

이동희, 『흙과 삶의 미학』, 단대출판부, 1993

이무영, 『小說作法』, 啓進文化社, 1954

이봉채, 『소설의 구조론』, 새문社, 1984

李御寧 編, 『韓國作家傳記硏究(下)』, 同和出版公社, 1980

이재선, 『한국현대소설사』, 홍성사, 1982

______, 『韓國短篇小說硏究』, 일조각, 1997

장시원 외, 『한국 근대 농촌사회와 농민운동』, 열음사, 1988

조남현, 『韓國知識人小說硏究』, 일지사, 1984

______, 『小說原論』, 고려원, 1988

______, 『한국소설과 갈등』, 문학과 비평사, 1990

______, 『韓國現代小說硏究』, 民音社, 1987

조동일, 『한국문학의 갈래』, 집문당, 1992

한국사회사연구회, 『한국의 사회제도와 사회변동』, 文學과知性社, 1996

______, 『일제하 한국의 사회계급과 사회 변동』, 文學과知性社, 1988

한국소설학회 편,『현대소설 시점의 시학』, 새문사, 1996

한승옥,『한국 현대소설과 사상』, 집문당, 1995

홍동식,『농촌사회학의 이해』, 법문사, 1989

3. 外國書

飜譯書

김화영 편역,『프랑스 현대 비평의 이해』, 민음사, 1984

伊東 勉,『리얼리즘이란 무엇인가』, 이현석 역, 세계, 1987

발터 벤야민,『발터 벤야민의 문예 이론』, 반성완 편·역, 민음사, 1995

보리스 우스펜스키,『소설구성의 시학』, 김경수 역, 현대소설사, 1992

Todorov, Tzvetan.『바흐찐: 문학사회학과 대화이론』, 최현무 역, 까치,
        1988

Macdonell, Diane.『담론이란 무엇인가』, 임상훈 역, 한울, 1995

E. Benveniste,『일반언어학의 제문제Ⅱ』, 황경자 역, 민음사, 1992

Stanzel, Franz. K.『소설의 이론』, 김정신 역, 문학과 비평사, 1988

______,『小說形式의 基本類型』, 안삼환 역, 탐구당, 1996

여홍상 편,『바흐찐과 문학이론』, 여홍상 외 역, 文學과知性社, 1997

Austin, J. L.『말과 행위』, 김영진 역, 서광사, 1992

Kristeva, J.「텍스트와 그 과학」, 최현무 역, 문학사상 통권147, 1985,

Schramke, J.『현대소설의 이론』, 원당희·박병화 역, 문예출판사, 1995

Prince, Gerald.『서사학』, 최상규 역, 文學과知性社, 1995

Génette, Gerard. 외,『현대 서술 이론의 흐름』, 석진경 외 역, 솔, 1997

Toolan, Michael J. 『서사론』, 김병욱・오연희 공역, 형설출판사, 1995

Bakhtin, Mikhail and 볼로쉬노프, V. N. 『마르크스주의와 언어철학』, 송기한 역, 흔겨레, 1988

Bakhtin, Mikhail. 『장편소설과 민중언어』 전승희 외 역, 創作과批評社, 1992

______, 『바흐찐의 소설미학』, 이득재 역, 열린책들, 1988

______, 『도스또예프스끼 시학』, 김근식 역, 정음사, 1989

______, 『프랑수아 라블레의 작품과 중세 및 르네상스의 민중문화』, 이덕형・최건영 역, 아카넷, 2001

______, 『文藝學의 形式的 方法』, 이득재 역, 文藝出版社, 1993

Robert, Marthe. 『기원의 소설, 소설의 기원』, 김치수・이윤옥 역, 文學과知性社, 1999

Kagan, Moissej S. 『미학강의1』, 진중권 역, 샛길, 1992

김병욱 편, 『현대소설의 이론』, 최상규 역, 대방출판사, 1986

Lanser, Susan Sniader. 『시점의 시학』, 김형민 역, 좋은날, 1998

Zima, Peter V. 『소설과 이데올로기』, 서영상・김창주 역, 문예출판사, 1996

Zima, Pierre. 『文學텍스트의 社會學을 위하여』, 이건우 역, 文學과知性社, 1987

롤랑 부르뇌프・레알 월레, 『현대소설론』, 김화영 편역, 현대문학, 1997

S. Rimmon Kenan, 『소설의 시학』, 최상규 역, 文學과知性社, 1986

Fowler, Roger. 『언어학과 소설』, 김정신 역, 文學과知性社, 1985

Booth, Wayne C. 『소설의 수사학』, 최상규 역, 새문사, 1985

Martin, W.『소설이론의 역사』, 김문현 역, 현대소설사, 1991

Todorov, Tzvetan.『산문의 시학』, 신동욱 역, 문예출판사, 1998

______,『構造詩學』, 곽광수 역, 文學과知性社, 1978

Chatman, Seymour.『영화와 소설의 서사구조』, 김경수 역, 민음사, 1994

Jakobson, Roman.『문학 속의 언어학』, 신문수 편역, 文學과知性社, 1989

H.R. 야우스,『挑戰으로서의 文學史』, 장영태 역, 文學과知性社, 1998

Edel, Leon.『作家論의 方法』, 金允植 역, 三英社, 1994

金炳旭 편,『現代 小說의 理論』, 崔翔圭 역, 大邦出版社, 1986

大塚久雄,『공동체의 기초이론』, 이영훈 역, 돌베개, 1982

Charles E. May 편,『단편소설의 이론』, 최상규 역, 정음사, 1983

Plamenatz, John.『이데올로기란 무엇인가』, 진덕규 역, 도서출판 까치,
          1990

Génette, Gerard. 외,『현대 서술 이론의 흐름』, 석경징외 역, 솔, 1997

Meyerhoff, Hans.『文學과 時間現象學』, 김준오 역, 心象社, 1979

Auerbach, Erich.『미메시스』근대편, 김우창・유종호 역, 1996

미셀 제라파,『小說과 社會』, 李東烈 역, 文學과知性社, 1989

Eagleton, Terry.『批評과 이데올로기』, 윤희기 역, 열린책들, 1987

유종호 편,『文學藝術과 社會狀況』, 白樂晴 역, 민음사, 1991

Kayser, W.『言語藝術作品論』, 김윤섭 역, 대방출판사, 1974

브루노 힐레브란트,『소설의 이론』, 박병화・원당희 역, 1993

原書

Greimas, A. J. *Structual Semantics : An Attempt at a   Mothod*, trans. J.E.Lewin, Cornell U.P., 1980

Daiches, David. *The Novel and Modern World*, University of Chicago Press, 1939

Martin, Wallace. *Recent Theory of Narrative*, Cornell University Press, 1986

Stanzel, F.K. *A Theory of Narrative*, trans, Charlotte Goedsche, Cambridge U.P., 1984

Genette, Gérard. *Figure III*, Paris; Edition du Seuil, 1972

______, *Narrative Discourse : An Essay in Method*, trans. Jane E. Lewin, Cornell U.P., 1980

Grice, H. Paul. *Syntax and Semantics*, Vol. 3: Speech Acts, Peter Cole and Jerry L. Morgan, eds. Academic Press

Halliday, M. A. K. *Language As Social Semiotic*, Edward Arnold, 1978.

Bakhtine, M. M. *Problems of Dostoevsky´s Poetics*, ed. and trans. Caryl Emerson, University of Minesota Press, 1984

Bakhtin, M. M. *The Dialogic Imagenation : Four Essays*, Texas U.P, 1981

Kristeva, Julia. *Revolution in Poetic Language*, Columbia University Press, 1984

Freedman, N. *Form and Meaning in Fiction*, The Univ. of Georgia Press, 1975

Hodge, Robert. *Literature as Discourse*, Basil Blackwell Ltd, 1990

Chatman, S. *Story and Discourse : Narrative Structure in Fiction and Film*, Cornell U.P. 1978

______, *Coming to Terms : The Rhetoric of Narrative in Fiction and Film* (Cornell

U. P., 1990)

Lanser, Susan Sniader. *The Narrative Act: Point of View in Prose Fiction*, Princeton U.P., 1981

Sebeok, Tomas A. ed., *Encyclopedic Dictionary of Semiotics*, Mouton de Gruyter, 1986

Wimsatt, W. K. and Beardsley, M. C. ed. D. Lodge, *20th Century Literary Criticism*, Longman, 1983

Mendilow, A.A. *Time and the Novel*, New York: Humanities Press, 1965

Bal, Mieke. *Narratology:Introduction to the theory of Narrative*, Second Edition; Unive of Toronto Press, 1977

Abstract

A Study on Narrative Technique in
Lee Mu-Young's Novels

Lee Jong-Ho

Ph. D. Program in Korean

Language and Literature

Graduate School of

Kon-Kuk University

The purpose of this dissertation is to analyze the narrative technique in Lee

mu-young's novels. For the analysis, it focuses on the reviews of the relationship between

narrator and characters, the relationship among characters, the relationship between

narrator and the situation in characters, and the writer's theme.

A main text of Lee's novels is the communication media which connects writer

to reader. Lee's novels develope usually whole story in a discourse structure. This paper

analyzes the characteristics of narrative technique which form discourse structure in narrative level, composition level, and theme level. According to the analysis, the found characteristics are as follows:

First, since the distance between narrator and protagonist is close and his novel is evaluative, the inside of protagonist is revealed through internal focalization in spite of third-person heterodiegetic narrative. Also, it is inclined to show friendly and open-minded attitude toward positive characters.

Second, Lee's novels is likely to use third-person limited omniscient technique. It implements reality as well as vraisemblance through perception and consciousness with protagonist's focalization.

Third, the narrative characteristics are the implementation of theme and the organization of discourse through the narrative of authoritative characters, which is the form of dialogue and narrated monologue. Additionally, it shows the inside of characters through the narrated monologue of free indirect discourse objectively and realistically. Although Lee's novels have weaknesses such as stereo type, artificiality, popularity of composition, appellation of characters, and abstraction, they are not key obstructions to devaluate his novels.

Fourth, in Lee's novels 'chronotope' is an important variable for the formation of discourse and implementation of theme since the life style and character's sense of value and theme are variable according to 'chronotope'. The novel is valuable in korean realism novel because it shows the vraisemblance of discourse structure through his consistent trial of 'now and here' which realism novel pursues.

Fifth, Lee's novels follow neomoralism, which is tradition-minded literature. The approach toward the sound and cooperative way of living, based on traditional moralism and humanity, is the symbol of korean beauty. From this viewpoint, he guides the establishment of traditional moralism as a solution for social problems such as collapse of sense of value, troubles among people, and corruptions.

The limitation of this study is not to find the obvious difference in narrative technique between his novel and other's novels. Further study should be followed.

The discourse of novel is in the consistent process of language training and in the endless dialogue. The reason why the more discussions and researches for Lee's discourse of noble are required is the fact that his novels have alive discourse structure.

이무영 작품 목록

1. 소설

「達順의 出家」, ≪朝鮮文壇≫17호, 1926년 6월

『依支할 곳 없는 靑春』, ≪靑鳥社≫, 1927년 5월

『廢墟의 울음』, ≪靑鳥社≫, 1928년 4월

「錯覺愛」, ≪東亞日報≫, 1929년 6월 2일~8일

「八年間」(장편), ≪朝鮮日報≫1호, 大衆公論 2호, 1929년 9월~1930년 3월

「老婆」, ≪朝鮮日報≫, 1930년 1월 19, 21일~26일

「錯覺의 嫉妬」, ≪朝鮮日報≫, 1930년 2월 27일~3월 12일

「아내」, ≪新生≫ 27호, 1930년 10월

「美男의 最後」, ≪東亞日報≫, 1931년 1월 1일

「龜城令監과 醫學搏士」, ≪新生≫ 27호, 1931년 1월

「鳴咽」, ≪朝鮮日報≫, 1931년 2월 24일~28일, 3월 4일~6일

「叛逆者」, ≪朝鮮日報≫, 1931년 5월 8, 9, 13일~22일

「約婚顚末」, ≪彗星≫ 7호, 8호 , 1931년 10울, 11월

「叛逆者」, ≪批判≫ 8호, 9호, 10호, 11호, 19호 , 1931년 12월~1932년

12월

「破綻」, ≪映畵時代≫ 3호, 1932년 1월

「두 訓示」, ≪東光≫ 33호, 1932년 5월

「世昌針」, ≪新東亞≫ 9호, 1932년 7월

「조그만 叛逆者」, ≪東光≫ 36호, 1932년 8월

「흙을 그리는 마음」, ≪新東亞≫ 11호, 1932년 9월

「루바슈카」, ≪新東亞≫ 16호, 1933년 2월

「山莊小話」, ≪新家庭≫ 6호, 1933년 6월

「S夫人과 그 後 이야기」, ≪東亞日報≫, 1934년 7월 17일~22일

「牛心」, ≪中央≫ 9호, 1934년 7월

「당기揷話」, ≪新人文學≫ 1호, 1934년 7월

「夜市揷話」, ≪新家庭≫ 20호, 1934년 8월

「地軸을 돌리는 사람들」, ≪東亞日報≫, 1933년 8월 5일~9월 22일

「吳道令」, ≪朝鮮文學≫ 3호, 1933년 10월

「軌道」, ≪中央≫ 2호, 1933년 2월

「蒼白한 얼골」, ≪新東亞≫ 28호, 1934년 2월

「아저씨와 그 女人」, ≪新家庭≫ 15호, 16호, 1934년 3월, 4월

「나는 보아 잘 안다」, ≪新女性≫ 19호, 1934년 4월

「脫出記」, ≪東亞日報≫, 1934년 5월 23일

「거미줄을 타고 세상을 건느려는 B女의 素描」, ≪新東亞≫ 32호, 1934
년 6월

「南海와 금반지」, ≪朝鮮中央日報≫, 1934년 7월 16일

「農夫」, ≪批判≫, 1934년 11월

「龍子小傳」, ≪新家庭≫ 23호, 24호, 1934년 11월, 12월

「노래를 잊은 사람」, ≪중앙≫ 13호, 14호, 1934년 11월, 12월

「醉香」, ≪朝鮮日報≫, 1934년 12월 16일~28일

「아름다운 風景」, ≪新家庭≫ 25호, 1935년 1월

「出家」, ≪新東亞≫ 40호, 1935년 2월

「墜落女 이야기」, ≪新人文學≫ 9호, 10호, 11호, 1935년 3월~5월

「꾸부러진 平行線」, ≪東亞日報≫, 1935년 3월 20일~4월 14일

「萬甫老人」, ≪新東亞≫ 41호, 1935년 3월

「囚人의 아내」, ≪新家庭≫ 28호, 29호, 1935년 4월, 5월

「편지」, ≪東亞日報≫, 1935년 6워 16일

「먼동이 틀 때」(장편), ≪東亞日報≫, 1935년 8월 6일~12월 30일

「友情」, ≪新家庭≫ 33호, 1935년 9월

「老農」, ≪批判≫, 1935년 11월, 12월

「奈落」, ≪三千里≫ 68호, 1935년 12월

「湖畔의 傳說」, 단편집『B女의 素描』, 1935년

「墜落女」, ≪湖南評論≫ 2호, 1936년 2월

「破鏡」(연작소설), ≪新家庭≫ 41호, 42호, 1936년 4월, 5월

「乳母」, ≪新東亞≫ 57호, 1936년 7월

「嗚咽」, ≪朝鮮文學≫ 8호, 9호, 1936년 8월, 9월

「墳墓」, ≪朝鮮文學≫ 11호, 1936년 11월

「醉香」(장편), ≪朝鮮文學史出版部≫ 발행, 1937년 3월

「明日의 鋪道」, ≪東亞日報≫, 1937년 6월 3일~12월 25일

「불살른 情熱의 書」, ≪東亞日報≫, 1938년 3월 25일~30일

『無影短篇集』, ≪漢城圖書館株式會社≫ 발행, 1938년 10월

「낚시질」, ≪東亞日報≫, 1938년 3월 26일

「日曜日」, ≪西海公論≫ 39호, ≪野談≫ 34호, 1938년 7월, 1938년 10월

「敵」, ≪靑色紙≫ 2호, 1938년 8월

「火鏡」, ≪東亞日報≫, 1938년 9월 11일~13일

「九號病室」, ≪鑛業朝鮮≫ 3권 9호, 1938년 9월

「傳說」, ≪三千里≫ 101호, 102호, 1938년 10월, 11월

「明日의 鋪道」, ≪現代朝鮮文人全集≫ 제5권, 1938년 10월

「한 過程」, ≪朝鮮文學≫ 17호, 1939년 4월

「毒草」, ≪朝鮮日報≫, 1939년 7월

『먼동이 틀 때』, ≪永昌書館≫ 발행, 1939년 8월

「世紀의 딸-큐리夫人의 일생」(장편), ≪東亞日報≫, 1939년 10월 10일~
1940년 8월 11일

「挑戰」, ≪文章≫ 9호, 1939년 10월

「第一課 第一章」, ≪人文評論≫ 1호, 1939년 10월

「宮村記-最近日記抄」, ≪人文評論≫ 2호, 1939년 11월

「어떤 안해」, ≪文章≫ 11호, 1939년 12월

「딸과 아들과」(어른을 위한 童話), ≪人文評論≫ 4호, 1940년 1월

「山居閑題-續 宮村記」, ≪朝鮮日報≫, 1940년 1월 31일~2월 3일

「이름 없는 사나이」, ≪朝光≫ 53호, 1940년 3월

「山村閑題-宮村記 其四」, ≪東亞日報≫, 1940년 3월 30일, 31일, 4월 2일,
5일

「흙의 奴隷」(第一課 第一章), ≪人文評論≫ 7호, 1940년 4월

「無題錄-宮村記 其五」, ≪朝鮮日報≫, 1940년 7월 6일~12일(3회)

「閔權」, ≪人文評論≫ 11호, 1940년 8월

「安達小傳」, ≪朝光≫ 60호, 1940년 10월

「靑개구리」, ≪農土≫ 1호, 1940년 6월

「누이의 집」(어느 여행기), ≪文章≫ 23호, 1941년 2월

「원줏댁」, ≪春秋≫ 2호, 1941년 3월

「勝負」, ≪人文評論≫ 16호, 1941년 4월

「文書房」, ≪國民文學≫ 5호, 1942년 3월

「慕牛之圖」, ≪春秋≫ 26호, 1942년 9월

「靑기와의 집」, ≪釜山日報≫, 1942년

「歸巢」, ≪春秋≫ 24호, 1943년 1월

「土龍」, ≪國民文學≫ 16호, 1943년 4월

「鄕歌」, ≪每日新報≫, 1943년 5월 3일~9월 6일

「龍沓」, ≪半島の光≫ 8월호, 1943년

「驛前」, ≪朝光≫ 95호, 1943년 9월

「代子」, ≪春秋≫ 33호, 1943년 11월

『情熱の書』, ≪東都書籍≫ 발행, 1944

『흙의 奴隷』, ≪朝鮮出版社≫ 발행, 1946년

「宏壯小傳」, ≪白民≫ 6호, 1946년 12월

「수염」, ≪新潮≫ 4월호, 1947년

「집 이야기」, ≪民聲≫ 10월호, 1947년

「一年記」, ≪朝鮮敎育≫ 7호~15호, 1947년 12월~1949년 2월

「無邪」, ≪民聲≫ 5월호, 1948년

「石戰記」, ≪現代公論≫ 12월호, 1948년

『壁畵』, ≪文章社≫ 발행, 1948년

「太平館사람들」, ≪朝鮮日報≫, 1949년 5월 4일~6월 4일

「山頂의 揷話」, ≪文藝≫ 4호, 1949년 11월

『山家』, ≪無影農民文學選集≫ 제1권, 1949년

『世紀의 딸』, ≪東辰文化社≫ 발행, 1949년

『鄕歌』, ≪無影農民文學選集≫ 제2권, 1949년

「사위」, ≪山家≫, 1949년

「나랏님전 상사리」, ≪山家≫, 1949년

「農民」, ≪漢城日報≫, 1950년 1월 1일~5월 21일

「佛庵」, ≪新天地≫ 42호, 1950년 1월

「戰記」, ≪白民≫ 20호, 1950년 2월

「戀師峰」, ≪民聲≫ 43호, 1950년 2월

「三女人」, ≪文藝≫ 8호, 1950년 3월

「明暗」, ≪文學(白民改題)≫ 22호, 1950년 5월

「그리운 사람들」, ≪서울신문≫, 1950년 6월 1일~22일

「帆船에의 길」, ≪新潮≫ 2호, 1951년 7월

「小彷徨」, ≪學徒≫ 1호, 1951년 12월

『젊은 사람들』, ≪文硏社≫, 1951년

「기우제」, ≪농민소설전집≫, 大韓金融組合聯合會 편, 1952년

「ㄷ氏行狀記」, ≪文藝≫ 15호, 1953년 2월

「草鄕」, ≪聯合新聞≫, 1953년 2월

「바다의 對話」, ≪戰線文學≫ 13호, 1953년 2월

「6・25」, ≪군항≫ 2권 2호, 1953년 3월

「死의 行列」, ≪국방≫ 23~24호, 1953년 4월~5월

「一夜」, ≪首都評論≫ 1호, 1953년 6월

「창구의 고백」, ≪學園≫ 5월호, 1953년

「O型의 人間」, ≪新天地≫ 53호, 1953년 6월

「暗夜行路」(續・ㄷ氏行狀記), ≪文藝≫ 16호, 17호, 1953년 6월, 9월

「壁畵」, ≪文化世界≫, 1953년 8월

「農軍」, ≪서울신문≫, 1953년 10월~12월

「湖畔山莊之圖」, ≪新天地≫ 57호, 1953년 11월

『B女의 素描』, ≪希望社≫ 발행, 1953년

『農民』, ≪協同文庫≫ 2~5 , 1954년 5월

「逆流」, ≪聯合新聞≫, 1954년 5월~8월

「榮轉」, ≪新天地≫ 64호, 1954년 5월

「農夫傳抄」, ≪現代公論≫ 9호, 1954년 9월

「宋夫亡人」, ≪펜≫ 1호, 1954년 10월

「老農」, ≪大邱日報≫, 1954년

「淑卿의 境遇」, ≪思想界≫ 19호, 1955년 2월

「또 하나의 僞善」, ≪현대문학≫ 2호, 1955년 2월

「그 전날 밤」, ≪새벽≫ 4호 , 1955년 3월

「少女」, ≪思想界≫ 22호, 1955년 5월

「異端者」, ≪現代文學≫ 6호, 1955년 6월

「사진기」, ≪學園≫ 6월호, 1955년

「鄕愁」, ≪文學藝術≫ 4호, 1955년 7월

「反鄕」: 1957년

「氣車와 朴老人」: 1959년

「宏壯氏後日譚」: 『李無影代表作全集』

「婿」: 『情熱の書』 수록

「肖像」: 『情熱の書』 수록

「果園物語」: 『情熱の書』 수록

「初雪」: 『情熱の書』 수록

「陣小姐」: 『李無影代表作全集』

「어떤 夫婦」: 『李無影代表作全集』 2권 수록

「며느리」: 『李無影代表作全集』 2권 수록

「長靴」: 『李無影代表作全集』 2권 수록

「浮標」: 『李無影代表作全集』 2권 수록

「사랑의 畵帖」: 『李無影代表作全集』 4권 수록

「아침」: 『李無影代表作全集』 5권 수록

「월급날」: 『李無影代表作全集』 5권 수록

「어떤 아들」: 『李無影代表作全集』 5권 수록

2. 평론

「二作家의 非現實性」, 《東光》 35호, 1932년 7월

「文藝人의 새해 宣言-編輯者들의 小量·作家生活의 不安」, 《朝鮮日報》, 1933년 1월 4일

「내 心琴의 絃을 울리는 作品-新時代의 導火線 고리끼의 룸펜窟」, 《朝

鮮日報≫, 1933년 1월 13일

「日本팟쇼化의 길-世界文壇總觀」, ≪東亞日報≫, 1933년 6월 18일

「李鍾鳴小說-그의 作家的 生活에 對하여(作家가 본 作家論)」, ≪朝鮮日報≫, 1933년 6월 20, 21일

「내 心琴의 絃을 울린 作品-투르게네프 50년 祭紀念論文」, ≪朝鮮日報≫, 1933년 8월 25일

「公正한 評家여 나오라」, ≪朝鮮日報≫, 1933년 10월 10일

「十月創作瞥見-作家가 쓰는 作品評」, ≪東亞日報≫, 1933년 10월 17, 19일~21일

「나의 文學에 對한 態度, 忠實한 職工으로서의 再出發-文壇人의 自己告白」, ≪東亞日報≫, 1933년 10월 25일

「文藝詩評」, ≪朝鮮中央日報≫, 1933년 11월 28일~30일

「朝鮮文學과 外國文學」, ≪朝鮮中央日報≫, 1933년 12월 28일

「隨筆文學에 對한 私見」, ≪朝鮮中央日報≫, 1933년 12월 30일

「作家自身의 生活革命-創作의 態度와 實, 際」, ≪朝鮮日報≫, 1934년 1월 4일

「文壇人으로서 社會에 보내는 希望」, ≪東亞日報≫, 1934년 1월 13일

「文藝批評論-批評的인 너무 批評的인」, ≪朝鮮日報≫, 1934년 2월 6일~9일

「新春創作評-小說을 主로 하여」, ≪朝鮮中央日報≫, 1934년 2월 14, 16일~19, 21, 22일

「女流作家槪評」, ≪新家庭≫ 14호, 1934년 2월

「文壇散策-私小說이라는 것 其他」, ≪朝鮮中央日報≫, 1934년 5월 27일

「文化政策을 確立하라-劇場問題解決策」, ≪京鄕新聞≫, 1950년 2월 21
일

「苦悶하는 文學-文學徒의 獨白」, ≪서울신문≫, 1953년 3월 6일

「人間·馬海松-"戰塵과 人生"을 契機로」, ≪京鄕新聞≫, 1953년 4월 19
일

「戰爭과 文學」, ≪戰線文學≫ 5호, 1953년 5월

「文學, 生活, 素材-作家의 歸農을 提議함」, ≪서울신문≫, 1953년 8월
9일, 23일

「批評文學의 再建-下半期文壇의 再建」, ≪中央日報≫, 1953년 8월 18일

「文學運動의 危機-文總의 解體를 提言함」, ≪聯合新聞≫, 1954년 4월
23, 24일

「文壇現象을 解剖-文壇融和策의 一로서」, ≪中央日報≫, 1954년 4월 30
일, 5월 1일

「우리는 무엇을 어떻게 쓸 것인가-素材와 文學」, ≪서울신문≫, 1954년
5월 16일

「空白의 甲午文壇을 回顧함-生産과 發表舞台의 貧困」, ≪東亞日報≫,
1954년 12월 30일

「새것과 낡은 것과-무엇을 어떻게 쓸 것인가」, ≪京鄕新聞≫, 1955년
3월 26일

「白眼靑眼-牧歌的인 인간 朴榮濬氏, 매서운 붓끝에 새로운 愛情을」(互
論), ≪서울신문≫, 1955년 4월 26일

「農民文化와 農民文學-한 作家의 位置에서」, ≪서울신문≫, 1955년 5월
7, 8, 10일

「모난人間」, ≪펜≫, 1955년 5월

「소설의 재미」, ≪聯合新聞≫, 1955년 6월 1일

「批評의 生理-漸次로 眞摯 해가는 批評文學」, ≪경향신문≫, 1955년 7월 5~7일

「虛心의 呼訴-월탄선생에게 보내는 公開狀」, ≪東亞日報≫, 1955년 6월 17, 18일

「本誌創刊 2周年記念 當選作品選評」, ≪思想界 24호≫, 1955년 7월

「우리 문학의 가는 길, 가야할 길-나는 이렇게 생각한다」, ≪思想界 27호≫, 1955년 10월

「農村文化와 農民文學-常識에의 挑戰」, ≪國際新聞(부산판)≫, 1955년 11월 16일, 18일

「文學活動과 文壇政治-‘文學그루웁’에의 私見」, ≪東亞日報≫, 1955년 12월 22일

「隆盛燦爛했던 文壇-그러나 量많고 質的으로 貧弱(創作)」, ≪한국일보≫, 1955년 12월 25, 26일

「敗北의 三月作壇-顯著해진 通俗文學의 浸透」, ≪東亞日報≫, 1956년 3월 23, 24일

「蔡萬植의 人間과 文學-作故作家의 文學과 生涯」, ≪서울신문≫, 1956년 4월 5, 6일

「文學의 純粹性과 通俗性-大衆性에 便乘하는 通俗性을 戒함」, ≪東亞日報≫, 1956년 7월 5, 6일

「世界作家會議通信」, ≪東亞日報≫, 1956년 7월19일~8월16일

「祖國에 바치는 글-新國民運動을 提議함」, ≪東亞日報≫, 1956년 9월28

일~10월6일

「農村과 文化」, ≪새벽≫ 14호, 1956년 11월

「作家의 愛情-讀者의 位置에서」, ≪檀大學報≫ 34호, 1957년 2월 5일

「二·三月의 小說界-젊은 作家다운 氣魄과 覇氣의 缺如」, ≪世界日報≫, 1957년 3월 13일~16일

「蹂躪된 出版文化-當路에의 建議書에 代하여」, ≪東亞日報≫, 1957년 3월 19일, 20일

「國民道義와 文化業績-道義實踐의 先驅가 되자」, ≪東亞日報≫, 1957년 4월 30일, 5월 1일

「'選前'有感-選後感을 兼하여」, ≪檀大學報≫ 38호, 1957 5월 1일

「不遇한 女流詩人 盧天命-그의 孤獨한 人間과 文學」, ≪韓國日報≫, 1957년 6월 19일

「愛情批評試論」, ≪自由文學≫ 5호, 1957년 7월

「文學團體의 統合理念 - 謙虛와 讓步의 美德이 先決條件이다」, ≪自由新聞≫, 1957년 7월 19, 20일

「虛構의 世界와 文學의 世界」, ≪世界日報≫, 1957년 7월 20일~22일

「匿名批評의 論理」, ≪京鄕新聞≫, 1957년 8월 1일, 2일

「小說과 모랄-苦의 文學 第14話」, ≪自由文學≫ 6호, 1957년 8월

「海外作家를 맞으며-再認識되어야 할 우리 文學」, ≪朝鮮日報≫, 1957년 9월 13일

「純粹와 非純粹」, ≪自由文學≫ 7호, 1957년 9월

「農民文學의 當面課題-農村文人村 建設을 提案하며」, ≪朝鮮日報≫, 1957년 10월 28일

「映畵와 文學」(좌담-김기석, 한태연, 이종흡, 이무영), ≪檀大學報≫ 54호, 1957년 12월 1일

「文壇에 말한다-果敢한 生活革命」, ≪京鄕新聞≫, 1958년 1월 3일

「基準이 서야 判斷이 나온다-優秀作 選定에 對하여」, ≪朝鮮日報≫, 1958년 1월 27일

「作家와 讀者」, ≪自由文學≫ 11호, 1958년 2월

「中國作家와의 文學鼎談記」, ≪自由文學≫ 12호, 1958년 3월

「"暖流"의 끝에 부쳐서」, ≪世界日報≫, 1958년 4월 8일

「眞摯해진 文學觀-新春現象學生作品選後評」, ≪檀大學報≫ 60호, 1958년 4월 11일

「難解性의 克服」, ≪自由文學≫ 13호, 1958년 4월

「6·25는 詩史에 남을 것인가?-戰亂과 新舊世代의 對立」, ≪朝鮮日報≫, 1958년 6월 25일

「五十代 文學의 辯-'낡은 것'은 정말 낡아 버렸고 '새것'은 정말 새것뿐인가?」, ≪東亞日報≫, 1958년 7월 5일

「五十代 文學의 辯-永遠한 平行線 위의 悲劇」, ≪東亞日報≫, 1958년 7월 6일

「五十代 文學의 辯-'難解한 것만이 좋은 詩요, 大衆이 理解하는 것은 詩가 아니라 唱歌다'일까?」, ≪東亞日報≫, 1958년 7월 9일

「五十代 文學의 辯-누구 손에 依해서든 間에 妻妾의 守節내기와 親母를 欲情의 對象으로 하는 論理와의 사이에 놓여진 空白은 메꾸어져야 하겠다」, ≪東亞日報≫, 1958년 7월 10일

「無爲徒食의 十年-새길을 開拓해야겠다」, ≪聯合新聞≫, 1958년 8월

12일

「오늘의 小說 내일의 小說-藝術의 連繫性을 중심으로」, ≪東亞日報≫,
1958년 9월3일~9일

「世代論」, ≪思潮 5호≫, 1958년 10월

「苦行과 作家의 精神」, ≪自由文學≫ 20호, 1958년 11월

「拙作三篇-나의 創作一年」, ≪自由新聞≫, 1958년 12월 30일

「論爭과 '까짚'의 再檢討-우리는 웃으며 커가고 있다」, ≪서울신문≫,
1958년 12월 31일

「文學과 賭博-58년을 回顧하여」, ≪自由文學≫ 21호, 1958년 12월

「生產文學의 振作-傳統的인 民族生活을 發掘하자」, ≪世界日報≫,
1959년 1월 3일

「저널이즘과 文學-文學에 끼친 功罪를 中心으로」, ≪國際新聞(부산
판)≫, 1959년 2월 10일, 11일

「小說推薦의 理念」, ≪自由文學≫ 23호, 1959년 2월

「小說推薦辭」, ≪自由文學≫ 23호, 1959년 2월

「四十代 作家들은 이렇게 말한다」(좌담-李無影, 金 松, 安壽吉), ≪文學
評論≫, 1959년 3월호

「三·一情神과 우리 文學」, ≪世界日報≫, 1959년 3월 1일

「卒業은 學究生活의 出發이다」, ≪檀大學報≫ 81호, 1959년 3월 4일

「農村文化와 農村文學-한 作家의 位置에서」, ≪서울신문≫, 1959년 4
월 6일

「韓國의 農民文學은 어찌 되었나」, ≪女苑≫, 1959년 4월

「小說推薦辭」, ≪自由文學≫ 26호, 1959년 5월

「地方文壇의 性格-茶房文學 追從을 能으로 삼아서는 안된다」, ≪檀大學報≫ 86호, 1959년 5월 21일

「農民에의 力-나의 創作歷程」, ≪서울신문≫, 1959년 6월 1일

「評論·批評의 文章-文壇時感」, ≪서울신문≫, 1959년 7월 3일

「最近의 文壇風俗-外來語를 濫用하는 作家群」, ≪서울신문≫, 1959년 7월 16, 17, 22일

「虛構의 世界와 文學의 世界 - '朴達의 裁判'의 文學的 裁判」, ≪世界日報≫, 1959년 7월 20, 22일

「中央文壇과 地方文壇」, ≪自由文學≫ 28호, 1959년 7월

「"季節의 風俗圖"를 마치고-長篇小說과 視點」, ≪東亞日報≫, 1959년 8월 12일

「우리는 孤兒였었다-文化가 걸어온 荊棘의 길」, ≪世界日報≫, 1959년 8월 15~17일

「解放前 文壇을 回想함」, ≪自由文學≫ 29호, 1959년 8월

「民族文學의 再反省」(좌담-白鐵, 朴榮濬, 李無影), ≪서울신문≫, 1959년 8월 16, 19일

「文學하는 態度-眞實한 人間으로서의 自己完成」, ≪新文藝≫ 15호, 1959년 9월

「小說推薦記」, ≪自由文學≫ 30호, 1959년 9월

「새로운 農民型의 農民文學을 農民의 生活속에서」, ≪東亞日報≫, 1959년 12월 16, 17일

「四十年間의 文藝誌」, ≪思想界≫ 79호, 1960년 2월

「휴머니즘과 貧困」, ≪國際評論≫ 3호, 1960년 5월

이종호

건국대학교 인문과학대학 국어국문학과 졸업
건국대학교 대학원 졸업(문학박사)
저서: 우리말 속담 사전(편저)
    전후시대 우리문학의 새로운 인식(공저)
    광고카피의 문학적 기법(공저)
논문: 소설담론과 서술자의 태도
    李光洙의 「無情」論 등
    趙碧岩 詩 研究